Abrechnungsbetrug von ambulanten Pflegediensten und Vertragsärzten

Recht und Medizin

Herausgegeben von den Professoren
Dr. Erwin Deutsch, Dr. Bernd-Rüdiger Kern, Dr. Adolf Laufs (†),
Dr. Hans Lilie, Dr. Hans-Ludwig Schreiber, Dr. Andreas Spickhoff

Bd./Vol. 123

Zur Qualitätssicherung und Peer Review der vorliegenden Publikation

Die Qualität der in dieser Reihe erscheinenden Arbeiten wird vor der Publikation durch Herausgeber der Reihe geprüft.

Notes on the quality assurance and peer review of this publication

Prior to publication, the quality of the work published in this series is reviewed by editors of the series.

Kerstin Badorff

Abrechnungsbetrug von ambulanten Pflegediensten und Vertragsärzten

Eine Untersuchung unter Berücksichtigung der streng formalen Betrachtungsweise des Sozialversicherungsrechts

Bibliografische Information der Deutschen Nationalbibliothek
Die Deutsche Nationalbibliothek verzeichnet diese Publikation
in der Deutschen Nationalbibliografie; detaillierte bibliografische
Daten sind im Internet über http://dnb.d-nb.de abrufbar.

Zugl.: Münster (Westfalen), Univ., Diss., 2015

D6
ISSN 0172-116X
ISBN 978-3-631-66882-5 (Print)
E-ISBN 978-3-653-06257-1 (E-Book)
DOI 10.3726/978-3-653-06257-1

© Peter Lang GmbH
Internationaler Verlag der Wissenschaften
Frankfurt am Main 2016
Alle Rechte vorbehalten.
PL Academic Research ist ein Imprint der Peter Lang GmbH.

Peter Lang – Frankfurt am Main · Bern · Bruxelles · New York ·
Oxford · Warszawa · Wien

Das Werk einschließlich aller seiner Teile ist urheberrechtlich
geschützt. Jede Verwertung außerhalb der engen Grenzen des
Urheberrechtsgesetzes ist ohne Zustimmung des Verlages
unzulässig und strafbar. Das gilt insbesondere für
Vervielfältigungen, Übersetzungen, Mikroverfilmungen und die
Einspeicherung und Verarbeitung in elektronischen Systemen.

Diese Publikation wurde begutachtet.

www.peterlang.com

Vorwort

Die vorliegende Arbeit soll insbesondere der Praxis als Leitfaden dienen, indem sie den bislang nur stiefmütterlich behandelten Bereich des Abrechnungsbetruges von ambulanten Pflegediensten beleuchtet und verschiedene Fragestellungen des vertragsärztlichen Abrechnungsbetruges vertieft. Dieses Vorwort möchte ich dazu nutzen, um den zahlreichen Personen, die mich und mein Vorhaben stets unterstützt haben, meinen persönlichen und herzlichen Dank für Ihre Unterstützung auszusprechen.

Mein erster und besonderer Dank geht an Herrn Alexander Badle, welcher mich während meines Praktikums in der Zentralstelle zur Bekämpfung von Vermögensstraftaten und Korruption im Gesundheitswesen bei der Generalstaatsanwaltschaft in Frankfurt a.M. mit der Praxis des Abrechnungsbetruges vertraut machte und darüber hinaus bis heute immer ein offenes Ohr für mich hat. Auch meinem Doktorvater Prof. Dr. Ulrich Stein gebührt für die intensive und gründliche Betreuung der Arbeit ein besonderer Dank. Zudem möchte ich der auf den ambulanten Pflegedienstbereich spezialisierten Kanzlei Iffland/Wischnewski, Herrn Wanja Welke und den Mitarbeitern der Krankenkassen Barmer GEK und AOK für ihre Hilfsbereitschaft und die vielen inhaltlichen Anregungen danken.

Für die fachliche Unterstützung möchte ich besonders Herrn Heiko Antczak danken, welcher mir insbesondere in der Endphase meiner Promotion viele wertvolle Anregungen gegeben hat. Auch meinen Freundinnen Frau Marina Adams, Frau Friederike Haerter und Frau Claudia Ehrhardt möchte ich an dieser Stelle für die inhaltlichen Diskussionen und die vielen motivierenden Gespräche danken.

Schließlich gilt der größte und herzlichste Dank meinen Eltern Christine und Rolf Badorff, welche mir die Erstellung der Arbeit ermöglicht haben und mich bei allen meinen Vorhaben immer liebevoll unterstützen. Ihnen widme ich diese Arbeit.

Düsseldorf, im August 2015　　　　　　　　　　　　Kerstin Christina Badorff

Inhaltsverzeichnis

Abkürzungsverzeichnis XVII

Literatur XXI

A. Einleitung 1
   I. Thema und Relevanz der Arbeit 1
   II. Prüfungsablauf und Methodik 3

B. Sozialrechtlichen Vorgaben 5
   I. Ärztliches Versorgungssystem 5
      1. Beteiligte Parteien 5
         a. Die Krankenkassen 5
         b. Die gesetzlich Versicherten 6
         c. Die Vertragsärzte 6
         d. Die Kassenärztliche Vereinigung 6
         e. Die Fehlverhaltensbekämpfungsstellen 7
      2. Rechtsbeziehungen zwischen den Beteiligten und Systemstruktur 7
      3. Vergütungs- und Abrechnungssystem 8
         a. Grundlagen des ärztlichen Vergütungsrechts 9
         aa. Der einheitliche Bewertungsmaßstab 9
         bb. Regionale Euro-Gebührenordnung 10
         cc. Morbiditätsbedingte Gesamtvergütung 10
         dd. Honorarverteilung 11
         b. Abrechnung und Sammelerklärung 11
         c. Prüfung der Abrechnung 12
         aa. § 106a SGB V – Abrechnungsprüfung 12

	(1.)	Abrechnungsprüfung durch die Kassenärztliche Vereinigung	13
	(2.)	Abrechnungsprüfung durch die Krankenkassen	14
	bb.	§ 106 SGB V – Wirtschaftlichkeitsprüfung	14
II.		Ambulanter Pflegedienstbereich	15
1.		Soziale Pflegeversicherung	15
	a.	Beteiligte Parteien	16
	aa.	Die Pflegekassen	16
	bb.	Die Krankenkassen	16
	cc.	Die gesetzlich Versicherten	17
	dd.	Die ambulanten Pflegedienste	17
	ee.	Der Medizinische Dienst der Krankenversicherung	18
	ff.	Die Fehlverhaltensbekämpfungsstellen	18
	b.	Rechtsbeziehungen zwischen den Beteiligten und Systemstruktur	18
	aa.	Leistungsbeziehungen zwischen den Pflegekassen und Versicherten	19
	bb.	Leistungsbeziehungen zwischen den Pflegekassen und ambulanten Pflegediensten	20
	cc.	Leistungsbeziehungen zwischen den Versicherten und ambulanten Pflegediensten	21
	c.	Vergütungs- und Abrechnungssystem	21
	aa.	Grundlagen der Vergütung	21
	bb.	Vergütungsvereinbarungen	21
	cc.	Grundlagen der Abrechnung	23
	(1.)	Abrechnung gegenüber den Pflegekassen	24
	(2.)	Abrechnung gegenüber den Pflegebedürftigen	24
	(3.)	Abrechnung gegenüber dem Sozialhilfeträger	25
	dd.	Prüfung der Abrechnung	25
	(1.)	§ 114 SGB XI – Qualitätsprüfungen	26
	(2.)	§ 79 SGB XI – Wirtschaftlichkeitsprüfungen	26
2.		Häusliche Krankenpflege durch die Gesetzliche Krankenversicherung	27

	a.	Anspruch des Versicherten auf häusliche Krankenpflege	27
	b.	Beziehung zu den Pflegediensten (§ 132a SGB V)	28
	c.	Vergütungs- und Abrechnungssystem	29
	aa.	Vergütungssystem	30
	(1.)	Allgemeines	30
	(2.)	Vergütungsverträge	30
	bb.	Abrechnungssystem	30
	cc.	Prüfung der Abrechnung	31
	dd.	Abgrenzung zur sozialen Pflegeversicherung	32
	d.	Vergleich der häuslichen Krankenpflege mit der sozialen Pflegeversicherung	32
	aa.	Anspruchsvoraussetzungen	32
	bb.	Zulassung zur Versorgung	33
	cc.	Abrechnungssysteme	33
3.		Private Pflegeversicherung	33
III.		Vergleich des vertragsärztlichen Versorgungssystems mit dem System der Versorgung mit ambulanter Pflege	34
1.		Vergleich der GKV mit der SPV	35
	a.	Beteiligte Parteien	35
	b.	Rechtsbeziehungen zwischen den Beteiligten und Systemstruktur	36
	c.	Vergütungs- und Abrechnungssystem	37
	aa.	Vergütungssystem	37
	(1.)	Rechtsquellen	37
	(2.)	Honorarverteilung	38
	(3.)	Kostenerstattung	38
	bb.	Abrechnungssystem	39
	(1.)	Allgemeines	39
	(2.)	Abrechnungsprüfung	40
	(a.)	Prüfung der Richtigkeit der Abrechnung	40
	(b.)	Wirtschaftlichkeitsprüfung	41
2.		Vergleich der häuslichen Krankenpflege mit der vertragsärztlichen Versorgung	41

C. Vertragsärztlicher Abrechnungsbetrug 43
I. Ausgangsfall: Abrechnung von nicht/nicht vollständig erbrachten Leistungen 43
1. Täuschung über Tatsachen 44
   a. Täuschung 45
   b. Tatsachen 46
2. Irrtum 47
   a. Kassenärztliche Vereinigung 47
      aa. Abgrenzung zum Computerbetrug 47
      bb. Maßgebliche Person des Irrenden 48
   b. Krankenkasse 50
3. Vermögensverfügung 50
   a. Kassenärztliche Vereinigung 50
      aa. Vermögensminderung bei der Kassenärztlichen Vereinigung 51
         (1.) Juristischer Vermögensbegriff 52
         (2.) Wirtschaftlicher Vermögensbegriff 52
         (3.) Juristisch-ökonomischer Vermögensbegriff 56
         (4.) Personaler Vermögensbegriff 57
         (5.) Entscheidung 57
      bb. Vermögensminderung bei den Krankenkassen 57
         (1.) Vergütung innerhalb der MGV 58
         (2.) Vergütung von Einzelleistungen 58
         (3.) Vergütung des unvorhergesehen morbiditätsbedingten Behandlungsbedarfes 62
      cc. Vermögensminderung bei den anderen Ärzten 65
         (1.) Überblick über die Honorarverteilungssysteme 65
         (a.) Honorarverteilung bis 2009 66
         (b.) Honorarverteilung bis 2011 66
         (c.) Derzeitige Honorarverteilung nach dem GKV-VStG 67
         (2.) Mögliche Auswirkungen der Falschabrechnung 70
         (3.) Vermögensminderung und maßgebliche Verfügungshandlung 71

		(a.)	Gleiches Quartal 71
		(b.)	Folgendes Quartal 73
		(4.)	Dreiecksbetrug 76
	b.		Krankenkasse 76
	c.		Ergebnis 77
4.	Schaden 77
5.	Vorsatz und Absicht rechtswidriger und stoffgleicher Bereicherung 79

II. Anwendungsfälle der streng formalen Betrachtungsweise 79
    1. Konstellationen des Abrechnungsbetruges 80
        a. Abrechnung von nicht persönlich (sondern durch das nichtärztliche Hilfspersonal) erbrachten Leistungen 80
            aa. Gebot der persönlichen Leistungserbringung 80
            bb. Täuschung, Irrtum und Vermögensverfügung 81
        b. Abrechnung unter Verstoß gegen den Grundsatz der Freiberuflichkeit des Arztes (verdecktes Anstellungsverhältnis) 82
            aa. Grundsatz der Freiberuflichkeit 82
            bb. Täuschung, Irrtum und Vermögensverfügung 83
        c. Abrechnung mittels erschlichener oder ohne Zulassung 85
            aa. Zulassung und Approbation 85
            bb. Täuschung, Irrtum und Vermögensverfügung 86
    2. Schadensbestimmung mittels der streng formalen Betrachtungsweise 86
        a. Rechtsprechungsübersicht 87
        b. Auseinandersetzung mit der streng formalen Betrachtungsweise 89
            aa. Unterschiede zur üblichen Schadensbestimmung 89
            bb. Vereinbarkeit mit Art. 103 II GG 91
            cc. Möglichkeit einer nur teilweisen Anwendung der streng formalen Betrachtungsweise 93
            dd. Entscheidung 94

3. Schadensbestimmung mittels der Saldierungslehre 97
   a. Abrechnung von nicht persönlich (sondern durch das nichtärztliche Hilfspersonal) erbrachten Leistungen 99
      aa. Kompensation durch die Arbeitsleistung 99
      bb. Kompensation durch die Befreiung von einer Verbindlichkeit 100
      (1.) Kompensation durch die Befreiung vom Zahlungsanspruch gegenüber der KV 100
      (2.) Kompensation durch die Befreiung vom Behandlungsanspruch gegenüber den Versicherten 100
      (a.) Unmittelbarkeitszusammenhang 101
      (aa.) Behandlungserfolg 101
      (bb.) Erfüllungsbetrug 102
      (b.) Erfüllung des Behandlungsanspruchs des Versicherten 105
      cc. Kompensation durch die Ersparnis von Aufwendungen 108
   b. Abrechnung unter Verstoß gegen den Grundsatz der Freiberuflichkeit des Arztes (verdecktes Anstellungsverhältnis) 109
   c. Abrechnung mittels erschlichener oder ohne Zulassung 110

D. Abrechnungsbetrug im ambulanten Pflegedienstbereich 113
   I. Strukturelle Probleme 113
      1. Strafverfolgung 113
      2. Abschluss des Strafverfahrens 116
      3. Verlagerung ins Strafrecht/Instrumentalisierung 118
      4. Geringe Zulassungsvoraussetzungen 119
   II. Abrechnungsbetrug durch den Inhaber des Pflegedienstes 120
      1. Abrechnung von nicht/nicht vollständig erbrachten Leistungen 120
         a. Täuschung über Tatsachen 121

b.	Irrtum	122
aa.	Irrtum der Pflegekasse (SPV)	122
(1.)	Ausprägung der Fehlvorstellung (sachgedankliches Mitbewusstsein)	123
(2.)	Zweifel des verfügenden Sachbearbeiters	124
(3.)	Zurechnung der Kenntnis der Unrichtigkeit	125
(a.)	Zurechnung der Kenntnis des MDK	125
(b.)	Zurechnung der Kenntnis der Sachverständigen	128
bb.	Irrtum der Krankenkasse (häusliche Krankenpflege)	128
cc.	Irrtum des Klienten	129
dd.	Irrtum des Sozialhilfeträgers	129
c.	Vermögensverfügung	129
aa.	Vermögensverfügung durch die Pflegekasse (SPV)	130
bb.	Vermögensverfügung durch die Krankenkasse (häusliche Krankenpflege)	130
cc.	Vermögensverfügung durch den Klienten	131
dd.	Vermögensverfügung durch den Sozialhilfeträger	131
d.	Schaden (inklusive Hochrechnungen)	131
e.	Vorsatz und Absicht rechtswidriger und stoffgleicher Bereicherung	133
2.	Anwendungsfälle der streng formalen Betrachtungsweise	133
a.	Konstellationen des Abrechnungsbetruges	134
aa.	Abrechnung von Leistungen durch nicht qualifiziertes Pflegepersonal	134
(1.)	Qualifiziertes Personal	134
(a.)	Häusliche Krankenpflege	135
(b.)	SPV	136
(2.)	Täuschung, Irrtum und Vermögensverfügung	137
(a.)	Häusliche Krankenpflege	137
(b.)	SPV	138
(3.)	Vorsatz	139
bb.	Abrechnung von Pflegekursen durch nicht qualifiziertes Pflegepersonal	140

(1.)	Pflegekurse	140
(2.)	Täuschung, Irrtum und Vermögensverfügung	141
cc.	Abrechnung von Leistungen unter Verstoß gegen die Dokumentationspflicht	142
(1.)	Pflegedokumentation	142
(a.)	Häusliche Krankenpflege	142
(aa.)	Bestehende Regelungen zur Erstattungsfähigkeit bei Dokumentationsmängeln	142
(bb.)	Fehlende Regelung zur Erstattungsfähigkeit bei Dokumentationsmängeln	144
(b.)	SPV	144
(2.)	Täuschung, Irrtum und Vermögensverfügung	146
(a.)	Häusliche Krankenpflege	146
(b.)	SPV	146
dd.	Abrechnung aufgrund rechtswidrigen Zulassungsvertrags	147
(1.)	Zulassungsvertrag	147
(a.)	SPV	147
(b.)	Häusliche Krankenpflege	148
(2.)	Erstattungsfähigkeit der Leistungen	149
(3.)	Täuschung, Irrtum und Vermögensverfügung	150
ee.	Abrechnung bei sonstigen Vertragsverstößen	151
b.	Schadensbestimmung mittels der streng formalen Betrachtungsweise	152
aa.	Rechtsprechungsübersicht	152
bb.	Übertragung der streng formalen Betrachtungsweise auf den ambulanten Pflegedienstbereich	155
(1.)	Formale Vorgaben	155
(2.)	Strafbarkeit eines Verstoßes gegen vertragliche Regelungen	156
(3.)	Entscheidung des BGH zur Übertragbarkeit der streng formalen Betrachtungsweise	158
(a.)	Sachverhalt und Entscheidung	158

(b.)	Entscheidungsbesprechung	160
c.	Schadensbestimmung mittels der Saldierungslehre	162
aa.	Abrechnung von Leistungen durch nicht qualifiziertes Pflegepersonal	163
(1.)	Kompensation bei der Krankenkrasse	163
(a.)	Kompensation durch die Arbeitsleistung	164
(b.)	Kompensation durch die Befreiung vom Anspruch auf häusliche Krankenpflege gegenüber den Versicherten	164
(c.)	Kompensation durch die Ersparnis von Aufwendungen	168
(2.)	Kompensation bei der Pflegekasse	169
bb.	Abrechnung von Pflegekursen durch nicht qualifizierte Dozenten	170
cc.	Abrechnung von Leistungen unter Verstoß gegen die Dokumentationspflicht	171
(1.)	Kompensation bei der Krankenkasse	171
(2.)	Kompensation bei der Pflegekasse	172
(3.)	Kompensation bei dem Klienten	172
(4.)	Kompensation bei dem Sozialhilfeträger	173
dd.	Abrechnung mittels rechtswidrigen Zulassungsvertrages	173
(1.)	Kompensation bei der Pflegekasse	173
(a.)	Zulassungsvoraussetzungen des § 72 III S. 1 Nr. 1 SGB XI	174
(b.)	Zulassungsvoraussetzungen des § 72 III S. 1 Nr. 2 SGB XI	175
(c.)	Zulassungsvoraussetzung des § 72 III S. 1 Nr. 3 SGB XI	176
(d.)	Zulassungsvoraussetzungen des § 72 III S. 1 Nr. 4 SGB XI	177
(2.)	Kompensation bei der Krankenkasse	178
(3.)	Kompensation bei dem Klienten	179
(4.)	Kompensation bei dem Sozialhilfeträger	179

III. Abrechnungsbetrug durch die verantwortliche
Pflegefachkraft des Pflegedienstes 179
    1.   Verantwortliche Pflegefachkraft 180
    2.   Pflegepersonal 181

E. Fazit 183

Abkürzungsverzeichnis

ÄApproO	Approbationsordnung für Ärzte
Abs.	Absatz
A.F.	Alte Fassung
AG	Amtsgericht
AnwK	Anwaltskommentar
AOK	Allgemeine Ortskrankenkasse
Art.	Artikel
Ärzte-ZV	Zulassungsverordnung für Ärzte
BÄO	Bundesärzteordnung
BeckOK	Beck'scher Online Kommentar
BGB	Bürgerliches Gesetzbuch
BGBl.	Bundesgesetzblatt
BGH	Bundesgerichtshof
BGHSt	Entscheidungen des Bundesgerichtshofs in Strafsachen
BMV-Ä	Bundesmantelvertrag Ärzte
BSG	Bundessozialgericht
BSGE	Entscheidungen des Bundessozialgericht
BT.-Drs.	Bundestags-Drucksache
BVerfG	Bundesverfassungsgericht
BVerfGE	Entscheidungen des Bundesverfassungsgerichts
Bzw.	Beziehungsweise
Ca.	Circa
D.h.	das heißt
EBM	Einheitlicher Bewertungsmaßstab für ärztliche Leistungen
EDV	Elektronische Datenverarbeitung
EGStGB	Einführungsgesetz zum Strafgesetzbuch
Empf. apV	Empfehlungen gem. § 75 V SGB XI zum Inhalt der Rahmenverträge nach § 75 II SGB XI zur ambulanten pflegerischen Versorgung
e.V.	Eingetragener Verein
FaKomm	Fachanwaltskommentar
FAZ	Frankfurter Allgemeine Zeitung
Ff.	Fortfolgende
Fn.	Fußnummer

G-BA	Gemeinsamer Bundesausschuss
Gem.	Gemäß
GesR	Gesundheitsrecht
GG	Grundgesetz
GKV	Gesetzliche Krankenversicherung
GKV-VStG	Gesetzliche Krankenversicherung Versorgungsstrukturgesetz
GKV – WSG	Gesetzliche Krankenversicherung Wettbewerbsstärkungsgesetz
GOÄ	Gebührenordnung für Ärzte
GO NRW	Gemeindeordnung NRW
GuP	Gesundheit und Pflege
HS.	Halbsatz
HK-GS	Handkommentar Gesamtes Strafrecht
I.d.R.	In der Regel
IGeL	Individuelle Gesundheitsleistungen
I.S.d.	Im Sinne des
i.V.m.	In Verbindung mit
KBV	Kassenärztliche Bundesvereinigung
KV	Kassenärztliche Vereinigung
LG	Landgericht
LPK	Lehr- und Praxiskommentar
LSG	Landessozialgericht
MBO-Ä	Musterberufsordnung Ärzte
PPV	Private Pflegeversicherung
MDK	Medizinischer Dienst der Krankenversicherung
MedR	Medizinrecht
MGV	Morbiditätsbedingte Gesamtvergütung
MüKo	Münchener Kommentar
NJW	Neue Juristische Wochenschrift
NK	Nomos Kommentar
Nr.	Nummer
NRW	Nordrhein-Westfalen
NStZ	Neue Zeitschrift für Strafrecht
NZS	Neue Zeitschrift für Sozialrecht
OLG	Oberlandesgericht
PflegeWEG	Gesetz zur strukturellen Weiterentwicklung der Pflegeversicherung
PflR	PflegeRecht
PKR	Pflege- und Krankenhausrecht

PNG	Pflege-Neuausrichtungsgesetz
PPV	Private Pflegeversicherung
QPR	Qualitätsprüfungs-Richtlinien
QZV	Qualitätsgebundenes Zusatzvolumen
RDG	Rechtsdepesche für das Gesundheitswesen
Regionale Euro-Gebührenordnung	Regionale Gebührenordnung in Euro-Preisen
RG	Reichsgericht
RLV	Regelleistungsvolumen
Rn.	Randnummer
S.	Satz
SG	Sozialgericht
SGB	Sozialgesetzbuch
SK	Systematischer Kommentar
S.o.	Siehe oben
Sog.	Sogenannt
SPV	Soziale Pflegeversicherung
StGB	Strafgesetzbuch
StPO	Strafprozessordnung
Tarif PV	Tarif Pflegeversicherung
u.a.	Unter anderem
VersR	Versicherungsrecht
Vgl.	Vergleiche
Vor.	Vorbemerkungen
Wistra	Zeitschrift für Wirtschafts- und Steuerstrafrecht
z.B.	Zum Beispiel
ZWH	Zeitschrift für Wirtschaftsstrafrecht und Haftung im Unternehmen

Literatur

Badle, Alexander: Betrug und Korruption im Gesundheitswesen – Ein Erfahrungsbericht aus der staatsanwaltschaftlichen Praxis, NJW 15/2007. Zitiert: *Badle, Betrug/Korruption im Gesundheitswesen, NJW 2007, 1028 ff. (S.).*

Becker, Ulrich / **Kingreen,** Thorsten: Sozialgesetzbuch V, Gesetzliche Krankenversicherung Kommentar, 4. Auflage 2014. Zitiert: *Bearbeiter in Becker/Kingreen, SGB V, §, Rn.*

Brand, Christian / **Vogt,** Bianca: Betrug und Wissenszurechnung bei juristischen Personen des privaten und öffentlichen Rechts, wistra 11/2007, 408–415. Zitiert: *Brand/Vogt, Betrug und Wissenszurechnung bei juristischen Personen des privaten und öffentlichen Rechts, wistra 2007, 408 ff. (S.).*

Dann, Matthias: Privatärztlicher Abrechnungsbetrug und verfassungswidriger Schadensbegriff; NJW 2012, S. 2001–2004. Zitiert: *Dann, Privatärztlicher Abrechnungsbetrug und verfassungswidriger Schadensbegriff; NJW 2012, 2001 ff. (S.).*

Dingeldein, Günther / **Wahlers,** Martin / **Frank,** Peer: Pflegeversicherung, Meine Ansprüche auf alle Leistungen, 1. Auflage 2012, Düsseldorf. Zitiert: *Dingeldein/Wahlers/Frank, Pflegeversicherung, S.*

Dölling, Dieter / **Duttge,** Gunnar / **Rössner,** Dieter: Gesamtes Strafrecht, StGB/StPO/Nebengesetze, Handkommentar, Nomos Kommentar, 3. Auflage, Baden-Baden 2013. Zitiert: *HK-GS/Bearbeiter, §, Rn.*

Ellbogen, Klaus / **Wichmann,** Richard: Zu Problemen des ärztlichen Abrechnungsbetrugs, Medizinrecht 2007, Heft 25, Seiten 10–16. Zitiert: *Ellbogen/Wichmann, Zu Problemen des ärztlichen Abrechnungsbetrugs, MedR 2007, S.*

Fischer, Thomas: Strafgesetzbuch und Nebengesetze, Beck'sche Kurzkommentare, 61. Auflage, München 2014. Zitiert: *Fischer, StGB, §, Rn.*

Freitag, Daniela: Ärztlicher und zahnärztlicher Abrechnungsbetrug im deutschen Gesundheitswesen, 1. Auflage, Baden-Baden 2009. Zitiert: *Freitag, Abrechnungsbetrug im deutschen Gesundheitswesen, S.*

Frister, Helmut / **Lindemann,** Michael / **Peters,** Alexander: Arztstrafrecht, München 2011. Zitiert: *Frister, Arztstrafrecht, S.*

Grunst, Bettina: Zum Abrechnungsbetrug bei fehlender ordnungsgemäßer Zulassung zum Vertragsarzt, NStZ 2004, Heft 10, S. 533–538. Zitiert: *Grunst, Zum Abrechnungsbetrug bei fehlender ordnungsgemäßer Zulassung zum Vertragsarzt, NStZ 2004, 533 ff. (S.).*

Halbe, Bernd / **Orlowski,** Ulrich / **Preusler,** Uwe / **Schiller,** Herbert / **Wasem,** Jürgen: Versorgungsstrukturgesetz (GKV-VStG) Auswirkungen auf die Praxis,

Heidelberg 2012. *Zitiert: Bearbeiter in Halbe/Orlowski/Presker/Schiller/Wasem, Versorgungsstrukturgesetz, S.*

Hancok, Heike: Abrechnungsbetrug durch Vertragsärzte, Baden-Baden 2006. *Zitiert: Hancok, Abrechnungsbetrug durch Vertragsärzte, S.*

Hefendehl, Roland / **Hohmann,** Olaf: Münchener Kommentar Band 5, Strafgesetzbuch, 2. Auflage, München 2014. *Zitiert: MüKo/Bearbeiter, StGB, §, Rn.*

Hellmann, Uwe / **Herffs,** Harro: Der ärztliche Abrechnungsbetrug, Bremen und Potsdam 2006. *Zitiert: Hellmann/Herffs, Der ärztliche Abrechnungsbetrug, Rn.*

Jahn, Sybille: Abrechnungsbetrug trotz tatsächlicher Leistungserbringung? Die streng formale Betrachtungsweise des Sozialversicherungsrechts im Betrugsstrafrecht, PflR 5 2011, S. 223 ff. *Zitiert: Jahn, Abrechnungsbetrug trotz tatsächlicher Leistungserbringung, PflR 2011, S. 223 ff. (S.).*

Janda, Constanze: Medizinrecht, 2. Auflage, Juli 2012, Jena. *Zitiert: Janda, Medizinrecht, S.*

Kassenärztliche Bundesvereinigung: Erläuterungen zum Regelleistungsvolumen, Januar 2009. *Zitiert: KBV, Regelleistungsvolumen, S.*

Kindhäuser, Urs / **Neumann,** Ulfrid / **Paeffgen,** Hans-Ullrich: Strafgesetzbuch Nomos Kommentar, 4. Auflage, 2013. *Zitiert: NK-StGB-Bearbeiter §, Rn.*

Klie, Thomas / **Krahmer,** Utz / **Plantholz,** Markus: Sozialgesetzbuch XI, Soziale Pflegeversicherung Lehr- und Praxiskommentar, 4. Auflage, 2014. *Zitiert: Bearbeiter in LPK-SGB XI, §, Rn.*

Krüger, Matthias / **Burgert,** Vincent: Neues vom Straf- und Verfassungsrecht zum Abrechnungsbetrug und zur Vertragsarztuntreue, Zeitschrift für Wirtschaftsstrafrecht und Haftung im Unternehmen (ZWH), Heft 6/2012, S. 213–220. *Zitiert: Krüger/Burgert, Neues vom Straf- und Verfassungsrecht zum Abrechnungsbetrug und zur Vertragsarztuntreue, ZWH, 2012, 213 ff. (S.).*

Lackner, Karl / **Kühl,** Kristian: Strafgesetzbuch Kommentar, 28. Auflage, München 2014. *Zitiert: Bearbeiter in Lackner/Kühl, StGB, §, Rn.*

Laufhütte, Heinrich Wilhelm / **Rissing-van Saan,** Ruth / **Tiedemann,** Klaus: Leipziger Kommentar, Strafgesetzbuch, Großkommentar, 12. Auflage, Berlin 2012. *Zitiert: Leipziger Kommentar/Bearbeiter, §, Rn.*

Laufs, Adolf / **Kern,** Bernd-Rüdiger: Handbuch des Arztrechts, 4. Auflage 2010. *Zitiert: Bearbeiter in Laufs/Kern, Arztrecht, §, Rn.*

Leipold, Klaus / **Tsambikakis,** Michael / **Zöller,** Mark: Anwaltkommentar, Strafgesetzbuch, Bonn 2011. *Zitiert: AnwK-StGB/Bearbeiter, §, Rn.*

Leitherer, Stephan: Kasseler Kommentar Sozialversicherungsrecht, Loseblattsammlung, 83. Ergänzungslieferung (Stand 01.10.2014). *Zitiert: Bearbeiter, Kasseler Kommentar, Gesetz, §, Rn.*

Luig, Caspar: Vertragsärztlicher Abrechnungsbetrug und Schadensbestimmung, Frankfurt am Main 2009. *Zitiert: Luig, Vertragsärztlicher Abrechnungsbetrug, S.*

Maunz, Theodor / **Dürig,** Günter: Grundgesetz Kommentar, Loseblatt, 72 Ergänzungslieferung, München Juli 2014. *Zitiert: Bearbeiter in Maunz/Dürig, GG, Art., Rn.*

Otto, Harro: Die Struktur des strafrechtlichen Vermögensschutzes, Berlin 1970. *Zitiert: Otto, Die Struktur des strafrechtlichen Vermögensschutzes, S.*

Otto, Harro: Die neue Rechtsprechung zum Betrugstatbestand, Jura, Heft 9/2002, S. 606–615. *Zitiert: Otto, die neue Rechtsprechung zum Betrugstatbestand, Jura 2002, S. 606 (S.).*

Piel, Hannah: Abrechnungsbetrug durch Pflegedienst, NStZ 2014, 640–644. *Zitiert: Piel, Abrechnungsbetrug durch Pflegedienst, NStZ 2014, 640 ff. (S.).*

Plagemann, Hermann (Hrsg.): Münchener Anwaltshandbuch Sozialrecht, 4. Auflage 2013. *Zitiert: Bearbeiter in Münchener Anwaltshandbuch Sozialrecht, §, Rn.*

Prütting, Dorothea (Hrsg.): Fachanwaltskommentar Medizinrecht, 3. Auflage, 2014, Köln. *Zitiert: FAKomm-MedR/Bearbeiter, Gesetz, §, Rn.*

Rolfs, Christian / **Giesen,** Richard / **Kreikebohm,** Ralf / **Udsching,** Peter: Beck'scher Online-Kommentar Sozialrecht, Edition 35, Stand: 01.09.2014. *Zitiert: Bearbeiter in BeckOK, Gesetz, §, Rn.*

Roxin, Claus / **Schroth,** Ulrich: Handbuch des Medizinstrafrechts, 4. Auflage 2010. *Zitiert: Bearbeiter, Handbuch des Medizinstrafrechts, S.*

Sachs, Michael: Grundgesetz Kommentar, 7. Auflage, München 2014. *Zitiert: Sachs/Bearbeiter, GG, Art., Rn.*

Satzger, Helmut / **Schluckebier,** Wilhelm / **Widmaier,** Gunter: Strafgesetzbuch Kommentar, 2. Auflage, Köln 2014. *Zitiert: SSW-StGB/Bearbeiter §, Rn.*

Schnapp, Friedrich / **Wigge,** Peter: Handbuch des Vertragsarztrechts, 2. Auflage, München 2006. *Zitiert: Bearbeiter in Schnapp/Wigge, Vertragsarztrecht §, Rn.*

Schönke, Adolf / **Schröder,** Horst: Strafgesetzbuch Kommentar, 29. Auflage, München 2014. *Zitiert: Bearbeiter in Schönke/Schröder, StGB, §, Rn.*

Schuhr, Jan: Betrug durch Pflegedienstunternehmer bei Einsatz unzureichend qualifizierten Personals, NJW 2014, 3170–3173. *Zitiert: Schuhr, Betrug durch Pflegedienstunternehmer bei Einsatz unzureichend qualifizierten Personals, NJW 2014, 3170 ff. (S.).*

Siefarth, Thorsten: Abrechnungsbetrug in Krankenhäusern und Pflegeunternehmen, Pflege- und Krankenhausrecht, 17. Jahrgang, 2/2014, S. 49–52. *Zitiert: Siefarth, PKR, 2014, S. 49 ff. (S.).*

Singelnstein, Tobias: Vermögensschaden trotz fachgerechter Leistung? – Zur Reichweite der „streng formalen Betrachtungsweise" beim Abrechnungsbetrug durch Vertragsärzte, Wistra (Zeitschrift für Wirtschafts- und Steuerstrafrecht), 11/2012, S. 417–422. *Zitiert: Singelnstein, Vermögensschaden trotz fachgerechter Leistung?, Wistra 11/2012, 417 ff. (S.).*

Spickhoff, Andreas: Beck'sche Kurz-Kommentare, Band 64, Medizinrecht, 2 Auflage 2014. *Zitiert: Spickhoff/Bearbeiter, Gesetz, §, Rn.*

Statistische Ämter des Bundes und der Länder (Hrsg.): Demografischer Wandel in Deutschland – Auswirkungen von Krankenhausbehandlungen und Pflegebedürftige im Bund und in den Ländern, Heft 2, Wiesbaden 2010. *Zitiert: Statistische Ämter des Bundes und der Länder, Demografischer Wandel in Deutschland, Heft 2, 2010, S.*

Statistisches Bundesamt (Hrsg.): Gesundheit Ausgaben, Fachserie 12 Reihe 7.1.1, Wiesbaden 2014. *Zitiert: Statistisches Bundesamt, Gesundheit (Ausgaben) - Fachserie 12 Reihe 7.1.1 – 2012, S.*

Statistisches Bundesamt (Hrsg.): Pflegestatistik 2011 – Pflege im Rahmen der Pflegeversicherung Deutschlandergebnisse, Wiesbaden 2013. *Zitiert: Statistisches Bundesamt, Pflegestatistik 2011, S.*

Statistisches Bundesamt (Hrsg.): Rechtspflege Staatsanwaltschaften, Fachserie 10 Reihe 2.6, Wiesbaden 2013. *Zitiert: Statistisches Bundesamt, Staatsanwaltschaften - Fachserie 10 Reihe 2.6 – 2012, S.*

Stein, Ulrich: Betrug durch vertragsärztliche Tätigkeit in unzulässigem Beschäftigungsverhältnis? – Zugleich Besprechung des Beschlusses des OLG Koblenz vom 2.3.2000 – 2 Ws 92–94/00, MedR 2001, Heft 3, S. 124 ff. *Zitiert: Stein, Betrug durch vertragsärztliche Tätigkeit in unzulässigem Beschäftigungsverhältnis, MedR 2001, 124 ff. (S.).*

Udsching, Peter / **Schütze,** Bernd / **Behrend,** Nicola / **Bassen,** Andreas: SGB XI, Soziale Pflegeversicherung Kommentar, 3. Auflage, München 2010. *Zitiert: Bearbeiter in Udsching, SGB XI, §, Rn.*

Ulsenheimer, Klaus: Arztstrafrecht in der Praxis, 5. Auflage 2015. *Zitiert: Ulsenheimer, Arztstrafrecht in der Praxis, Rn.*

Verbraucherzentrale (Hrsg.): Pflegefall –Was tun? Leistungen der Pflegeversicherung und anderer Träger verständlich gemacht, 8. Auflage 2011 Düsseldorf. *Zitiert: Verbraucherzentrale, Pflegefall – Was tun?, S.*

Volk, Klaus: Zum Schaden beim Abrechnungsbetrug, NJW 2000, Heft 46, Seiten: 3385–3389. *Zitiert: Volk, Zum Schaden beim Abrechnungsbetrug, NJW 2000, 3385 ff. (S.).*

Von Heintschel-Heinegg, Bernd: Beck'scher Online-Kommentar, Strafrecht, Edition 24, 2014. *Zitiert: Bearbeiter in BeckOK, StGB, §, Rn.*

Walter, Ute: Das neue Patientenrechtegesetz, Praxishinweise für Ärzte Krankenhäuser und Patienten, April 2013, München. *Zitiert: Walter, Das neue Patientenrechtegesetz, Rn.*

Welke, Wanja: Zur Betrugsstrafbarkeit von Verantwortlichen ambulanter Pflegeeinrichtungen – Zugleich ein weiterer Beitrag zur Bestimmung des Vermögensschadens im Bereich der Vermögensdelikte unter Anwendung der streng-formalen Betrachtungsweise des Sozialversicherungsrechts, GuP 4 2011, S. 139 ff. Zitiert: *Welke, Betrugsstrafbarkeit in Pflegeeinrichtungen, GuP 2011, S. 139ff (S.).*

Wenzel, Frank (Hrsg.): Handbuch des Fachanwalts Medizinrecht, 3. Auflage, 2013. Zitiert: *Wenzel FA-MedR/Bearbeiter, Kapitel, Rn.*

Wessels, Johannes / **Hillenkamp,** Thomas: Strafrecht Besonderer Teil 2, Straftaten gegen Vermögenswerte, 37. Auflage, Heidelberg 2014. Zitiert: *Wessels/Hillenkamp, Strafrecht BT 2, Rn.*

Wessing, Jürgen / **Dann,** Matthias: Abrechnungsbetrug durch nicht freiberuflich erbrachte Leistungen eines Vertragsarztes?, Gesundheitsrecht 4/2006, S. 176–178. Zitiert: *Wessing/Dann, Abrechnungsbetrug durch nicht freiberuflich erbrachte Leistungen eines Vertragsarztes, GesR, 4/2006, S. 176–178 (S.).*

Wienke, Albrecht / **Janke,** Kathrin / **Kramer,** Hans-Jürgen: Der Arzt im Wirtschaftsstrafrecht – Abkehr von unerwünschten und unerwarteten Strafbarkeitsrisiken in der vertragsärztlichen Berufsausübung. Zitiert: *Schneider in Wienke/Janke/Kramer, Plädoyer für die Abkehr von der „streng formalen Betrachtungsweise" im Bereich des Abrechnungsbetruges, S.*

Wischnewski, Alexander / **Jahn,** Sybille: Pönalisierung sozialversicherungsrechtlicher Vertragsbeziehungen in der ambulanten Krankenpflege – Erwiderung zu Welke, GuP 2011, S. 139–149), GuP 2011, S. 212ff. Zitiert: *Wischnewski/Jahn, Pönalisierung ambulanter Pflegedienste, GuP 2011, S. 212ff. (S.).*

Wolter, Jürgen: Systematischer Kommentar zum Strafgesetzbuch, Loseblatt, Ergänzungslieferung 144, 2014. Zitiert: *SK-StGB/Bearbeiter, §, Rn.*

A. Einleitung

Die Arbeit befasst sich mit schwerpunktmäßig mit dem Abrechnungsbetrug der ambulanten Pflegedienste. Daneben wird auch der vertragsärztliche Abrechnungsbetrug behandelt.

I. Thema und Relevanz der Arbeit

Der Abrechnungsbetrug von ambulanten Pflegediensten ist allgegenwärtig. Fast jeder kann sich zu diesem Thema eine ungefähre Vorstellung machen. Zahlreiche Medien berichten über die „schwarzen Schafe" im ambulanten Pflegesektor. Schlagzeilen wie „Abzocke bei Pflegediensten – das skrupellose Geschäft mit hilfsbedürftigen Menschen"[1], „Millionenbetrug – die gepflegte Abzocke"[2], „Die Abzocke mit der Pflege"[3] und „wegen Kassenbetrug – vier Jahre Haft für Pflegedienstchefin" sind keine Seltenheit. Aufgrund des neuen BGH-Entschlusses vom 16.06.2014 ist zukünftig zudem mit einer vermehrten Berichterstattung und Präsenz in den Medien zu rechnen.

Schaut man sich neben den Medienberichten die Statistiken zur Pflege genauer an, so wird die Brisanz des Themas nochmal untermauert:

Im Jahr 2007 gab es in Deutschland 2,25 Millionen pflegebedürftige Menschen.[4] Aufgrund des demografischen Wandels wird die Anzahl nach den Vorausberechnungen des statistischen Bundesamtes zukünftig weiter steigen. Ausgehend von einem Status-Quo-Szenario, in welchem die Bedingungen sich nicht verändern, es also z.B. keinen medizinischen Fortschritt, aber auch keine längere Lebenserwartung gibt, wird es im Jahr 2020 ungefähr 2,9 Millionen, im Jahr 2030 ca.

---

1 Abrufbar im Internet unter: http://www.stern.de/tv/sterntv/abzocke-bei-pflegediensten-das-skrupellose-geschaeft-mit-hilfsbeduerftigen-menschen-2122209.html (zuletzt abgerufen am 13.12.2014).
2 Abrufbar im Internet unter: http://www.faz.net/aktuell/gesellschaft/millionenbetrug-die-gepflegte-abzocke-11671523.html (zuletzt abgerufen am 13.12.2014).
3 Abrufbar im Internet unter: http://www.ksta.de/koeln/ermittlungen-die-abzocke-mit-der-pflege,15187530,22243010.html (zuletzt abgerufen am 13.12.2014).
4 Statistische Ämter des Bundes und der Länder, Demografischer Wandel in Deutschland, Heft 2, 2010, S. 27; abrufbar im Internet unter: https://www.destatis.de/DE/Publikationen/Thematisch/Bevoelkerung/VorausberechnungBevoelkerung/KrankenhausbehandlungPflegebeduerftige5871102109004.pdf?__blob=publicationFile (zuletzt abgerufen am 13.12.2014).

3,37 Millionen und im Jahr 2050 in etwa 4,5 Millionen Pflegebedürftige geben.[5] Nicht berücksichtigt sind in diesen Zahlen die Menschen, die nicht die Mindestvoraussetzungen einer Pflegebedürftigkeit nach dem SGB XI erfüllen, aber trotzdem Pflege benötigen.[6] Die Anzahl von Menschen, die tatsächlich eine pflegerische Versorgung benötigen, ist daher um einiges höher.

Im Vergleich hierzu gab es auf Seiten der Leistungserbringer Ende 2011 12.300 ambulante Pflegedienste, von denen fast alle sowohl Leistungen aus dem SGB-XI-Bereich als auch Leistungen aus dem SGB-V-Bereich anboten.[7] Durchschnittlich betreuen die ambulanten Pflegedienste 47 Klienten.[8] Etwas weniger als ein Drittel (62 %) des Personals der Pflegedienste hat einen entsprechenden Berufsabschluss in einem Pflege- oder Heilberuf.[9]

Entsprechend hoch sind auch die Kosten für die Versorgung mit ambulanter Pflege. Im Jahre 2012 wurden u.a. von den Krankenkassen, Pflegekassen, Privatversicherungen, öffentlichen Haushalten und Privatleuten 11.326 Millionen Euro für die ambulante Pflege ausgegeben.[10] Der Großteil der Kosten wird von der sozialen Pflegeversicherung (SPV) getragen, hier lagen die Ausgaben für die ambulante Pflege bei 4.131 Millionen Euro.[11] Auch für die gesetzliche Krankenversicherung (GKV) ist die Versorgung mit ambulanter Pflege nicht günstig, hier betrugen 2012 die Aufwendungen für die ambulante Pflege 3.949 Millionen Euro.[12]

Schaut man sich diese Statistiken an, verwundert es, dass zu diesem in den Medien und der Realität so präsenten Thema bislang nur wenig strafrechtliche Literatur und Rechtsprechung existiert. Gerade aufgrund des in Zukunft zu erwartenden Anstiegs der Anzahl der Pflegebedürftigen ist mit einer Zunahme des

---

5 Statistische Ämter des Bundes und der Länder, Demografischer Wandel in Deutschland, Heft 2, 2010, S. 27, 30.
6 Mehr zu den Mindestvoraussetzungen in dem Kapitel zur SPV unter B. II. 1.
7 Statistisches Bundesamt, Pflegestatistik 2011, S. 10; im Internet abrufbar unter: https://www.destatis.de/DE/Publikationen/Thematisch/Gesundheit/Pflege/PflegeDeutschlandergebnisse5224001119004.pdf?__blob=publicationFile (Zuletzt abgerufen am 13.12.2014).
8 Statistisches Bundesamt, Pflegestatistik 2011, S. 10.
9 Statistisches Bundesamt, Pflegestatistik 2011, S. 10, 14.
10 Statistisches Bundesamt, Gesundheit (Ausgaben) - Fachserie 12 Reihe 7.1.1 - 2012, S. 16; im Internet abrufbar unter https://www.destatis.de/DE/Publikationen/Thematisch/Gesundheit/Gesundheitsausgaben/AusgabenGesundheitPDF_2120711.pdf?__blob=publicationFile (zuletzt abgerufen am 13.12.2014).
11 Statistisches Bundesamt, Gesundheit (Ausgaben) - Fachserie 12 Reihe 7.1.1 - 2012, S. 20.
12 Statistisches Bundesamt, Gesundheit (Ausgaben) - Fachserie 12 Reihe 7.1.1 - 2012, S. 22.

strafrechtlichen Interesses zu rechnen.[13] Diese Arbeit hat es sich daher zum Ziel gemacht, den Abrechnungsbetrug von ambulanten Pflegediensten strafrechtlich zu beleuchten. Hierdurch entsteht erstmalig eine umfangreiche Abhandlung zum Abrechnungsbetrug im ambulanten Pflegedienstbereich. Diese soll insbesondere den in der Praxis mit dem Thema konfrontieren Staatsanwaltschaften, Kanzleien, Kassen und Gerichten den Einstieg in diese komplexe Materie erleichtern oder eine Vertiefung des bereits vorhandenen Wissens ermöglichen.

Desweiteren klärt die Arbeit bislang noch unbehandelte Fragestellungen zum ärztlichen Abrechnungsbetrug und setzt sich intensiv mit der von den Strafgerichten in ständiger Rechtsprechung vertretenen streng formalen Betrachtungsweise auseinander.

II. Prüfungsablauf und Methodik

Die Arbeit ist in insgesamt fünf Kapitel aufgeteilt. In diesem ersten Kapitel (A) wird eine kurze Einleitung in die Materie gegeben.

Im zweiten Kapitel (B) findet eine knappe Darstellung der sozialversicherungsrechtlichen Vorgaben statt. Hierbei wird zunächst auf die vertragsärztliche Versorgung und im Anschluss daran auf den ambulanten Pflegedienstbereich eingegangen. Schließlich wird am Ende des Kapitels ein Vergleich zwischen den Systemen gezogen.

Das dritte Kapitel (C.) behandelt den vertragsärztlichen Abrechnungsbetrug. Dieser wird möglichst knapp behandelt, da seine Darstellung lediglich Grundlage für die späteren Erläuterungen des Abrechnungsbetruges der ambulanten Pflegedienste sein soll. Auf bislang in Rechtsprechung und Literatur noch nicht behandelte Fragestellungen, wie beispielsweise im Rahmen der Vermögensverfügung auf den Betroffenen der Vermögensminderung nach dem derzeit geltenden Abrechnungssystem, wird allerdings trotzdem ausführlich eingegangen. Ein inhaltlicher Schwerpunkt dieses Kapitels ist die Auseinandersetzung mit der streng formalen Betrachtungsweise. Diese wurde bewusst – im Gegensatz zu den sonstigen zum ärztlichen Abrechnungsbetrug bereits existierenden Dissertationen – nicht innerhalb der einzelnen Anwendungsfälle, sondern losgelöst von ihnen behandelt. Diese abstrakte Darstellung ist sinnvoll, da die Behandlung der streng formalen Betrachtungsweise so übersichtlicher wird und bei der späteren Behandlung des Abrechnungsbetruges der ambulanten Pflegedienste ein besserer Bezug auf die gefundenen Ergebnisse möglich ist. Zudem wird es dem Leser,

---

13 Welke, Betrugsstrafbarkeit in Pflegeeinrichtungen, GuP 2011, S. 139ff. (140).

der sich nur für die Abhandlung des ambulanten Pflegedienstbereiches interessiert, so ermöglicht, direkt in das Thema einzusteigen, ohne zuvor den kompletten Teil zum ärztlichen Abrechnungsbetrug durchzulesen.

Im vierten Kapitel (D.) wird dann schließlich der Abrechnungsbetrug der ambulanten Pflegedienste behandelt. Hierbei wird zunächst der Grundfall des Abrechnungsbetruges, nämlich die Abrechnung von nicht oder nicht vollständig erbrachten Leistungen, behandelt. Im Anschluss daran werden dann die Konstellationen diskutiert, in denen eine Anwendung der streng formalen Betrachtungsweise möglich erscheint. Die wenigen Publikationen zu diesem Thema werden in der Arbeit durch Praxisberichte der Kassen, einer auf den ambulanten Pflegedienstbereich spezialisierten Kanzlei und der u.a. auch auf den pflegerischen Abrechnungsbetrug spezialisierten Generalstaatsanwaltschaft aus Hessen ergänzt.

Schließlich wird im fünften und letzten Kapitel (E.) ein Fazit gezogen.

B. Sozialrechtlichen Vorgaben

In diesem Kapitel der Arbeit werden die sozialrechtlichen Vorgaben des SGB V (GKV) und des SGB XI (SPV) näher erläutert, da Kenntnisse im sozialversicherungsrechtlichen Bereich für das Verständnis der strafrechtlichen Teils dieser Arbeit erforderlich sind. Um eine übermäßige Ausdehnung der Arbeit zu vermeiden, werden allerdings nur die Grundlagen der sozialversicherungsrechtlichen Systeme erläutert. Hierzu wird zunächst wird ein Überblick über das ärztliche Versorgungssystem gegeben. Anschließend werden die sozialrechtlichen Vorgaben für den ambulanten Pflegedienstbereich erläutert. Schließlich wird am Ende dieses Kapitels ein Vergleich zwischen den beiden Systemen gezogen.

I. Ärztliches Versorgungssystem

Das System der ärztlichen Versorgung ist aufgeteilt in den Bereich der vertragsärztlichen und den Bereich der privatärztlichen Versorgung. In dieser Arbeit wird lediglich auf die Grundlagen der vertragsärztlichen Versorgung eingegangen.

Hierzu wird zunächst ein Überblick über die wichtigsten Parteien des vertragsärztlichen Versorgungssystems gegeben. Im Anschluss daran werden die Rechtsbeziehungen zwischen den Beteiligten und die Systemstruktur erläutert und das Vergütungs- und Abrechnungssystem erklärt.

1. Beteiligte Parteien

An der vertragsärztlichen Versorgung sind verschiedene Parteien beteiligt, welche an dieser Stelle in der gesetzlichen Reihenfolge kurz dargestellt werden.

a. Die Krankenkassen

Die gesetzliche Krankenversicherung (GKV) wird nach § 4 II SGB V durch die verschiedenen Krankenkassen getragen, welche gem. § 4 I SGB V rechtsfähige Körperschaften des öffentlichen Rechts mit Selbstverwaltung sind. Gem. § 1 S. 1 SGB V haben sie die Aufgabe, die Gesundheit der Versicherten zu erhalten, wiederherzustellen oder ihren Gesundheitszustand zu verbessern. Sie sind nach § 2 I SGB V dazu verpflichtet, den Versicherten die im dritten Kapitel des SGB V genannten Leistungen zur Verfügung zu stellen. Hierbei haben sie das Wirtschaftlichkeitsgebot des § 12 SGB V zu beachten. Die Organisation der Krankenkassen ist in den §§ 143 bis 206 SGB V geregelt.

b. Die gesetzlich Versicherten

Der Kreis der gesetzlich versicherten Personen ist im zweiten Kapitel des SGB V in den §§ 5 bis 10 SGB V geregelt. Im Regelfall besteht gem. § 5 SGB V eine Pflichtmitgliedschaft in der gesetzlichen Krankenversicherung. Nach § 9 SGB V ist aber auch eine freiwillige Mitgliedschaft in der gesetzlichen Krankenversicherung möglich. Keine Mitglieder, aber dennoch Versicherte, sind die nach § 10 SGB V über ein Mitglied mitversicherten Personen sowie die nicht erwerbstätigen Ehegatten und die Kinder.[14]

c. Die Vertragsärzte

Um als Arzt an dem System der gesetzlichen Krankenversicherung teilzunehmen, bedarf es einer Zulassung zur vertragsärztlichen Versorgung gem. § 95 I SGB V. Um diese kann sich gem. § 95 II S. 1 SGB V jeder Arzt, der ins Arztregister eingetragen ist, bewerben. Voraussetzung für eine solche Eintragung ins Arztregister ist nach § 95a I SGB V die Approbation des Arztes und der erfolgreiche Abschluss einer Weiterbildung. Zusätzlich zu der Eintragung ins Arztregister ist auch noch eine Zulassung durch einen Zulassungsausschuss gem. § 96 SGB V erforderlich. Besteht eine Überversorgung gem. § 101 SGB V, kann die Zulassung nach § 103 SGB V beschränkt werden.

d. Die Kassenärztliche Vereinigung

Die Vertragsärzte haben gem. § 77 I SGB V zur Erfüllung der ihnen durch das SGB V übertragenen Aufgaben der vertragsärztlichen Versorgung für den Bereich eines jeden Bundeslandes eine Kassenärztliche Vereinigung (KV) zu bilden. Durch die Zulassung zur vertragsärztlichen Versorgung werden die Vertragsärzte gem. § 95 III SGB V automatisch Mitglied in der für ihren Kassenarztsitz zuständigen KV. Auf Bundesebene schließen sich diese Kassenärztlichen Vereinigungen wiederrum zu einer Kassenärztlichen Bundesvereinigung (KBV) gem. § 77 IV SGB V zusammen.

Die Aufgaben der KV liegen in der Interessenvertretung der Ärzte (§ 75 II SGB V), der Erfüllung des Sicherstellungsauftrages (§ 75 I S. 1 HS. 1 SGB V) und in der Gewährleistungsverpflichtung (§ 75 I S. 1 HS. 2 SGB V).

Im Rahmen der Interessenvertretung nach § 75 II SGB V haben die KV und KBV die Rechte der Vertragsärzte gegenüber den Krankenkassen zu vertreten. Zudem haben sie auch die berufspolitische Vertretung zu übernehmen, für die

---

14 FAKomm-MedR/Wenner, SGB V, § 1, Rn. 3.

Weiterentwicklung des Systems der sozialen Sicherung und der vertragsärztlichen Versorgung zu sorgen und auf die Sicherung der wirtschaftlichen Existenz der Vertragsärzte zu achten.[15]

Gem. dem Sicherstellungsauftrag aus § 75 I S. 1 SGB V haben sie zudem die Aufgabe, die vertragsärztliche Versorgung in dem in § 73 II SGB V bezeichneten Umfang sicherzustellen, d.h. es muss für eine ausreichende, zweckmäßige und wirtschaftliche Versorgung der Versicherten unter Berücksichtigung der medizinischen Standards gesorgt werden.[16]

Schließlich haben sie gem. § 75 I S. 1 SGB V gegenüber den Krankenkassen und ihren Verbänden die Gewähr dafür zu übernehmen, dass die vertragsärztliche Versorgung den gesetzlichen und vertraglichen Erfordernissen entspricht. Hierzu haben sie z.B. Abrechnungsprüfungen gem. §§ 106, 106a SGB V durchzuführen.[17]

Organe der KV und der KBV sind die Vertreterversammlung als Selbstverwaltungsorgan und ein hauptamtlicher Vorstand gem. § 79 I SGB V.

e. Die Fehlverhaltensbekämpfungsstellen

Die Fehlverhaltensbekämpfungsstellen untersuchen und verfolgen Fälle oder Sachverhalte, bei welchen der Verdacht auf eine rechtswidrige oder zweckwidrige Nutzung von Finanzmitteln durch die Leistungserbringer besteht. Die KV und die KBV sind gem. § 81a SGB V und die Krankenkassen, ihre Landesverbände und der Spitzenverband Bund der Krankenkassen gem. § 197a SGB V zur Einrichtung einer solchen Stelle verpflichtet.

2. Rechtsbeziehungen zwischen den Beteiligten und Systemstruktur

Zwischen der KV, den Krankenkassen, den Versicherten und den Vertragsärzten bestehen unterschiedliche Rechtsbeziehungen. Diese können am besten anhand eines Viereckverhältnisses verdeutlicht werden.[18]

Der Versicherte hat gegenüber seiner Krankenkasse einen Anspruch auf Krankenbehandlung gem. § 2 I SGB V. Die Vergütung des Arztes muss er aufgrund des geltenden Sachleistungsprinzips aus § 2 II SGB V nicht übernehmen.

Zur Wahrnehmung seines Anspruchs auf Krankenbehandlung muss er dem Arzt seine Krankenversichertenkarte vorlegen. Zwischen ihm und dem Arzt

---

15 Steinhilper in Laufs/Kern, Arztrecht, § 28, Rn. 40.
16 Steinhilper in Laufs/Kern, Arztrecht, § 28, Rn. 26.
17 Steinhilper in Laufs/Kern, Arztrecht, § 28, Rn. 37.
18 Wenzel FA-MedR/Clemens, Kapitel 13, Rn. 206.

kommt ein zivilrechtlicher Behandlungsvertrag zustande.[19] Früher war die Rechtsnatur dieses Behandlungsvertrages umstritten[20]; dies gehört nun seit dem Inkrafttreten des Gesetzes zur Verbesserung der Rechte von Patientinnen und Patienten zum 26.02.2013[21] der Vergangenheit an. Hierdurch wurde der Behandlungsvertrag in den §§ 630a ff. BGB nun ausdrücklich normiert und die Regelungen zum Behandlungsvertrag gelten nunmehr vorrangig als „Spezialregelungen" zum Dienstvertragsrecht.[22] In § 630a I BGB ist die Leistungspflicht des Arztes gegenüber dem Patienten geregelt.

Der Vertragsarzt wird für seine Behandlungsleistung von der KV vergütet, welche wiederum von den Krankenkassen eine Gesamtvergütung erhält.

Der Versicherte, welcher für die Behandlungsleistung selbst nicht zahlt, entrichtet für seinen Versicherungsschutz monatliche Beiträge an die Krankenkassen.[23]

In bestimmten Ausnahmefällen kann diese Viereckbeziehung aber auch durch direkte vertragliche Beziehungen zwischen den Krankenkassen und den einzelnen Vertragsärzten durchbrochen werden. Dies ist z.B. im Rahmen der hausarztzentrierten Versorgung (§ 73b SGB V), der besonderen ambulanten Beziehung (§ 73c SGB V) und der integrierten Versorgung nach §§ 140a ff. SGB V der Fall.[24] Ebenso ist ausnahmsweise auch eine Direktvergütung des Arztes durch den Patienten möglich, wenn sich der Patient zur Inanspruchnahme von individuellen Gesundheitsleistungen (IGeL) entschließt oder sich für die Leistungserbringung nach dem Kostenerstattungsprinzip nach § 13 III SGB V entscheidet.[25]

3. Vergütungs- und Abrechnungssystem

Das vertragsärztliche Vergütungs- und Abrechnungssystem ist aufgrund der oben erläuterten Rechtsbeziehungen zwischen den Beteiligten äußerst komplex. Zur Verdeutlichung empfiehlt sich eine Einteilung in drei Stufen.[26] Auf der obersten Stufe steht das SGB V, welches in den §§ 83 ff. SGB V die Grundlagen des Systems normiert. Zudem enthält es in § 82 I SGB V den Auftrag, Verträge zu vereinbaren. Aufgrund dieses Auftrages wird von der KBV und dem Spitzenverband Bund

---

19 Janda, Medizinrecht, S. 124.
20 Vgl. u.a. Janda, Medizinrecht, S. 124.
21 BGBl. I 2013, 277.
22 Walter, Das neue Patientenrechtegesetz, Rn. 9.
23 Wenzel FA-MedR/Clemens, Kapitel 13, Rn. 207.
24 Janda, Medizinrecht, S. 152.
25 Janda, Medizinrecht, S. 195.
26 Idee zur Aufteilung in drei Stufen aus dem Video der KBV zum BMV-Ä: http://www.kv-on.de/html/3266.php (Zuletzt abgerufen am 13.12.2014).

der Krankenkassen auf der zweiten Stufe der Bundesmantelvertrag für Ärzte (BMV-Ä) vereinbart, welcher auf der Bundesebene Vorgaben zum Vergütungs- und Abrechnungssystem enthält. Aufgrund des BMV-Ä (Vgl. § 1 I BMV-Ä[27]) werden dann auf der dritten Stufe in den einzelnen KV-Bezirken Gesamtverträge, wie z.b. die regionale Euro-Gebührenordnung, geschlossen.

a. Grundlagen des ärztlichen Vergütungsrechts

Die Vergütung für die vertragsärztliche Tätigkeit wurde zuletzt durch das GKV-Versorgungsstrukturgesetz (GKV-VStG) am 25.12.2011 geändert.[28] Zuvor hatte das GKV-Wettbewerbsstärkungsgesetz (GKV-WSG) Befugnisse auf die Bundesebene verlagert. Durch das GKV-VStG wurde diese Änderung wieder rückgängig gemacht, so dass nun wieder die einzelnen KVen auf regionaler Ebene Entscheidungen treffen können.[29]

aa. Der einheitliche Bewertungsmaßstab

Der einheitliche Bewertungsmaßstab (EBM) bildet die Grundlage für die kassenärztliche Abrechnung, d.h. nur Leistungen aus dem EBM können – sofern keine gesonderten Vereinbarungen getroffen wurden – gem. § 2 IX BMV-Ä gegenüber der KV abgerechnet werden. Er wird gem. § 87 I S. 1 SGB V durch die KV und dem Spitzenverband Bund der Krankenkasse durch Bewertungsausschüsse vereinbart und so Bestandteil der Bundesmantelverträge. Er bestimmt den Inhalt der vom Vertragsarzt abrechnungsfähigen Leistungen und ihr wertmäßiges, in Punkten ausgedrücktes Verhältnis zueinander (§ 87 II S. 1 SGB V). Hierzu ist jährlich bis zum 31. August ein bundeseinheitlicher Punktwert als Orientierungswert in Euro zur Vergütung festzulegen, § 87 IIe SGB V. Der Orientierungswert ist nach den Kriterien des § 87 IIg SGB V anzupassen. Die vorherige Differenzierung nach einem Orientierungswert im Regelfall, in unter- und in überversorgten Gebieten wurde durch das GKV-VStG nun wieder abgeschafft, so dass es nur noch einen einzigen bundeseinheitlichen Orientierungswert gibt.[30]

Neben dieser Funktion des EBM als Basis für die Leistungsabrechnung hat dieser zudem eine Steuerungsfunktion. Er steuert sowohl das Ausmaß, in welchem

---

27 Nach diesem Paragraphen wird der BMV-Ä zum allgemeinen Inhalt der Gesamtverträge.
28 BGBl. I, S. 2983.
29 Wasem in Halbe/Orlowski/Presker/Schiller/Wasem, Versorgungsstrukturgesetz, S. 93.
30 Wasem in Halbe/Orlowski/Presker/Schiller/Wasem, Versorgungsstrukturgesetz, S. 97.

neuartige Behandlungsmethoden von den Leistungserbringern angewendet werden, als auch Menge und Struktur der erbrachten Leistungen.[31]

bb. Regionale Euro-Gebührenordnung

Auf der Grundlage des im EBM festgelegten Orientierungswertes aus § 87 IIe SGB V vereinbaren die Landesverbände der Krankenkassen und die KV gem. § 87a II S. 1 SGB V einen Punktwert zum 31. Oktober eines jeden Jahres, welcher im Folgejahr anzuwenden ist. Hierdurch werden die auf der Bundesebene festgelegten Orientierungswerte für die einzelnen KV-Bezirke präzisiert.[32] Gem. § 87a II S. 2 bis 4 SGB V haben die Vertragspartner zudem Zuschläge oder Abschläge zu dem Orientierungswert aus § 87 IIe SGB V zu vereinbaren, um die regionalen Besonderheiten bei der Kosten und Versorgungsstruktur zu berücksichtigen. Nach § 87a II S. 4 SGB V ist bei der Festlegung der Zu- und Abschläge zu gewährleisten, dass die medizinisch notwendige Versorgung der Versicherten sichergestellt ist.

Aus diesem vereinbarten Punktwert und dem EBM ist dann gem. § 87a II S. 5 SGB V eine regionale Gebührenordnung in Euro-Preisen (regionale Euro-Gebührenordnung) zu erstellen. In dieser sind die vertragsärztlichen Leistungen mit einem Eurobetrag beziffert.

cc. Morbiditätsbedingte Gesamtvergütung

Die morbiditätsbedingte Gesamtvergütung (MGV) wird gem. § 87a III S. 1 SGB V ebenfalls jährlich bis zum 31. Oktober von den KVen und den Landesverbänden der Krankenkassen vereinbart. Sie ist von den Krankenkassen an die jeweiligen KVen für die gesamte vertragsärztliche Versorgung der Versicherten des jeweiligen Bezirks mit befreiender Wirkung zu zahlen (§ 87a III S. 1 SGB V). Die Gesamtvergütung wird nach dem in § 87a III S. 2 SGB V beschriebenen Verfahren festgelegt. Hierzu wird zunächst der mit der Zahl und Morbiditätsstruktur der Versicherten verbundene Behandlungsbedarf als Punktzahlvolumen bestimmt. Dies geschieht auf der Grundlage des EBM. Anschließend wird dann der Behandlungsbedarf mit dem in § 87a II S. 1 SGB V vereinbarten Punktwert in Euro bewertet (§ 87a III S. 2 SGB V). Die Leistungen, welche im Rahmen dieses Behandlungsbedarfs erbracht werden, sind gem. § 87a III S. 3 SGB V nach der regionalen Euro-Gebührenordnung zu vergüten. Alle Leistungen, die darüber hinausgehen, sind gem. § 87a III S. 4 SGB V dann zu vergüten, wenn sie sich aus einem nicht

---

31 Wasem in Halbe/Orlowski/Presker/Schiller/Wasem, Versorgungsstrukturgesetz, S. 115.
32 Janda, Medizinrecht, S. 202.

vorhersehbaren Anstieg des morbiditätsbedingten Behandlungsbedarfs ergeben. Das Morbiditätsrisiko der Versicherten trägt somit die Krankenkasse.[33]

dd. Honorarverteilung

Nach § 87b I S. 1 SGB V ist die KV für die Verteilung der vereinbarten Gesamtvergütung an die Ärzte zuständig und verteilt diese getrennt für die Bereiche der haus- und fachärztlichen Versorgung. Den Verteilungsmaßstab setzt sie gem. § 87 I S. 2 SGB V im Benehmen mit den LV der Krankenkassen und den Ersatzkassen als Satzungen fest.[34] Seit dem Inkrafttreten des GKV-VStG sind die KVen nun grundsätzlich wieder alleine für die Honorarverteilung verantwortlich.[35] Es gibt daher unterschiedliche Honorarverteilungsbestimmungen in den 17 verschiedenen Bezirken der KVen.[36] In einigen Teilbereichen hat der Gesetzgeber aber auch bundesweit gültige Voraussetzungen für die Honorarverteilung vorgegeben. So dürfen gem. § 87b III S. 1 SGB V in unterversorgten Gebieten keine Maßnahmen zur Fallzahlbegrenzung angewendet werden. Zudem kann der Bewertungsausschuss in Einzelbereichen bundesrechtliche Vorgaben machen, z.B. indem er Kriterien für besonders förderungswürdige Leistungen im EBM vorgibt.[37]

b. Abrechnung und Sammelerklärung

Am Quartalsende fassen die Ärzte ihre erbrachten Leistungen zusammen und reichen sie als Abrechnungsunterlagen bei den KVen ein.[38] Diese Abrechnungsunterlagen müssen gem. § 295 I Nr. 2, Nr. 3 SGB V die Leistungen einschließlich des Behandlungstages, der Diagnose und der Arztnummer des Arztes enthalten. Die Übermittlung der Abrechnungsunterlagen hat nach § 295 IV SGB V i.V.m. § 1 I S. 3 der Richtlinie zur elektronischen Abrechnung[39] per elektronischer Datenübertragung zu erfolgen. Seit Anfang 2011 ist gem. § 1 I S. 3 der Richtlinie zur elektronischen Abrechnung eine maschinell verwertbare Übermittlung auf einem Datenträger nicht mehr möglich. Die Details zu der Form und dem Inhalt der Abrechnungsunterlagen und zu den Pflichten der Vertragsärzte bezüglich

---

33 Hess, Kasseler Kommentar, SGB V, § 87a, Rn. 10.
34 Wenzel FA-MedR/Clemens, Kapitel 13, Rn. 219.
35 Orlowski/Preusker in Halbe/Orlowski/Presker/Schiller/Wasem, Versorgungsstrukturgesetz, S. 24.
36 Wenzel FA-MedR/Clemens, Kapitel 13, Rn. 204.
37 Wenzel FA-MedR/Clemens, Kapitel 13, Rn. 219.
38 Steinhilper in Schnapp/Wigge, Vertragsarztrecht, § 17, Rn. 6.
39 Abrufbar im Internet unter: http://www.kbv.de/html/2757.php (Zuletzt abgerufen am 13.12.2014).

der Abrechnungsaufzeichnung und -übermittlung regeln gem. § 295 III Nr. 1, Nr. 3 SGB V die KBV und der Spitzenverband Bund der Krankenkassen. Genauere Regelungen zur Abrechnung der vertragsärztlichen Leistung finden sich im Bundesmantelvertrag für Ärzte unter anderem in den §§ 42 bis 45 BMV-Ä.

Zusammen mit den Abrechnungsunterlagen muss der Arzt eine Abrechnungssammelerklärung abgeben, deren genauer Wortlaut gem. § 35 II BMV-Ä zwischen den Partnern des Gesamtvertrages zu vereinbaren ist. In dieser muss der Arzt die sachliche Richtigkeit der Abrechnung bestätigen.[40] Durch die Erklärung gibt der Arzt eine Garantie für die Richtigkeit der von ihm eingereichten Unterlagen ab.[41] Aufgrund der nur begrenzten Überprüfbarkeit der Richtigkeit der vom Arzt eingereichten Unterlagen ist diese Garantiefunktion der Sammelerklärung unverzichtbar.[42] Zudem ist die Abgabe der Sammelerklärung eine Voraussetzung für das Entstehen des Vergütungsanspruchs.[43] Bei einer zum Teil falschen Abrechnung kann aufgrund der Garantiefunktion der vollständige Honorarbescheid aufgehoben werden und eine umfangreiche sachlich-rechnerische Richtigstellung erfolgen.[44]

c. Prüfung der Abrechnung

Die Abrechnungserklärung der Vertragsärzte wird nach Maßgabe des neunten Titels des vierten Kapitels des SGB V einer Abrechnungs- und Wirtschaftlichkeitsprüfung unterzogen.

aa. § 106a SGB V – Abrechnungsprüfung

Nach § 106a I SGB V haben die KV und die KK die Rechtmäßigkeit und Plausibilität der kassenärztlichen Abrechnung zu prüfen. Die KBV und der Spitzenverband Bund der Krankenkassen vereinbaren nach § 106a VI S. 1 SGB V Richtlinien, welche den Inhalt und die Durchführung der Prüfungen nach den Absätzen 2 (Prüfung der KV) und 3 (Prüfung der Krankenkassen) näher konkretisieren.[45]

---

40 Steinhilper in Schnapp/Wigge, Vertragsarztrecht, § 17, Rn. 8.
41 BSG, Urteil vom 17.9.1997 – 6RKA 86/95 (NJW 1998, 3445).
42 BSG, Urteil vom 17.9.1997 – 6RKA 86/95 (NJW 1998, 3445).
43 BSG, Urteil vom 17.9.1997 – 6RKA 86/95 (NJW 1998, 3445).
44 Kohls in BeckOK, SGB V, § 106a, Rn. 36.
45 Richtlinie abrufbar im Internet unter http://www.kbv.de/media/sp/Richtlinien__106a__SGB_V_Plausibilitaetspruefung.pdf (Zuletzt abgerufen am 13.12.2014).

(1.) Abrechnungsprüfung durch die Kassenärztliche Vereinigung

Die KV prüft gem. § 106a II S. 1 SGB V, § 45 BMV-Ä, §§ 6 bis 13 der Richtlinie zu § 106a SGB V die sachlich-rechnerische Richtigkeit der Abrechnung. Hierzu gehört insbesondere auch die Plausibilitätsprüfung, bei welcher nach § 106a II S. 2 SGB V der Umfang der pro Tag abgerechneten Leistungen im Hinblick auf den damit verbundenen Zeitaufwand des Arztes untersucht wird.

Zuerst kontrolliert die KV die Abrechnung auf das Vorliegen der formalen Voraussetzungen. Dies geschieht über ein EDV-Programm, welches als sog. Regelwerk[46] bezeichnet wird. Dieses Regelwerk ist je nach KV unterschiedlich ausgestaltet und prüft z.b., ob verschiedene Leistungen des EBM nebeneinander abrechenbar sind.[47] Neben dieser formalen Überprüfung nimmt das Regelwerk auch Korrekturen vor. Es löscht z.b. eine niedriger bewertete EBM-Ziffer, soweit diese neben einer höher bewerteten EBM-Ziffer nicht abrechenbar ist.[48]

Danach findet die sachlich-rechnerische Prüfung der Abrechnung statt. Zielrichtung dieser Prüfung ist gem. § 6 der Richtlinien der KBV zu § 106a SGB V die rechtliche Ordnungsmäßigkeit der Leistungsabrechnung. Die Abrechnung ist nach der Richtlinie nicht ordnungsgemäß, wenn die Leistungen überhaupt nicht, nicht in vollem Umfang, ohne Genehmigung oder unter Überschreitung des Fachgebiets erbracht worden sind. Im Rahmen der Prüfung ist insbesondere zu untersuchen, ob die Gebührenordnung ordnungsgemäß angewendet wurde und die maßgeblichen Verträge, Richtlinien, Beschlüsse und Empfehlungen beachtet wurden.[49]

Im Rahmen der sachlich-rechnerischen Prüfung findet die Plausibilitätsprüfung statt, bei welcher die zeitliche Erbringbarkeit anhand von Tages- und Quartalsprofilen kontrolliert wird.[50] Die Auffälligkeitsgrenzen sind in § 8 III der Richtlinie festgelegt. Eine Auffälligkeit liegt hiernach dann vor, wenn die auf der Grundlage der Prüfzeiten[51] ermittelte arbeitstägliche Zeit an mehr als drei Tagen im Quartal mehr als 12 Stunden beträgt oder im ganzen Quartal mehr als 780 Stunden abgerechnet wurden.

---

46 Nach § 45 I S. 2 BMV-Ä obliegt der KV die Anwendung des Regelwerks.
47 Wenzel FA-MedR/Steinhilper, Kapitel 13, Rn. 370.
48 Steinhilper in Schnapp/Wigge, Vertragsarztrecht, § 17, Rn. 22.
49 Wenzel FA-MedR/Steinhilper, Kapitel 13, Rn. 371.
50 Wenzel FA-MedR/Steinhilper, Kapitel 13, Rn. 407.
51 Diese Prüfzeiten sind geringer als die sog. Kalkulationszeiten und berücksichtigen den Zeitaufwand eines schnellen und erfahrenen Arztes (vgl. Wenzel FA-MedR/Steinhilper, Kapitel 13, Rn. 409/410).

Der den Krankenkassen bei einer falschen Abrechnung entstandene sozialversicherungsrechtliche Schaden richtet sich nach der Bruttoforderung des Arztes; honorarbegrenzende Maßnahmen sind daher außer Betracht zu lassen.[52] Eine Berichtigung des Honorarbescheids ist innerhalb von 4 Jahren nach Bekanntgabe des Bescheids möglich.[53]

(2.) Abrechnungsprüfung durch die Krankenkassen

Auch die Krankenkassen haben nach § 106a IV SGB V, § 46 BMV-Ä, §§ 14 bis 18 der Richtlinie zu § 106a SGB V Abrechnungsprüfungen durchzuführen. Sie prüfen die Abrechnungen gem. § 106a III S. 1 SGB V insbesondere hinsichtlich des Bestehens und des Umfangs der Leistungspflicht, der Plausibilität von Art und Umfang der für die Behandlung abgerechneten Leistungen in Bezug auf die angegebene Diagnose, der Plausibilität bezüglich der Anzahl der in Anspruch genommenen Vertragsärzte.

Die KV ist gem. § 106a III S. 2 SGB V über die Durchführung und das Ergebnis von den Krankenkassen zu unterrichten.

bb. § 106 SGB V - Wirtschaftlichkeitsprüfung

Neben der Prüfung nach § 106a SGB V haben die KV und die Krankenkassen die Beachtung des Wirtschaftlichkeitsgebots aus §§ 12 I, 72 II SGB V durch Beratungen und Prüfungen zu überwachen (§ 106 I SGB V, § 47 I BMV-Ä). Hierzu haben sie gem. § 106 IV SGB V eine gemeinsame Prüfstelle und einen gemeinsamen Beschwerdeausschuss einzurichten.

Diese Prüfstelle untersucht die Wirtschaftlichkeit der Versorgung zum einen durch eine Auffälligkeitsprüfung, welche gem. § 106 II Nr. 1 SGB V dann stattfindet, wenn durch die ärztlichen Verordnungen die Richtgrößenvolumina (§ 84 SGB V) überschritten werden. Zum anderen wird eine Zufälligkeitsprüfung gem. § 106 II Nr. 2 SGB V durchgeführt, bei welcher durch Stichproben eine Überprüfung der ärztlichen und ärztliche verordneten Leistungen von bestimmten Ärzten stattfindet.

Für die Beurteilung der Wirtschaftlichkeit ist gem. § 106 IIa SGB V die Indikation, die Effektivität, die Qualität und die Angemessenheit der Behandlung maßgeblich. Der genauere Prüfungsgegenstand wird nach § 106 IIb SGB V

---

52 Plagemann in Münchener Anwaltshandbuch Sozialrecht, § 19 Vertragsarztrecht, Rn. 159.
53 Plagemann in Münchener Anwaltshandbuch Sozialrecht, § 19 Vertragsarztrecht, Rn. 156.

durch eine Richtlinie der KBV und des Spitzenverbandes Bund der Krankenkassen vereinbart.[54]

II. Ambulanter Pflegedienstbereich

In diesem Teil der Arbeit werden die SPV und die häusliche Krankenpflege behandelt. Die rechtlichen Grundlagen für das Pflegesystem im Bereich der ambulanten Versorgung befinden sich für die soziale Pflegeversicherung im SGB XI und für die häusliche Krankenpflege im SGB V.

1. Soziale Pflegeversicherung

In dieser Arbeit werden nur die Bereiche und Leistungen der SPV angesprochen, welche für den Abrechnungsbetrug von ambulanten Pflegediensten von Bedeutung sind. Neben der Pflegesachleistung des § 36 SGB XI gewährt das SGB XI allerdings noch zahlreiche weitere Leistungen, welche im Katalog des § 28 I SGB XI aufgeführt sind. So kann der Versicherte z.B. auch Pflegegeld für selbst beschaffte Pflegehilfen (§ 37 SGB XI) oder stationäre Pflege (§ 43 SGB XI) beantragen.

Voraussetzung für die Gewährung von Leistungen durch die Pflegekassen ist das Vorliegen einer Pflegebedürftigkeit beim Versicherten. Pflegebedürftig sind gem. § 14 I SGB XI Personen, die wegen einer körperlichen, geistigen oder seelischen Krankheit oder Behinderung für die gewöhnlich wiederkehrenden Verrichtungen im Ablauf des täglichen Lebens auf Dauer, voraussichtlich für mindestens sechs Monate, im erheblichen oder höheren Maße (§ 15 SGB XI) der Hilfe bedürfen. In § 15 SGB XI werden die drei Stufen der Pflegebedürftigkeit näher erläutert. Damit der Versicherte pflegebedürftig im Sinne des SGB XI ist, muss er den von § 15 I S. 1 SGB XI festgelegte Hilfebedarf und den von § 15 III S. 1 SGB XI normierten Zeitaufwand benötigen. Beispielsweise liegt gem. dem Abs. 1 dieser Norm die Pflegestufe I beim Versicherten vor, wenn er mindestens einmal täglich bei mindestens zwei Verrichtungen und mehrfach in der Woche bei der hauswirtschaftlichen Versorgung Hilfe benötigt. Zusätzlich muss er gem. Abs. 3 der oben genannten Norm mindestens 90 Minuten im Tagesdurchschnitt auf Hilfe angewiesen sein, wobei mindestens 45 Minuten davon auf die Grundpflege entfallen müssen.

---

54 Richtlinie abrufbar im Internet unter http://www.gkv-spitzenverband.de/krankenversicherung/aerztliche_versorgung/richtlinien_und_vertraege/richtlinien_und_vetraege.jsp (Zuletzt abgerufen am 13.12.2014).

Damit ein Versicherungsfall und damit ein Leistungsanspruch des Versicherten nach dem SGB XI vorliegt, muss demnach zumindest die Pflegestufe I für den Zeitraum von mindestens 6 Monaten gegeben sein. Werden diese Mindestvoraussetzungen nicht erreicht, stehen dem Versicherten nach dem SGB XI keine Ansprüche zu.[55]

a. Beteiligte Parteien

An dem System der ambulanten Pflegeversorgung sind die folgenden Parteien beteiligt.

aa. Die Pflegekassen

Die Pflegekassen sind gem. § 1 III HS. 1 SGB XI Träger der SPV. Diese hat gem. § 1 IV SGB XI die Aufgabe, Pflegebedürftigen zu helfen, die aufgrund der Schwere der Pflegebedürftigkeit auf die Hilfe angewiesen sind. Nach § 12 I S. 1 SGB XI tragen die Pflegekassen die Verantwortung für die pflegerische Versorgung ihrer Versicherten. Sie wirken hierzu gem. § 12 II S. 1 SGB XI mit den Trägern der Pflegedienste partnerschaftlich zusammen, um die für den Pflegebedürftigen zur Verfügung stehenden Hilfen zu koordinieren.

Die Pflegekassen werden gem. § 46 I SGB XI bei den Krankenkassen (§ 4 II SGB V) errichtet. Sie sind rechtsfähige Körperschaften des öffentlichen Rechts (§ 46 II S. 1 SGB XI). Die Organe der Krankenkassen, bei welchen die Pflegekassen errichtet wurden, sind gleichzeitig die Organe der Pflegekassen (§ 46 II S. 2 SGB XI).

Sie haben gemäß dem Wirtschaftlichkeitsprinzip aus § 29 I SGB XI darauf zu achten, dass die Leistungen wirksam und wirtschaftlich sind und das Maß des Notwendigen nicht übersteigen.

bb. Die Krankenkassen

Die Krankenkassen sind, neben den Pflegekassen, ebenfalls an dem System des ambulanten Pflegedienstbereiches beteiligt. Sie sind für die Versorgung von Pflegebedürftigen mit häuslicher Krankenpflege im Sinne des SGB V verantwortlich. Für sie gilt das oben im Zusammenhang mit der vertragsärztlichen Versorgung Erläuterte.

---

55 Wenn die SPV keine Leistungen gewährt (weil die Pflegestufe I nicht erreicht wird) ist eine Person mit Pflegebedarf nicht komplett auf sich gestellt. Es besteht gegebenenfalls für sie die Möglichkeit Ansprüche aus dem SGB V (mehr hierzu unter B. II. 2.) oder dem SGB XII (Sozialhilfe) geltend zu machen.

cc. Die gesetzlich Versicherten

Der versicherungspflichtige Personenkreis wird im dritten Kapitel des SGB XI geregelt. Es besteht hiernach für nahezu die gesamte Bevölkerung eine Versicherungspflicht.[56] Dies ist darauf zurückzuführen, dass das Ziel der SPV eine möglichst umfassende Versorgung ist. Daher normiert bereits § 1 II S. 1 SGB XI, dass alle gesetzlich Krankenversicherten kraft Gesetzes in den Schutz der SPV mit einbezogen werden. Dementsprechend ist in § 20 I SGB XI detailliert geregelt, dass alle versicherungspflichtigen Mitglieder der GKV[57] auch in der SPV versicherungspflichtig sind. Nach § 48 I SGB XI gehören die Mitglieder der GKV der Pflegekasse an, die bei ihrer Krankenkasse errichtet ist.[58]

§ 49 SGB XI geht auf den Beginn und das Ende der Mitgliedschaft bei den Pflegekassen näher ein.

dd. Die ambulanten Pflegedienste

Ambulante Pflegedienste sind im Sinne des SGB XI selbständig wirtschaftende Einrichtungen, die – unter ständiger Verantwortung einer ausgebildeten Pflegefachkraft – Pflegebedürftige in deren Wohnungen pflegen und hauswirtschaftlich versorgen (§ 71 I SGB XI). Der Abschluss eines Versorgungsvertrages ist Voraussetzung, um von den Pflegekassen zur Pflege zugelassen zu werden (§ 72 I SGB XI). Nach § 72 III S. 1 HS. 2 SGB XI hat ein Pflegedienst einen Anspruch auf Abschluss eines Versorgungsvertrages, soweit die in § 72 III S. 1 HS. 1 SGB XI genannten Voraussetzungen vorliegen.[59]

Um in Deutschland einen Pflegedienst zu eröffnen bzw. zu leiten, bedarf es folglich keiner besonderen Ausbildung. Die Frankfurter Allgemeine Zeitung (FAZ) führt hierzu zutreffend aus: „Stellen Sie sich mal vor, ihr Hausarzt würde Geschäftsführer eines Sanitärbetriebes. Oder Ihr Anwalt übernähme eine Metzgerei. Würden Sie da einkaufen? Und jetzt stellen Sie sich bitte vor, der Leiter des Pflegedienstes, der Ihre Mutter pflegt, sei Bäcker. Oder Installateur. Oder was auch immer. Wenn Sie das tun, sind Sie in der deutschen Rechtswirklichkeit angekommen. In Deutschland ist es leichter, einen Pflegedienst zu eröffnen, als einen Abfallsammelbetrieb."[60]

---

56 Wenzel FA-MedR/Udsching, Kapitel 9, Rn. 9 und 16.
57 Mehr hierzu unter B. I. 1. b.
58 Wenzel FA-MedR/Udsching, Kapitel 9, Rn. 9 und 17.
59 Mehr zu den Voraussetzungen unter D. II. 2. a. dd. (1.) (a.).
60 FAZ, Artikel von 10.03.2012, Trügerische Pflege.

ee. Der Medizinische Dienst der Krankenversicherung

Der Medizinische Dienst der Krankenversicherung (MDK) ist ein medizinischer Beratungsdienst, für welchen die Krankenkassen verantwortlich sind.[61] Im SGB V sind die Aufgaben (§§ 275 bis 277 SGB V) und die Organisation (§§ 278 bis 283 SGB V) des MDK normiert. Im Bereich der SPV übernimmt der MDK in der Regel[62] nach § 18 I S. 1 SGB XI die Aufgabe der Begutachtung der Pflegebedürftigkeit. Hierzu hat er die Versicherten in ihrem Wohnbereich zu untersuchen (§ 18 II S. 1 SGB XI). Näheres zur Zusammenarbeit der Pflegekassen mit dem MDK ist gem. § 53a SGB XI in Richtlinien geregelt, welche vom Spitzenverband Bund der Pflegekassen geregelt werden.

ff. Die Fehlverhaltensbekämpfungsstellen

§ 47a I SGB XI schreibt vor, dass § 197a SGB V, welcher Regelungen für die Stellen zur Bekämpfung von Fehlverhalten im Gesundheitswesen enthält, entsprechend auch für das SGB XI gilt. Dementsprechend kann grundsätzlich auf die obigen Ausführungen verwiesen werden, mit der Ausnahme, dass die organisatorischen Einheiten nach § 197a I SGB V im Rahmen der SPV bei den Pflegekassen, ihren Landesverbänden und dem Spitzenverband Bund der Pflegekassen angesiedelt sind.

b. Rechtsbeziehungen zwischen den Beteiligten und Systemstruktur

Zwischen den Pflegekassen, den ambulanten Pflegediensten und den Versicherten bestehen unterschiedliche Rechtsbeziehungen, welche anhand eines Dreiecks am besten veranschaulicht werden können:

---

61 BT-Drs. 11/2237 S. 230.
62 Auch eine Begutachtung durch unabhängige Gutachter ist nach § 18 I S. 1 SGB XI möglich, stellt aber in der Praxis die Ausnahme dar.

Tritt bei einem Versicherten der Versicherungsfall, nämlich eine Pflegebedürftigkeit (vgl. § 14 I SGB XI), ein, kann er die Leistungen des § 28 I SGB XI von der Pflegekasse beantragen. Bevor die Pflegekasse die beantragten Leistungen gewährt, wird durch den MDK geprüft, ob die Voraussetzungen der Pflegebedürftigkeit erfüllt sind und welche Stufe der Pflegebedürftigkeit vorliegt (§ 18 I SGB XI).

Kommt der MDK bei seiner Prüfung zu dem Ergebnis, dass Pflegeleistungen zu gewähren sind, kann der Versicherte einen ambulanten Pflegedienst beauftragen. Er erhält dann Pflegesachleistungen gem. § 36 SGB XI. Diese bestehen aus einer Grundpflege und einer hauswirtschaftlichen Versorgung (§ 36 I S. 1 SGB XI). Aufgrund des – auch im Bereich der SPV – geltenden Sachleistungsprinzips muss er hierfür grundsätzlich selber keine Vergütung zahlen.[63] Die Pflegekassen vergüten die Pflegedienste dann für ihre Pflegeleistungen. Im Gegenzug erhalten sie von den Versicherten die Mitgliedsbeiträge.

aa. Leistungsbeziehungen zwischen den Pflegekassen und Versicherten

Die Pflegekassen sind gem. § 69 SGB XI zur Sicherstellung der pflegerischen Versorgung der Versicherten verpflichtet. Die Versicherten haben daher einen Anspruch gegenüber den Pflegekassen auf die in § 28 I SGB XI normierten Pflegeleistungen, soweit eine Pflegebedürftigkeit im Sinne des § 14 I SGB XI vorliegt.

Die Versicherten sind im Gegenzug für den Versicherungsschutz gegenüber den Pflegekassen zur Beitragszahlung gem. § 54 II SGB XI verpflichtet.

---

63 Je nach benötigter Pflege kann es aber zu Zuzahlungen kommen. Mehr hierzu unter B. II. c. cc. (2.).

bb. Leistungsbeziehungen zwischen den Pflegekassen und ambulanten Pflegediensten

Die Pflegekassen haben im Rahmen ihres Sicherstellungsauftrages (§ 69 S. 1 SGB XI) Versorgungsverträge (§ 72 ff. SGB XI) und Vergütungsvereinbarungen (§ 89 SGB XI) mit den Trägern der ambulanten Pflegedienste (§ 71 SGB XI) zu schließen. Diese haben einen Anspruch auf Zulassung durch den Versorgungsvertrag.[64] Durch die Zulassung gem. § 72 IV S. 2 SGB XI werden sie verpflichtet, die Versicherten pflegerisch zu versorgen. Im Gegenzug haben die Pflegedienste nach § 72 IV S. 3 SGB XI gegen die Pflegekassen einen Anspruch auf Vergütung gemäß dem achten Kapitel des SGB XI (§§ 82 bis 92c SGB XI). Diesen Vergütungsanspruch sollen die ambulanten Pflegedienste gem. § 120 IV S. 1 SGB XI unmittelbar bei der zuständigen Pflegekasse geltend machen.

Wesentlich für die Leistungsbeziehungen zwischen den Pflegekassen und den ambulanten Pflegediensten ist die Zulassung durch den Versorgungsvertrag gem. § 72 I SGB XI, durch welchen die Pflegedienste am System der sozialen Pflegeversicherung teilnehmen können. Dem Versorgungsvertrag kommt daher eine statusbegründende Funktion zu.[65] Der Inhalt des Versorgungsvertrages wird durch die Rahmenverträge mitbestimmt.[66]

Auch die Rahmenverträge sind für die Rechtsbeziehungen zwischen den Pflegekassen und den ambulanten Pflegediensten von Bedeutung. Diese werden zur Sicherstellung einer wirksamen und wirtschaftlichen Versorgung gemeinsam und einheitlich von den Landesverbänden der Pflegekassen unter der Beteiligung des MDK und des Verbandes der privaten Krankenversicherung e.V. mit den Vereinigungen der Träger der Pflegeeinrichtungen abgeschlossen (§ 75 I S. 1 SGB XI). Grundlage des Vertragsinhalts sind gem. § 75 VI SGB XI die Bundesempfehlungen, welche unter anderem von dem Spitzenverband Bund der Pflegekassen und den Vereinigungen der Träger der Pflegeeinrichtungen auf Bundesebene abgegeben werden. Sie gelten auf Landesebene und sind für die Pflegekassen und zugelassenen Pflegeeinrichtungen unmittelbar verbindlich (§ 75 I S. 4 SGB XI). Den Regelungsinhalt der Rahmenverträge legt § 75 II SGB XI fest.

---

64 Mehr zur Zulassung unter B. II. 1. a. dd. und D. II. 2. a. dd. (1.) (a.).
65 Wenzel FA-MedR/Udsching, Kapitel 9, Rn. 74 und 76.
66 Wenzel FA-MedR/Udsching, Kapitel 9, Rn. 76.

cc. Leistungsbeziehungen zwischen den Versicherten und ambulanten Pflegediensten

Beauftragen die Versicherten die Pflegedienste mit ihrer Pflege, kommt gem. § 120 I SGB XI ein Pflegevertrag zustande. In diesem verpflichtet sich der Pflegedienst spätestens mit Beginn seines ersten Pflegeeinsatzes, den Pflegebedürftigen nach Art und Schwere seiner Pflegebedürftigkeit entsprechend den von ihm in Anspruch genommenen Leistungen zu pflegen und hauswirtschaftlich zu versorgen (§ 120 I S. 1 SGB XI).

Zivilrechtlich kommt zwischen den Pflegediensten und dem Versicherten ein Dienstvertrag gem. § 611 BGB zustande. Die Pflegedienste schulden dem Pflegebedürftigen hiernach die Dienstleistung der Pflege, aber keinen bestimmten Erfolg. Die grundsätzliche Vergütungspflicht der Versicherten nach § 611 I BGB wird durch die Bestimmungen des SGB XI von den Pflegekassen übernommen (§ 120 IV S. 1 SGB XI). Dies gilt gem. § 120 IV S. 2 SGB XI aber nur, soweit die Höchstbeträge des § 36 III SGB XI nicht überschritten werden. Alle darüber hinausgehenden Beträge sind hiernach dem Pflegebedürftigen in Rechnung zu stellen.

c. Vergütungs- und Abrechnungssystem

aa. Grundlagen der Vergütung

Die Vergütung der Pflegedienste richtet sich nach den §§ 82 bis 92c SGB XI. Wichtig für den Bereich der ambulanten Versorgung sind die allgemeinen Vergütungsregelungen der §§ 82 bis 83 SGB XI und die Regelungen zur Vergütung der ambulanten Pflegeleistungen in den §§ 89 bis 90 SGB XI.

In § 82 I S. 1 Nr. 1 SGB XI wird festgelegt, dass zugelassene Pflegedienste nach der Maßgabe des achten Kapitels des SGB XI eine leistungsgerechte Vergütung für die allgemeinen Pflegeleistungen erhalten. Diese ist von den Pflegebedürftigen oder deren Kostenträgern – den zuständigen Pflegekassen – zu tragen (§ 82 I S. 2 SGB XI).

Unter der Pflegevergütung ist im ambulanten Pflegedienstbereich das Honorar für die Leistungen der häuslichen Pflege des § 36 SGB XI zu verstehen, also die Leistungen der hauswirtschaftlichen Versorgung und der Grundpflege.[67]

bb. Vergütungsvereinbarungen

Zur Festlegung der genauen Vergütung für die einzelnen Leistungen der Pflegedienste besteht zwar gem. § 90 I SGB XI die Möglichkeit, eine Gebührenordnung

---

67 Wenzel FA-MedR/Udsching, Kapitel 9, Rn. 89.

zu erlassen. Da von dieser Möglichkeit aber noch kein Gebrauch gemacht wurde, richtet sich die Vergütung gem. § 89 I S. 1 SGB XI nach den Vergütungsvereinbarungen.[68]

Diese werden nach § 89 II SGB XI zwischen den Trägern der Pflegedienste und den Pflegekassen oder sonstigen Sozialversicherungsträgern (Nr. 1), den Trägern der Sozialhilfe (Nr. 2) und den Arbeitsgemeinschaften der unter Nr. 1 und Nr. 2 genannten Trägern (Nr. 3) geschlossen. Sie sind gem. § 89 II S. 2 SGB XI für jeden Pflegedienst gesondert abzuschließen und gelten in der Regel für den in den Versorgungsverträgen (§ 72 SGB XI) vereinbarten Einzugsbereich. Die Vergütungen weisen daher regionale Unterschiede auf. Es kann auch in den einzelnen Regionen zu Preisunterschieden kommen, wenn ein Pflegeverband für seine Mitglieder eine niedrigere oder höhere Vergütung mit den Pflegekassen vereinbart hat.[69]

Die Vergütung muss gem. § 89 I S. 2 SGB XI leistungsgerecht sein. Bei einer wirtschaftlichen Betriebsführung muss der Pflegedienst durch sie in der Lage sein, seine Aufwendungen zu finanzieren und seinen Versorgungsauftrag zu erfüllen. Entfallen auf einen Kostenträger oder die Arbeitsgemeinschaft im Jahr vor Beginn der Vergütungsverhandlungen nicht mehr als 5 % der vom Pflegedienst betreuten Pflegebedürftigen, ist nicht nach der Vergütungsvereinbarung, sondern gem. § 91 SGB XI abzurechnen.[70]

In § 89 III SGB XI finden sich Vorgaben zur Gestaltung der Vergütungsvereinbarungen. Die Vergütungen können nach dem Zeitaufwand, nach dem Leistungsinhalt des jeweiligen Pflegeeinsatzes, nach Komplexleistungen oder in Ausnahmefällen auch nach Einzelleistungen bemessen werden. Der Spitzenverband der Pflegekassen hat hierzu Empfehlungen erlassen.[71]

Früher wurde in der Praxis die Abrechnung nach Komplexleistungen bevorzugt.[72] Seit dem Pflege-Neuausrichtungs-Gesetz (PNG)[73], welches zum 01.01.2013 in Kraft getreten ist, müssen die Vertragsparteien immer zumindest zwei alternative Vergütungsregelungen treffen, zwischen welchen der Pflegebedürftige wählen kann.[74] Eine der Vergütungsregelungen muss auf den tatsächlichen Zeitaufwand

---

68 FAKomm-MedR/Böttiger/Clemens, SGB XI, § 89, Rn. 4.
69 Verbraucherzentrale, Pflegefall – Was tun?, S. 145.
70 FAKomm-MedR/Böttiger/Clemens, SGB XI, § 89, Rn. 3.
71 Abrufbar im Internet unter http://www.aok-gesundheitspartner.de/imperia/md/gpp/bund/pflege/ambulant/pflege_empf_leistungskomplexsystem_08_11_1996.pdf (Zuletzt abgerufen am 13.12.2014).
72 BT-Drs. 17/9369, S. 47, Zu Nr. 36.
73 BGBl. Teil I, 29.10.12 Nr. 51.
74 BT-Drs. 17/9369, S. 47, Zu Nr. 36.

eines Pflegeeinsatzes abstellen.[75] Hierdurch wurde den Pflegedürftigen eine Gestaltungsmöglichkeit bezüglich der inhaltlichen und zeitlichen Zusammenstellung ihrer gewünschten Pflegeleistungen eingeräumt.[76]

Das Zustandekommen der Vereinbarungen richtet sich nach den §§ 85 III bis VII, § 86 SGB XI[77], auf die § 89 III S. 4 SGB XI verweist.

cc. Grundlagen der Abrechnung

In § 105 SGB XI werden die Mindestanforderungen für die Abrechnungsunterlagen normiert.[78] Seit dem 01.01.1996 müssen diese maschinell lesbar sein (§ 105 I S. 1 SGB XI). Die Leistungserbringer müssen in den Abrechnungsunterlagen die von ihnen erbrachten Leistungen nach Art, Menge und Preis aufzuzeichnen. Hierbei müssen sie auch den Tag und die Zeit der Leistungserbringung vermerken (Nr. 1). Auch ihr Kennzeichen (§ 103 SGB XI) sowie die Versichertennummer ist zu vermerken (Nr. 2). Soweit Hilfsmittel abgegeben werden, ist für die Abrechnung hierüber das Hilfsmittelverzeichnis (§ 78 SGB XI) zu verwenden (Nr. 3). Näheres zu Form und Inhalt der Abrechnung und der Datenübermittlung wird gem. § 105 II SGB XI durch den Spitzenverband Bund der Pflegekassen im Einvernehmen mit den Verbänden der Leistungserbringer festgelegt.[79]

Weitere Details zur Abrechnung, insbesondere zu den sogenannten Leistungsnachweisen, finden sich in den „Empfehlungen gem. § 75 V SGB XI zum Inhalt der Rahmenverträge nach § 75 II SGB XI zur ambulanten pflegerischen Versorgung" (Empf. apV). Zusammen mit der monatlichen Abrechnung muss der Pflegedienst gem. § 14 II Empf. apV seine Leistungsnachweise einreichen. Diese beinhalten das bundeseinheitliche Kennzeichen der Pflegeeinrichtung, die Versichertennummer des Pflegebedürftigen, den Namen des Pflegebedürftigen, die Art und die Menge der Leistung und das Tagesdatum und die -zeit der Leistungserbringung (§ 13 I Empf. apV). Nach § 13 II Empf. apV sind die durchgeführten Leistungen täglich vom Pflegedienst in den Leistungsnachweis einzutragen, von der Pflegekraft zu unterzeichnen und durch den Pflegebedürftigen oder Angehörigen zeitnah zu bestätigen.

---

75 BT-Drs. 17/9369, S. 47, Zu Nr. 36.
76 BT-Drs. 17/9369, S. 47, Zu Nr. 36.
77 FAKomm-MedR/Böttiger/Clemens, SGB XI, § 89, Rn. 2.
78 FAKomm-MedR/Böttiger/Clemens, SGB XI, § 105, Rn. 1.
79 Siehe hierzu: http://www.aok-gesundheitspartner.de/imperia/md/gpp/bund/pflege/datenaustausch/pflege_dta_einvernehmliche_festlegung.pdf (Zuletzt abgerufen am 13.12.2014).

Seit dem PNG dürfen die Pflegedienste Rechenzentren mit der Abrechnung beauftragen. § 105 II S. 2 SGB XI enthält nun eine ausdrückliche gesetzliche Ermächtigung hierfür. Dies trägt wesentlich zur Entbürokratisierung bei, da durch die gesetzliche Grundlage eine einheitliche Abrechnung der Leistungen aus dem SGB V und dem SGB XI möglich ist.[80]

(1.) Abrechnung gegenüber den Pflegekassen

Die Pflegedienste rechnen die durchgeführten Pflegeleistungen monatlich bis zu den Höchstbeträgen des § 36 III SGB XI direkt mit den Pflegekassen ab.[81] Die Höhe der maximalen Vergütung der Pflegedienste, welche von den Pflegekassen übernommen wird, ist nach § 36 III SGB XI abhängig von der Pflegestufe des Versicherten. Sie beträgt ab dem 01.01.2012 pro Kalendermonat für die Pflegestufe I 450 Euro, für die Pflegestufe II 1100 Euro und für die Pflegestufe III 1550 Euro.[82] Welche Pflegestufe vorliegt, ermittelt der MDK oder ein unabhängiger Gutachter (vgl. § 18 I SGB XI) nach den Grundsätzen des § 15 SGB XI. Nur in besonders gelagerten Härtefällen, wenn der Pflegebedarf den üblichen Aufwand der Pflegestufe III weit übersteigt, kann ein Betrag von bis zu 1918 Euro monatlich gewährt werden (§ 36 IV SGB XI).

(2.) Abrechnung gegenüber den Pflegebedürftigen

In einigen Fällen findet die Vergütung der Pflegedienste nicht durch die Pflegekassen, sondern direkt durch die Pflegebedürftigen statt.

Auch wenn sich der Pflegebedürftige für die Pflegesachleistung gem. § 36 SGB XI entscheidet, muss er gegebenenfalls einen Teil der Kosten selber zahlen. Das Sachleistungsprinzip gilt im SGB XI nur beschränkt.[83] Soweit die nach den Vergütungsvereinbarungen zu bestimmende Vergütung der Pflegedienste die Höchstbeträge des § 36 III SGB XI überschreitet, darf der Pflegedienst dem Versicherten die Pflegeleistungen nach den gem. § 89 SGB XI vereinbarten Sätzen berechnen (§ 120 IV S. 2 SGB XI). Reicht der von den Pflegekassen für die einzelnen Pflegestufen bereitgestellte Betrag nicht aus, muss der Versicherte den Rest der Vergütung des Pflegedienstes selbst zahlen.

---

80 BT-Drs. 17/9369, S. 47, Zu Nr. 39.
81 Dingeldein/Wahlers/Frank, Pflegeversicherung, S. 77.
82 Durch das Pflegestärkungsgesetz sollen zukünftig 5 Pflegestufen eingeführt werden, um dem individuellen Bedarf des Pflegebedürftigen besser gerecht zu werden. Mehr hierzu im Internet unter: https://www.bundesgesundheitsministerium.de/pflege/pflegestaerkungsgesetze/pflegestaerkungsgesetz-ii.html (zuletzt abgerufen am 13.12.2014).
83 Wenzel FA-MedR/Udsching, Kapitel 9, Rn. 52.

Beim Prinzip der Kostenerstattung gem. § 91 SGB XI erfolgt die Abrechnung der Pflegeleistungen zunächst gegenüber den Pflegebedürftigen. Die Pflegeeinrichtungen vereinbaren hierzu nach § 91 I SGB XI die Vergütung direkt mit den Pflegebedürftigen. Dies ist zulässig, soweit die Pflegeeinrichtungen auf eine vertragliche Regelung zur Pflegevergütung verzichten oder eine solche nicht zustande kommt. Die Pflegebedürftigen bekommen die vorgelegten Kosten von den Pflegekassen zumindest teilweise erstattet (§ 91 II SGB XI).

(3.) Abrechnung gegenüber dem Sozialhilfeträger

In bestimmten Fällen kann der ambulante Pflegedienst seine erbrachten Leistungen auch gegenüber dem Sozialhilfeträger abrechnen. Empfänger von Sozialhilfe haben nämlich gem. §§ 8 Nr. 5, 61 I SGB XII einen Anspruch auf Hilfe zur Pflege.

Werden die Voraussetzungen des § 75 III SGB XII von dem ambulanten Pflegedienst eingehalten, so ist der Sozialhilfeträger zur Übernahme der Vergütung gegenüber den Leistungserbringern verpflichtet. Nach § 75 V SGB XII richtet sich bei nach dem SGB XI zugelassenen Pflegeeinrichtungen Art, Inhalt, Vergütung der Leistungen nach dem 8. Kapitel des SGB XI, soweit nicht nach § 61 SGB XII weitergehende Leistungen zu erbringen sind. Der Anspruch nach § 61 I SGB XII besteht unabhängig von der Dauer des voraussichtlichen Hilfebedarfs, so dass die Sozialhilfe sowohl ergänzend zu den Leistungen der SPV als auch unabhängig davon Hilfen gewährt. Grundsätzlich besteht eine Bindung an die Entscheidung der Pflegekassen zu dem Ausmaß der Pflegebedürftigkeit, welche von dem Sozialhilfeträger zu beachten ist (§ 62 SGB XII). Auch die Rahmenverträge und Richtlinien der Pflegekassen gelten gem. § 61 VI SGB XII entsprechend für die Hilfe zur Pflege der Sozialhilfe.

Ist im Rahmen einer ambulanten Pflege die Hinzuziehung einer Pflegekraft erforderlich, so sind die angemessenen Kosten hierfür gem. § 65 I S. 2 SGB XII von dem Sozialhilfeträger zu übernehmen.

Die ambulanten Pflegedienste können – soweit ein Sozialhilfeanspruch der betreuten Person vorliegt – dem Sozialhilfeträger also die über die Höchstbeträge des SGB XI hinausgehenden Leistungen in Rechnung stellen. Zudem können sie, soweit bei der betreuten Person keine Pflegebedürftigkeit nach dem SGB XI vorliegt, die erbrachten Leistungen komplett mit dem Sozialhilfeträger abrechnen. Voraussetzung ist natürlich, dass sie erforderlich waren.

dd. Prüfung der Abrechnung

Die Abrechnung der Pflegedienste kann von den Pflegekassen zum einen bezüglich der Richtigkeit der abgerechneten Leistungen (§ 114 SGB XI) und zum anderen bezüglich der Wirtschaftlichkeit der Leistungen geprüft werden.

(1.) § 114 SGB XI – Qualitätsprüfungen

Im Rahmen der Qualitätsprüfung nach § 114 II S. 6 SGB XI kann auch die Abrechnung der Leistungen geprüft werden. Hierzu wird gem. § 114 II S. 1 SGB XI bei zugelassenen Pflegeeinrichtungen in regelmäßigen Abständen von maximal einem Jahr durch den MDK, den Prüfdienst oder durch von ihm bestellte Sachverständige eine Regelprüfung durchgeführt. Im Rahmen dieser Prüfung wird neben der Abrechnung insbesondere festgestellt, ob die Qualitätsanforderungen nach dem SGB XI oder nach den auf der Grundlage des SGB XI angeschlossenen Verträgen erfüllt sind (§ 114 II S. 2 SGB XI).

In Hessen sieht der Ablauf der Abrechnungsprüfung im Rahmen der Qualitätsprüfung wie folgt aus: Werden die Landesverbände der Pflegekassen auf eine Abrechnungsunregelmäßigkeit aufmerksam (z.B. durch einen Hinweis eines ehemaligen Pflegedienstmitarbeiters), so beauftragt er gem. § 114 I S. 1 SGB XI Mitarbeiter der Pflegekassen als Sachverständige. Diese gehen dann gemeinsam mit dem MDK zu dem Pflegedienst und führen die Abrechnungsprüfung durch, während sich die Mitarbeiter des MDKs auf die restliche Überprüfung konzentriert.[84]

Die Einbeziehung der Abrechnung in die Qualitätsprüfung wird teilweise für bedenklich gehalten, da befürchtet wird, dass über die Qualitätsprüfung das Erfordernis des Vorliegens von Anhaltspunkten für die Durchführung einer Wirtschaftlichkeitsprüfung[85] umgangen werden könnte.[86]

Werden bei der Prüfung Mängel festgestellt, so ist die Pflegevergütung des Pflegedienstes für die Pflichtverletzung entsprechend zu kürzen (§ 115 III S. 1 SGB XI).

Neben der regelmäßig durchzuführenden Regelprüfung kann die Prüfung auch als Anlassprüfung oder Wiederholungsprüfung durchgeführt werden (§ 114 I S. 3 SGB XI).

(2.) § 79 SGB XI – Wirtschaftlichkeitsprüfungen

Nach § 79 I S. 1 SGB XI können die Landesverbände der Pflegekassen Wirtschaftlichkeitsprüfungen durchführen lassen. Bei einer solchen Prüfung wird die Wirtschaftlichkeit und Wirksamkeit von Pflegeleistungen durch Sachverständige geprüft (§ 79 I S. 1 SGB XI). Eine Leistung ist dann wirksam, wenn mit ihr der tatsächliche Leistungszweck erreicht werden kann.[87] Wirtschaftlich ist

---

84 Diese Information stammt aus einem freundlichen Telefonat mit einem Mitarbeiter der AOK Hessen.
85 Vgl. § 79 I S. 2 SGB XI.
86 Wilcken, BeckOK, SGB XI, § 114, Rn. 7.
87 FAKomm-MedR/Böttiger/Clemens, SGB XI, § 79, Rn. 5.

die Leistung, welche die wirksamste und günstigste Leistung unter mehreren gleich erforderlichen und gleich geeigneten Leistungen darstellt.[88] Unzulässig ist eine isolierte Wirtschaftlichkeitsprüfung unabhängig von einer Wirksamkeitsprüfung.[89]

Die Wirtschaftlichkeitsprüfung ist seit dem Gesetz zur strukturellen Weiterentwicklung der Pflegeversicherung (PflegeWEG) nur noch zulässig, soweit tatsächliche Anhaltspunkte vorliegen, welche darauf hinweisen, dass die Pflegeeinrichtung den Anforderungen des § 72 III SGB XI nicht mehr genügt (§ 79 I S. 2 SGB XI).[90]

2. Häusliche Krankenpflege durch die Gesetzliche Krankenversicherung

Neben der SPV gewährt auch die GKV die pflegerische Versorgung durch ambulante Pflegedienste. In § 37 SGB V ist der Anspruch auf die Versorgung mit häuslicher Krankenpflege geregelt. In § 132a SGB V finden sich Regelungen über die Beziehungen der Krankenkassen zu den Pflegediensten.

a. Anspruch des Versicherten auf häusliche Krankenpflege

Es gibt zwei Formen der häuslichen Krankenpflege, welche in § 37 SGB V normiert sind.[91]

Zum einen gibt es die Krankenhausvermeidungspflege (Abs. 1). Die in der Gesetzlichen Krankenversicherung versicherten Patienten haben hierauf neben der ärztlichen Behandlung einen Anspruch, soweit eine Krankenhausbehandlung geboten, aber nicht ausführbar ist oder durch die häusliche Krankenpflege vermieden oder verkürzt werden kann. Diese umfasst gem. § 37 I S. 3 SGB V die

---

88 FAKomm-MedR/Böttiger/Clemens, SGB XI, § 79, Rn. 5.
89 BSG, Urteil vom 12.06.2008 – B 3 P 2/07 R (BSGE 101, 6–22); FAKomm-MedR/Böttiger/Clemens, SGB XI, § 79, Rn. 2.
90 Wenzel FA-MedR/Udsching, Kapitel 9, Rn. 86.
91 Rixen in Becker/Kingreen, SGB V, § 37, Rn. 1.

im Einzelfall erforderliche Grundpflege[92], Behandlungspflege[93] und hauswirtschaftliche Versorgung[94].

Zum anderen gibt es die Sicherungspflege (Abs. 2), auf welche ein Anspruch besteht, soweit eine häusliche Krankenpflege zur Sicherung des Ziels der ärztlichen Behandlung erforderlich ist. Bei der Sicherungspflege besteht grundsätzlich nach § 37 II S. 1 SGB V nur ein Anspruch auf Behandlungspflege. Zusätzlich zur Behandlungspflege besteht ein Anspruch auf Grundpflege und hauswirtschaftliche Versorgung nur insoweit, wie eine Satzung der Krankenkasse dies bestimmt (§ 37 II S. 4 SGB V).

Sowohl bei der Krankenhausvermeidungspflege als auch bei der Sicherungspflege ist eine vertragsärztliche Verordnung gem. § 73 II Nr. 8 SGB V erforderlich, da sie medizinische Diagnosen und Prognosen voraussetzen.[95]

Der Anspruch auf häusliche Krankenpflege besteht nach § 37 III SGB V nicht, soweit eine im Haushalt des Versicherten lebende Person den Kranken in dem erforderlichen Maß pflegen und versorgen kann.

Die Leistungen der häuslichen Krankenpflege sind nicht auf Dauer angelegt. In der Regel besteht der Anspruch auf häusliche Krankenpflege nur bis zu vier Wochen je Krankheitsfall, nur in begründeten Ausnahmefällen kann die Pflege für einen längeren Zeitraum bewilligt werden (§ 37 I S. 4, 5 SGB V).

Der Gemeinsame Bundesausschuss (G-BA) hat gemäß seiner Ermächtigung aus § 37 VI SGB V in der Häuslichen Krankenpflege-Richtlinie nähere Vorgaben zu den Voraussetzungen der häuslichen Krankenpflege erlassen.

b. Beziehung zu den Pflegediensten (§ 132a SGB V)

§ 132a SGB V stellt, als Regelung über die Versorgung der Versicherten mit häuslicher Krankenpflege, das Pendant zu § 37 SGB V dar, welcher den Anspruch auf häusliche Krankenpflege regelt. § 132a SGB V ist so strukturiert, dass im Abs. 1

---

92 Grundverrichtungen des täglichen Lebens (vgl. § 1 IIIa Häusliche Krankenpflege-Richtlinie).
93 Maßnahmen der ärztlichen Behandlung die dazu dienen, Krankheiten zu heilen, ihre Verschlimmerung zu verhüten oder Krankheitsbeschwerden zu lindern und die üblicherweise an Pflegefachkräfte/Pflegekräfte delegiert werden können (vgl. § 1 IIIb Häusliche Krankenpflege-Richtlinie).
94 Maßnahmen die zur Aufrechterhaltung der grundlegenden Anforderungen einer eigenständigen Haushaltsführung allgemein notwendig sind (vgl. § 1 IIIc Häusliche Krankenpflege-Richtlinie).
95 Rixen in Becker/Kingreen, SGB V, § 37, Rn. 4.

die Anforderungen an die Rahmenempfehlungen normiert werden, welche auf der Bundesebene getroffen werden. Abs. 2 der oben genannten Vorschrift enthält Vorgaben für die Verträge über die Preise und deren Abrechnung zwischen den Pflegediensten und den Krankenkassen.[96]

Für die einheitliche Versorgung mit häuslicher Krankenpflege haben der Spitzenverband Bund der Krankenkassen und die auf Bundesebene für die Wahrnehmung der Interessen von Pflegediensten maßgeblichen Spitzenorganisationen gemeinsam Rahmenempfehlungen abzugeben (§ 132a I S. 1 SGB V). Hierbei haben sie nach § 132a I S. 1 SGB V die Häusliche Krankenpflege-Richtlinie zu beachten. Diese geht den Rahmenempfehlungen vor.[97]

Die Rahmenempfehlungen[98] enthalten gem. § 132a I S. 4 SGB V Vorgaben zu den Inhalten der häuslichen Krankenpflege (Nr. 1), der Eignung der Leistungserbringer (Nr. 2), den Maßnahmen zur Qualitätssicherung und Fortbildung (Nr. 3), dem Inhalt und Umfang der Zusammenarbeit zwischen den Pflegediensten und dem verordnenden Arzt oder Krankenhaus (Nr. 4), den Grundsätzen der Wirtschaftlichkeit der Leistungserbringung einschließlich deren Prüfung (Nr. 5), den Grundsätzen der Vergütung und ihrer Strukturen (Nr. 6) und den Grundsätzen zum Verfahren der Prüfung der Leistungspflicht der Krankenkassen sowie zum Abrechnungsverfahren einschließlich der für diese Zwecke jeweils zu übermittelnden Daten (Nr. 7).

Die Pflegedienste haben gegenüber den Krankenkassen einen Anspruch auf Zulassung zur Versorgung, ohne dass eine Bedarfsprüfung durchgeführt wird.[99]

c. Vergütungs- und Abrechnungssystem

Das Vergütungs- und Abrechnungssystem wird gem. § 132a I S. 4 Nr. 6, Nr. 7 SGB V in den Rahmenempfehlungen und in den Verträgen gem. § 132a II S. 1 SGB V geregelt.

---

96 FAKomm-MedR/Dalichau, SGB V, § 132a, Rn. 17.
97 FAKomm-MedR/Dalichau, SGB V, § 132, Rn. 16; SG Köln, Urteil vom 27.03.2002 – S 19 KA 23/01 (GesR 2002, 30–35).
98 Abrufbar im Internet unter: http://www.gkv-spitzenverband.de/media/dokumente/krankenversicherung_1/ambulante_leistungen/haeusliche_krankenpflege/Bundesrahmenempfehlungen_nach__132a_Abs_1_SGB_V_Fassung_10122013.pdf (Zuletzt abgerufen am 13.12.2014).
99 FAKomm-MedR/Dalichau, SGB V, § 132a, Rn. 29.

In den Rahmenempfehlungen vom 10.12.2013 hat sich der Spitzenverband allerdings – trotz der gesetzlichen Frist bis Juli 2013 (vgl. § 132a I S. 5 SGB V) – bislang nur zu einigen der vorgeschriebenen Punkte geäußert. Auf die Vergütungsgrundsätze ist er hierbei noch nicht eingegangen.[100]

aa. Vergütungssystem

(1.) Allgemeines

Die Vergütung der ambulanten Pflegedienste wird im Gegensatz zur sozialen Pflegeversicherung – aufgrund des im Bereich der GKV umfassend geltenden Sachleistungsprinzips – ohne Höhenbegrenzung von den Krankenkassen übernommen. Versicherte, die das 18. Lebensjahr vollendet haben, sind trotzdem gem. §§ 37 V, 61 S. 3 SGB V verpflichtet, für die ersten 28 Tage der Leistungsinanspruchnahme pro Jahr eine Zuzahlung von 10 Prozent der Kosten sowie 10 Euro pro Verordnung zu leisten (§ 37 V SGB V).

Auch bei der häuslichen Krankenpflege ist das System der Kostenerstattung gem. § 37 IV SGB V möglich. Wird dieses gewählt, findet eine direkte Vergütung durch die Versicherten statt, welche dann wiederum die Kosten von den Krankenkassen in einer angemessenen Höhe erstattet bekommen.

(2.) Vergütungsverträge

Die Krankenkassen schließen mit den Leistungserbringern gem. § 132a II S. 1 SGB V Verträge über die Einzelheiten der Versorgung mit häuslicher Krankenpflege, über die Preise und deren Abrechnung. Die Verträge können auch auf Verbandsebene geschlossen werden.[101] Grundvoraussetzung dieser Verträge ist, dass die Leistungen wirtschaftlich und preisgünstig erbracht werden (§ 132a II S. 5 SGB V). Aber auch die Vielfalt unter den Leistungserbringern ist zu berücksichtigen (§ 132a II S. 9 SGB V).

Die Vergütungen der einzelnen Leistungserbringer können je nach geschlossenem Vertrag abweichen, zum Beispiel können örtliche Besonderheiten höhere Kosten verursachen.[102]

bb. Abrechnungssystem

Die Abrechnung mit dem Pflegediensten bestimmt sich nach § 302 SGB V. Nach Abs. 1 dieser Norm sind die Pflegedienste verpflichtet, die Daten elektronisch

---

100 Siehe S. 2 der Empfehlungen zu § 132a SGB V (Link in Fn. 99).
101 FAKomm-MedR/Dalichau, SGB V, § 132a, Rn. 33.
102 FAKomm-MedR/Dalichau, SGB V, § 132a, Rn. 46.

oder maschinell verwertbar zu übertragen. Hierbei müssen die erbrachten Leistungen nach Art, Menge und Preis bezeichnet werden. Zudem muss der Tag der Leistungserbringung, die Arztnummer des verordnenden Arztes und die Verordnung des Arztes mit der Diagnose und den erforderlichen Angaben über den Befund angegeben werden. Der Spitzenverband Bund der Krankenkassen wird in Abs. 2 der oben zitierten Vorschrift dazu ermächtigt, Näheres zu Form und Inhalt des Abrechnungsverfahrens in einer Richtlinie festzulegen.[103]

In den Verträgen wird zudem meistens bestimmt, dass der Abrechnung ein Leistungsnachweis und ein sog. Durchführungsnachweis[104] beizulegen ist.[105] Der Leistungsnachweis ist, wie in der SPV, von der Pflegekraft abzuzeichnen, welche die Leistung erbracht hat.[106] Es wird meist händisch und nicht elektronisch geführt und daher auch in Papierform übermittelt.[107] Der Durchführungsnachweis enthält i.d.R. Art, Datum, Uhrzeit der erbrachten Leistung und das Handzeichen des durchführenden Personals und ist Bestandteil der Pflegedokumentation.[108] Er stellt wie der Leistungsnachweis in den meisten Bundesländern eine wesentliche Abrechnungsgrundlage dar.[109]

cc. Prüfung der Abrechnung

Die Abrechnung der Pflegedienste wird im Rahmen der Regelprüfung der Qualitätsprüfungen gem. § 114 II S. 5 SGB XI mit überprüft. Für die Prüfung der häuslichen Krankenpflege gelten die Regelungen der Qualitätsprüfungsrichtlinie (QPR) des GKV Spitzenverbandes entsprechend (Nr. 2 II QPR). Nach Nr. 6 IV, V QPR kann sich die durchzuführende Regelprüfung auch auf die Abrechnung

---

103 Abrufbar im Internet z.B. unter http://www.aok-gesundheitspartner.de/imperia/md/gpp/bund/pflege/datenaustausch/pflege_dta_richtlineien_hkp.pdf (Zuletzt abgerufen am 13.12.2014).
104 Je nach Bundesland kann es Unterschiede in der Bezeichnung geben. In Hessen wird der Durchführungsnachweis z.B. als Durchführungskontrollblatt bezeichnet. Der Einheitlichkeit halber und um Missverständnisse zu vermeiden wird in dieser Arbeit durchgängig der Begriff des Durchführungsnachweises verwendet.
105 Vgl. hierzu z.B. § 19 II des Rahmenvertrages zur häuslichen Krankenpflege aus NRW; abrufbar im Internet unter: http://www.lfk-online.de/downloads/existenzgruender/infossgbv.html (zuletzt abgerufen am 13.12.2014).
106 Vgl. z.B. § 14 des Rahmenvertrages zur häuslichen Krankenpflege NRW.
107 Vgl. hierzu § 3 III der Rahmenempfehlungen nach § 132a SGB V; abrufbar im Internet unter http://www.bpa.de/Fachinformationen-Positionen.303.0.html?&no_cache=1&tx_bpadocumentlist_pi1[uid]=202812 (zuletzt abgerufen am 13.12.2014).
108 Vgl. z.B. § 11 I des Rahmenvertrages zur häuslichen Krankenpflege NRW.
109 Vgl. z.B. § 18 IV des Rahmenvertrages zur häuslichen Krankenpflege NRW.

der genannten Leistungen erstrecken und bezieht die häusliche Krankenpflege gem. § 37 SGB V mit ein.

Auch eine Wirtschaftlichkeitsprüfung findet im Rahmen der häuslichen Krankenpflege statt. Die genaueren Voraussetzungen werden gem. § 132a I S. 4 Nr. 5 SGB V in den Rahmenempfehlungen festgelegt.

dd. Abgrenzung zur sozialen Pflegeversicherung

Für die Abgrenzung zu den Leistungen aus der SPV gilt Folgendes: Der Anspruch auf häusliche Krankenpflege und der Anspruch aus der SPV schließen sich grundsätzlich gegenseitig nicht aus.[110] Dies wird in § 13 II SGB XI klargestellt, welcher regelt, dass neben den Ansprüchen aus der SPV der Anspruch auf häusliche Krankenpflege unberührt bleiben soll. Soweit die Leistungen durch dieselbe Pflegekraft erbracht werden, ist eine Kostenaufteilung zwischen der Krankenkasse und der Pflegekasse vorzunehmen.[111] Bei den verrichtungsbezogenen krankheitsspezifischen Pflegemaßnahmen geht ein Anspruch auf häusliche Krankenpflege dem Anspruch auf eine Sachleistung nach dem SGB XI vor (§ 36 II HS. 2 SGB XI).

d. Vergleich der häuslichen Krankenpflege mit der sozialen Pflegeversicherung

Die beiden Bereiche der Versorgung mit ambulanter Pflege weisen sowohl Gemeinsamkeiten als auch Unterschiede auf.

aa. Anspruchsvoraussetzungen

Der wesentlichste Unterschied zwischen den Systemen ist, dass die Leistungen der SPV auf Dauer (mindestens sechs Monate) angelegt sind (§ 14 I SGB XI). Die Leistungen der häuslichen Krankenpflege sollen hingegen in der Regel nur bis zu vier Wochen gewährt werden (§ 37 I S. 4, 5 SGB V). In der Höhe sind die Leistungen der häuslichen Krankenpflege dafür nicht begrenzt. Es gilt hier – im Gegensatz zur SPV – ein umfassendes Sachleistungsprinzip.

Ziel der häuslichen Krankenpflege ist es, eine Krankenhausbehandlung zu vermeiden oder eine ärztliche Behandlung zu unterstützen. Dementsprechend sind eine medizinische Diagnose und auch eine vertragsärztliche Verordnung (§ 73 II Nr. 8 SGB V) Voraussetzungen für den Anspruch auf die Versorgung mit

---

110 Rixen in Becker/Kingreen, SGB V, § 37, Rn. 9, 11.
111 Rixen in Becker/Kingreen, SGB V, § 37, Rn. 11.

ambulanter Pflege. In der SPV ist das Ziel hingegen, den Pflegebedürftigen zu helfen, die wegen der Schwere der Pflegebedürftigkeit auf die Hilfe angewiesen sind (vgl. § 1 IV SGB XI). Voraussetzung für einen Pflegeanspruch ist folglich das Vorliegen einer Pflegebedürftigkeit i.S.d. § 14 I SGB XI.

bb. Zulassung zur Versorgung

Eine Gemeinsamkeit der Systeme besteht darin, dass für die Zulassung der Pflegedienste zur Teilnahme an der Versorgung keine Bedarfsprüfung erfolgt. Zudem wird die Vergütung in Vergütungsverträgen geregelt. Bei der häuslichen Krankenpflege besteht allerdings – im Unterschied zur SPV – ohne Abschluss eines Vergütungsvertrages kein Vergütungsanspruch.[112]

cc. Abrechnungssysteme

Bei den Abrechnungssystemen ergibt sich der Unterschied, dass bei der häuslichen Krankenpflege die Abrechnungsunterlagen maschinell verwertbar oder elektronisch übermittelt werden müssen (§ 302 I SGB V). Für die Abrechnung im Rahmen der SPV ist es hingegen nur erforderlich, dass die Unterlagen maschinell lesbar sind (§ 105 I S. 1 SGB XI). Es findet jeweils eine direkte Abrechnung mit der Kranken- bzw. Pflegekasse statt. Die Abrechnung wird in beiden Systemen auf die Richtigkeit (gleiche Rechtsgrundlage für die Prüfung: § 114 SGB XI) und die Wirtschaftlichkeit hin überprüft.

3. Private Pflegeversicherung

Die Private Pflegeversicherung (PPV) ist im Wesentlichen in den §§ 23, 110, 111 SGB XI geregelt. In § 23 SGB XI finden sich Regelungen zum versicherungspflichtigen Personenkreis und deren mitversicherungspflichtige Angehörigen, zum Leistungsumfang der PPV und zur Durchführung der Versicherung.[113] Zudem stellt die Norm zusätzlich zu den §§ 110, 110 SGB XI Vorschriften für die Versicherungsunternehmen auf.[114]

Versicherungspflichtig sind gem. § 23 I S. 1 SGB XI alle auch in der Privaten Krankenversicherung versicherten Personen.[115] Entsprechend gilt hier der Grundsatz, dass die Pflegeversicherung der Krankenversicherung folgt, das heißt in der Regel wird bei dem Versicherungsunternehmen, bei welchem die

---

112 FAKomm-MedR/Dalichau, SGB V, § 132a, Rn. 28.
113 Gallon/Kuhn-Zuber in LPK-SGB XI, § 23, Rn. 5.
114 Gallon/Kuhn-Zuber in LPK-SGB XI, § 23, Rn. 5.
115 Gallon/Kuhn-Zuber in LPK-SGB XI, § 23, Rn. 14.

Private Krankenversicherung besteht, auch die PPV abgeschlossen (vgl. § 23 I S. 1 SGB XI). Es ist aber gem. § 23 II S. 1 SGB XI (innerhalb einer bestimmten Frist) zulässig, den Vertrag bei einem anderen privaten Versicherungsunternehmen abzuschließen.

Die Leistungen der PPV müssen gem. § 23 I S. 2 SGB XI nach Art und Umfang gleichwertig mit den Leistungen der SPV sein. Statt des Sachleistungsprinzips gilt hier jedoch nach § 23 I S. 3 SGB XI das Prinzip der Kostenerstattung. Der Versicherte muss sich daher selbst um die Beschaffung der Pflegeleistung kümmern und hierfür in Vorleistung treten.[116] Dementsprechend erhalten die Pflegedienste ihre Vergütung von den Pflegebedürftigen. Diese bekommen dann von den Versicherungsunternehmen einen Teil des gezahlten Geldes zurück. Die erstattungsfähige Höhe der Pflegeleistungen liegt bei der Privaten Pflegeversicherung Nr. 1 Teil III Tarif PV[117] bei 450 Euro für Pflegestufe I, 1100 Euro für Pflegestufe II und bei 1550 Euro für Pflegestufe III. Sie entspricht folglich der Höhe der Pflegesachleistungen der SPV.

Die Vergütungshöhe richtet sich auch gem. Nr. 1 Teil III Tarif PV in der PPV nach den Vergütungsvereinbarungen gem. § 89 SGB XI. Wenn ein Pflegedienst eine solche Vergütungsvereinbarung nicht abgeschlossen hat, kann er seine Preise frei mit den Versicherten vereinbaren. Jedoch werden den Versicherten in diesem Fall nur 80 % der Höchstsätze für die einzelnen Pflegestufen erstattet (Nr. 1 Teil III Tarif PV).

Auch die Vergütungshöhe der Pflegedienste entspricht in der PPV somit der der SPV. Im Gegensatz zum ärztlichen Versorgungssystem haben weder die Pflegedienste noch die Versicherten einen Vorteil durch die private Versicherung.

III. Vergleich des vertragsärztlichen Versorgungssystems mit dem System der Versorgung mit ambulanter Pflege

In diesem Teil der Arbeit wird ein Vergleich zwischen den Systemen der GKV und des ambulanten Pflegedienstbereichs der SPV gezogen. Dieser Vergleich hilft die Gemeinsamkeiten und Unterschiede zwischen den Systemen zu verstehen. Dies ist insbesondere für die spätere Prüfung des Abrechnungsbetruges der ambulanten Pflegedienste wichtig, da hier mangels unmittelbar einschlägiger Literatur häufig auf die Literatur zum vertragsärztlichen Abrechnungsbetrug zurückgegriffen werden muss. Gleichwohl ergeben sich bei der Betrugsprüfung

---

116 Gallon/Kuhn-Zuber in LPK-SGB XI, § 23, Rn. 41.
117 Abrufbar im Internet unter: http://www.pkv.de/service/broschueren/musterbedingungen/mb-ppv-2013/ (S. 38–39) (Zuletzt abgerufen am 13.12.2014).

einige Unterschiede zum vertragsärztlichen Abrechnungsbetrug, welche durch den Vergleich besser nachzuvollziehen sind.

1. Vergleich der GKV mit der SPV

Für den Vergleich der GKV mit der SPV werden zunächst die am System beteiligten Parteien gegenübergestellt. Danach werden die Unterschiede und Gemeinsamkeiten der Rechtsbeziehungen zwischen den Beteiligten und der Systemstrukturen näher beleuchtet. Im Anschluss werden die Vergütungs- und Abrechnungssysteme verglichen.

Wenn in diesem Abschnitt von der SPV gesprochen wird, ist nur der Teil der SPV gemeint, welcher für die ambulanten Pflegedienste von Bedeutung ist. Wird von der GKV gesprochen, ist damit nur der Bereich der vertragsärztlichen Versorgung gemeint und nicht der Bereich der häuslichen Krankenpflege.

a. Beteiligte Parteien

Stellt man die am System beteiligten Personen gegenüber, so finden sich sowohl Parallelen als auch Unterschiede.

Eine Gemeinsamkeit der beiden Systeme ist, dass für die Versicherten grundsätzlich in beiden Systemen eine Pflichtmitgliedschaft besteht (vgl. § 5 SGB V/ §§ 1 II S. 1, 20 I SGB XI).

Auch die Krankenkassen und Pflegekassen sind vom Aufbau und der Struktur her vergleichbar, daher sind die Pflegekassen auch bei den Krankenkassen angesiedelt.[118]

Schwieriger ist ein Vergleich der Leistungserbringer, also der Kassenärzte mit den ambulanten Pflegediensten. Die Zulassung als Kassenarzt ist an strenge Voraussetzungen geknüpft, so dass nicht jeder Arzt an der vertragsärztlichen Versorgung teilnehmen kann.[119] Auf die Zulassung eines Pflegedienstes besteht hingegen schon bei der Erfüllung von geringen Anforderungen ein Anspruch.[120] Auch hinsichtlich des Aufgabenbereiches und der Delegationsmöglichkeiten unterscheiden sich die Leistungserbringer wesentlich. Bezüglich der Leistungserbringer bestehen somit erhebliche Unterschiede.

Im System der SPV fehlt zudem die KV als Institution. Auf die Auswirkungen dieses Fehlens wird in den nächsten zwei Punkten noch genauer eingegangen.

---

118 Siehe hierzu B. II. 1. a. aa.
119 Siehe hierzu B I. 1. c.
120 Siehe hierzu B. II. 1. a. dd.

b. Rechtsbeziehungen zwischen den Beteiligten und Systemstruktur

Unter anderem aufgrund des Fehlens der KV (bzw. einer mit der KV vergleichbaren Institution) in der SPV bestehen in dieser andere Rechtsbeziehungen. In der SPV kann man das Verhältnis zwischen den Versicherten, den Leistungserbringern und den Pflegekassen als Dreieck darstellen.[121] In der GKV bestehen hingegen wesentlich komplexere Rechtsbeziehungen, welche sich in ein Leistungsviereck einordnen lassen.[122] Hier bildet die KV eine Zwischenstelle zwischen den Krankenkassen und den Vertragsärzten, indem sie die Interessen der Ärzteschaft vertritt, für die Erfüllung des Sicherstellungauftrages sorgt und ihre Gewährleistungsverpflichtung (z.B. durch die Abrechnungsprüfungen) erfüllt.[123] Sie regelt und strukturiert die Rechtsbeziehungen der Krankenkassen zu den Ärzten. Das Fehlen einer mit der KV vergleichbaren Institution hat den Nachteil, dass neben den Pflegekassen keine weitere Institution untersucht, ob die Versorgung der Pflegebedürftigen sichergestellt ist und den gesetzlichen und vertraglichen Anforderungen entspricht. Die Abrechnungsprüfung findet im System der SPV beispielsweise ausschließlich durch die Pflegekassen statt. Auch fehlt es den Pflegediensten an einer vergleichbaren Interessenvertretung, ihre Interessen werden lediglich von den üblichen Berufsverbänden wahrgenommen.[124]

Ein Vorteil des Fehlens einer mit der KV vergleichbaren Institution ist, dass das System durch die einfachere Struktur transparenter ist. Schließlich wird das System der GKV gerade auch wegen der komplexen Strukturen für betrugsanfällig gehalten.[125] Dieses Risiko ist in der SPV daher deutlich geringer ausgeprägt. Die Betrugsanfälligkeit kann sich hier vielmehr aus anderen Faktoren ergeben, wie beispielsweise der Tatsache, dass ein Pflegedienst eröffnet werden kann, ohne bestimmte Eingangsvoraussetzungen zu erfüllen.

Sowohl im System der GKV als auch im System der SPV gilt das Sachleistungsprinzip. Im Gegensatz zum Sachleistungsprinzip der GKV ist das Sachleistungsprinzip in der SPV aber auf einen bestimmten Betrag begrenzt (vgl. § 36 III SGB XI).

---

121   Siehe hierzu B. II. 1. b.
122   Siehe hierzu B. I. 2.
123   Steinhilper in Laufs/Kern, Arztrecht, § 28, Rn. 23.
124   Der Arbeitgeber- und Berufsverband privater Pflege e.V. vertritt als Berufsverband z.B. die Interessen der privaten ambulanten Pflegedienste.
125   Mit weiteren Nachweisen: Ellbogen/Wichmann, Zu Problemen des ärztlichen Abrechnungsbetrugs, MedR 2007, S. 11.

Genau wie im vertragsärztlichen Versorgungssystem gilt auch im SGB XI das Wirtschaftlichkeitsgebot.

c. Vergütungs- und Abrechnungssystem

Bei den Vergütungs- und Abrechnungssystemen sind die Grundlagen der Vergütung jeweils in den Sozialgesetzbüchern (SGB V, SGB XI) geregelt. Die Details zur Vergütung und zur Abrechnung werden dann in beiden Systemen in Verträgen ausgehandelt. Insbesondere durch die Besonderheiten im Pflegesystem ist für den Vergleich eine Differenzierung zwischen dem Vergütungs- und Abrechnungssystems geboten.

aa. Vergütungssystem

Die Vergütungssysteme der Vertragsärzte und ambulanten Pflegedienste weisen die folgenden Gemeinsamkeiten und Unterschiede in den Bereichen der Rechtsquellen, der Honorarverteilung und der Kostenerstattung auf.

(1.) Rechtsquellen

In der GKV sind die Rechtsquellen des Vergütungssystems dreistufig geregelt.[126] Die Rechtsquellen setzen sich aus einem Gesetz und den Verträgen zusammen. Auf der ersten Stufe steht das SGB V, auf der zweiten Stufe der BMV-Ä (welcher den EBM enthält) und auf der dritten Stufe die Gesamtverträge (Regionale Euro-Gebührenordnung, Honorarverteilungsmaßstab).

Das System der SPV ist hingegen als zweistufig zu beschreiben. Die Rechtsquellen sind ebenfalls Gesetze und Verträge. Auf der ersten Stufe stehen auch hier die Regelungen zur Vergütung aus dem SGB XI. Die zweite Stufe besteht aus den regionalen Vergütungsvereinbarungen.

Hieraus ergeben sich wesentliche Unterschiede. Es fehlt im Bereich der SPV an einer bundeseinheitlichen Regelung wie dem EBM. Dadurch, dass das Vergütungssystem primär auf die Vergütungsvereinbarungen gestützt wird, kann es zudem zu größeren regionalen Unterschieden kommen. Diese sind zwar auch im vertragsärztlichen Vergütungssystem durch die regionale Euro-Gebührenordnung möglich, jedoch durch deren Orientierung am EBM deutlich begrenzter. Zudem kann es im System der SPV nicht nur zu regionalen Abweichungen kommen, sondern auch Abweichungen zwischen den einzelnen Leistungserbringern innerhalb der gleichen Region sind durch die einzelnen Verträge möglich. Es besteht hier

---

126 Siehe hierzu B. I. 3.

hinsichtlich der Preise also eine marktwirtschaftlichere Wettbewerbssituation als bei den Ärzten. Bei diesen wird eine einheitliche Vergütung in den einzelnen KV-Bezirken durch dieselbe regionale Euro-Gebührenordnung gewährleistet.

(2.) Honorarverteilung

Auch bei der Verteilung der Vergütung ergeben sich Unterschiede. Die Vergütungshöhe, welche im Rahmen der SPV von den Pflegekassen gezahlt wird, ist auf bestimmte Höchstbeträge begrenzt (vgl. § 36 III SGB XI). Geht ihr Honorar über diese Höchstbeträge hinaus, wird der Rest der Vergütung vom Pflegebedürftigen gezahlt. Dementsprechend treten die Pflegedienste bei der Honorarverteilung nicht in Konkurrenz zueinander. Sie erhalten für jeden Pflegebedürftigen, unabhängig von der Anzahl von Pflegebedürftigen anderer Dienste, ihre Vergütung nach Maßgabe der Vergütungsvereinbarungen.

Im Bereich der GKV hingegen ist die Vergütung insgesamt durch die Honorarverteilungsbestimmungen gedeckt. Die KV hat grundsätzlich nur einen bestimmten Betrag für die Honorarverteilung zur Verfügung, die MGV, welche die Krankenkassen der KV vorab gezahlt haben. Bei der Honorarverteilung zahlt die KV für ein vorher festgelegtes Leistungsvolumen eine feste Vergütung, für alle Leistungen, die darüber hinausgehen, hingegen nur noch einen verringerten Betrag.[127]

(3.) Kostenerstattung

Auch das Prinzip der Kostenerstattung, welches eine Ausnahme zum Sachleistungsprinzip darstellt, findet sich in beiden Systemen wieder. Im System der SPV findet es immer dann Anwendung, wenn die Pflegedienste zwar einen Versorgungsvertrag gem. § 72 SGB XI geschlossen haben, aber eine Vergütungsvereinbarung mit ihnen nicht zustande kommt. Es besteht hier keine Pflicht für die Pflegedienste, eine Vergütungsvereinbarung abzuschließen.[128] Nehmen die Pflegebedürftigen einen solchen Pflegedienst ohne Vergütungsvereinbarung in Anspruch, gilt für sie das Prinzip der Kostenerstattung (vgl. § 91 II SGB XI). Dieses Prinzip der Kostenerstattung ist in der GKV zwar auch gem. § 13 SGB V möglich, jedoch eher eine Ausnahme, denn nach § 13 I SGB V dürfen die KK die Kosten nur erstatten, soweit dies das SGB V oder SGB IX vorsieht.[129]

---

127 Scholz in Becker/Kingreen, SGB V, § 87b, Rn. 4.
128 Wilcken in BeckOK, SGB XI, § 91, Rn. 1.
129 Schlegel, Medizin- und Gesundheitsrecht, Rn. 30.

Dieser Unterschied entspricht insoweit der Tatsache, dass das Sachleistungsprinzip in der SPV auch nur begrenzt gilt. Wählen die Pflegebedürftigen einen Pflegedienst ohne Vergütungsvereinbarung, wird ihnen nur ein Betrag von 80 % der Höchstbeträge des § 36 III SGB XI gewährt (vgl. § 91 II S. 2 SGB XI).

bb. Abrechnungssystem
Bei den Abrechnungssystemen der Vertragsärzte und ambulanten Pflegedienste ergeben sich die folgenden Unterschiede und Gemeinsamkeiten.

(1.) Allgemeines
Die Abrechnungssysteme der ambulanten Pflegedienste und Vertragsärzte sind inhaltlich vergleichbar, beispielsweise müssen die Abrechnungen Tag und Zeit der Leistungserbringung enthalten (vgl. § 295 I Nr. 2 SGB V, § 105 I Nr. 1 SGB XI).

Unterschiede ergeben sich aber bezüglich des Abrechnungszeitpunktes. Bei den Ärzten erfolgt die Abrechnung quartalsweise[130], bei den Pflegediensten monatlich (vgl. § 15 I S. 1 Empf. apV).

Auch die Form, in welcher die Abrechnungsunterlagen eingereicht werden, ist unterschiedlich. In der GKV müssen die Abrechnungsunterlagen gem. § 295 IV SGB V i.V.m. § 1 I S. 3 der Richtlinie zur elektronischen Abrechnung elektronisch übermittelt werden. Dies hat den Vorteil, dass die Unterlagen direkt maschinell ausgewertet und überprüft werden können. Bei der Abrechnungsübermittlung in der SPV ist es hingegen ausreichend, die Unterlagen so zu übermitteln, dass sie maschinell lesbar sind (vgl. § 105 I S. 2 SGB V). Hierdurch wird eine Kontrolle der Abrechnungsunterlagen erschwert.

Von den Ärzten muss zusammen mit der Abrechnung zudem die Sammelerklärung eingereicht werden, welcher eine Garantiefunktion für die Richtigkeit der Abrechnung zukommt.[131] Die Pflegedienste müssen zusammen mit der Abrechnung lediglich den Leistungsnachweis einreichen, welchem im Vergleich zur Sammelerklärung keine Garantiefunktion zukommt. Er stellt aber dadurch, dass er sowohl vom Pflegedienst als auch vom Pflegebedürftigen unterschrieben wird, die für die Abrechnung und Vergütung maßgebliche Grundlage dar.[132]

Ein weiterer wesentlicher Unterschied zwischen den Abrechnungssystemen besteht darin, dass in der vertragsärztlichen Versorgung die Abrechnung in der

---

130 Steinhilper in Schnapp/Wigge, Vertragsarztrecht, § 17, Rn. 6.
131 Siehe hierzu B. I. 3. b.
132 SG Dortmund, Urteil vom 28.01.2005 - S 12 KN 31/03 P (PflR 2005, 519–523).

Regel[133] über die KV abgewickelt wird. Die ambulanten Pflegedienste rechnen die Leistungen, die sie im Rahmen des SGB XI erbringen, hingegen direkt mit den einzelnen Pflegekassen der Pflegebedürftigen ab.

Weiterhin unterscheiden sich die Systeme dadurch, dass der Pflegebedürftige sich im Rahmen der SPV (seit dem PNG) immer für eine Abrechnung nach Zeitaufwand entscheiden kann, da nach den Vergütungsvereinbarungen eine Wahlmöglichkeit für den Pflegebedürftigen bestehen muss.[134] In der GKV ist hingegen weder eine Wahlmöglichkeit des Patienten noch eine Vergütung nach Zeitaufwand vorgesehen. Dies wäre aber auch überflüssig, da hier aufgrund des umfassenden Sachleistungsprinzips im Vergleich mit der SPV keine Leistungen von den Patienten selber getragen werden müssen.

(2.) Abrechnungsprüfung

Eine Prüfung der Abrechnungsunterlagen findet sowohl im System der GKV als auch im System der SPV statt. In beiden Systemen wird die Abrechnung auf die Richtigkeit und die Wirtschaftlichkeit hin überprüft. Trotzdem gibt es auch bei der Abrechnungsprüfung wesentliche Unterschiede.

(a.) Prüfung der Richtigkeit der Abrechnung

In der SPV findet die Überprüfung der Richtigkeit der Abrechnung nur im Rahmen der Qualitätsprüfungen gem. § 114 SGB XI statt. Sie nimmt dadurch im Vergleich mit den in der GKV durchgeführten Prüfungen nach § 106a SGB V eine eher nebensächliche Stellung ein. Dies ist bereits daraus ersichtlich, dass der MDK für die Prüfung zuständig ist und nicht die Pflegekassen, mit welchen abgerechnet wird. Zudem findet die Überprüfung nur durch eine Institution statt und nicht, wie im vertragsärztlichen System, durch zwei Institutionen (Krankenkasse und KV).

Ein weiterer Unterschied ist, dass im Bereich der GKV auf ein EDV-Programm (Regelwerk) zurückgegriffen wird. In der SPV wäre eine solche technische Überprüfung schwierig, da die eingereichten Abrechnungsunterlagen der Pflegedienste nicht maschinell verwertbar sein müssen.

---

133 Ausnahmsweise kann auch hier eine direkte Abrechnung mit der Kasse stattfinden. Beispielsweise bei Verträgen zu integrierten Versorgungsformen (§ 140a SGB V) oder zur Versorgung nach §§ 73b oder 73c SGB V (vgl. § 295 Ib S. 1 SGB V).

134 Siehe hierzu B. II. 1. c. bb.

(b.) Wirtschaftlichkeitsprüfung

Sowohl im System der GKV als auch im System der SPV wird die Abrechnung einer Wirtschaftlichkeitsprüfung unterzogen. Diese ist allerdings in der SPV nur bei tatsächlichen Anhaltspunkten zulässig. In der GKV gibt es neben den Auffälligkeitsprüfungen (§ 106 II Nr. 1 SGB V), welche ebenfalls bei tatsächlichen Anhaltspunkten stattfinden, zusätzlich noch Zufälligkeitsprüfungen (§ 106 II Nr. 2 SGB V), bei welchen die Wirtschaftlichkeit der Leistungen stichprobenartig untersucht wird.

2. Vergleich der häuslichen Krankenpflege mit der vertragsärztlichen Versorgung

Sowohl die häusliche Krankenpflege als auch die vertragsärztliche Versorgung sind Bestandteil der GKV. Unterschiede, die im Wesentlichen auf die verschiedenen Leistungserbringer (Ärzte oder Pflegedienste) zurückzuführen sind, werden im Folgenden dargestellt.

In der vertragsärztlichen Versorgung findet vor einer Zulassung des Arztes eine Bedarfsprüfung statt (§ 95 ff. SGB V). Pflegedienste haben hingegen unabhängig vom Bedarf einen Anspruch auf Zulassung.[135]

Die Abrechnung in der vertragsärztlichen Versorgung läuft über die KV als Zwischenstelle.[136] Bei der häuslichen Krankenpflege findet hingegen eine direkte Abrechnung der Pflegedienste mit den Krankenkassen statt. Die Vergütungshöhe kann bei der häuslichen Krankenpflege auch zwischen den einzelnen Pflegediensten abhängig von den ausgehandelten Vergütungsverträgen variieren.[137] In der vertragsärztlichen Versorgung gibt es zwar auch regionale Unterschiede in den einzelnen KV-Bezirken, innerhalb eines KV-Bezirkes erhalten allerdings alle Ärzte die gleiche Vergütung nach den regionalen Euro-Gebührenordnungen.

---

135 FAKomm-MedR/Dalichau, SGB V, § 132a, Rn. 29.
136 Mehr hierzu unter B. I. 2.
137 FAKomm-MedR/Dalichau, SGB V, § 132a, Rn. 46.

C. Vertragsärztlicher Abrechnungsbetrug

In diesem Kapitel der Arbeit werden die Besonderheiten des vertragsärztlichen Abrechnungsbetruges erläutert. Hierbei wird zunächst die Grundkonstellation untersucht, bei welcher von dem Arzt nicht oder nicht vollständig erbrachte Leistungen abgerechnet werden. Danach werden die Anwendungsfälle der streng formalen Betrachtungsweise erläutert.

Um eine sinnvolle Schwerpunktsetzung zu erreichen, werden in diesem Bereich bei den einzelnen Tatbestandsmerkmalen nur diejenigen Probleme behandelt, welche für den Abrechnungsbetrug im Pflegedienstbereich keine Relevanz haben. Stellen sich daher bestimmte Probleme sowohl im Pflegedienstbereich als auch im vertragsärztlichen Bereich, so wird auf die entsprechenden Ausführungen im Kapitel zum Pflegedienstbereich verwiesen. Auch wenn dieses Kapitel der Arbeit lediglich Grundlage für die Frage sein soll, ob die Rechtsprechung zur streng formalen Betrachtungsweise aus dem vertragsärztlichen Bereich auch auf den ambulanten Pflegedienstbereich übertragen werden kann, ist eine Auseinandersetzung mit den einzelnen objektiven Tatbestandsmerkmalen des Betruges unvermeidbar. Denn die einzelnen Umstände, welche zur Erfüllung der Tatbestandsmerkmale führen, sind beim Betrug kausal miteinander verknüpft, so dass eine separate Betrachtung des Schadens nicht möglich ist.[138]

I. Ausgangsfall: Abrechnung von nicht/nicht vollständig erbrachten Leistungen

Die häufigste Konstellation des Abrechnungsbetruges ist die Abrechnung von nicht, nicht vollständig oder an einem anderen Datum erbrachten Leistungen.[139]

Diese Konstellation des Abrechnungsbetruges kann in verschiedenen Varianten auftreten.

Zunächst ist es möglich, dass der Arzt – obwohl er keine Behandlungsleistung erbracht hat – die Krankenversichertenkarte einliest, um mehr Behandlungsfälle zu fingieren (sog. „fingierte Leistung" bzw. „Luftleistung").[140] Dies ist durch verschiedene Verhaltensweisen möglich. In Praxisgemeinschaften, die im Gegensatz zu Gemeinschaftspraxen getrennt abrechnen, können an der gemeinsamen

---

138 So auch: Luig, Vertragsärztlicher Abrechnungsbetrug, S. 35.
139 Hellmann/Herffs, Der ärztliche Abrechnungsbetrug, Rn. 113.
140 Frister, Arztstrafrecht, S. 145; Ulsenheimer, Arztstrafrecht in der Praxis, Rn. 1099.

Rezeption die Versichertenkarten der Patienten des einen Arztes auch bei dem anderen Arzt eingelesen werden.[141] Desweiteren ist es möglich, die Krankenversichertenkarten von Familienmitgliedern zu verwenden.[142] Bei tatsächlich behandelten Patienten können zusätzliche Leistungen, die nicht erbracht wurden, abgerechnet werden.[143] Es besteht auch die Möglichkeit, erbrachte Leistungen auf verschiedene Tage aufzuteilen, soweit sie bei getrennter Abrechnung zu einer höheren Vergütung führen (sog. „Leistungssplitting").[144] Dies gilt insbesondere dann, wenn die Leistung an dem ursprünglichen Tag nach dem EBM nicht vergütungsfähig gewesen wäre.[145]

Zur Regulierung von durchschnittlichen Fallzahlen kann der Arzt zudem eine Leistung unter einer falschen EBM-Ziffer abrechnen, damit er im Rahmen der Abrechnungsprüfung nicht auffällt.[146] Bei einer Abrechnung unter einer falschen EBM-Ziffer ist aber zu beachten, dass eine lediglich fehlerhafte Subsumtion, d.h. eine andere als die vorgeschriebene Einordnung der Leistung unter einer EBM-Ziffer, soweit sie lediglich die Rechtsauffassung des Arztes zum Ausdruck bringt, noch keine Täuschung begründet.[147]

Erbringt der Arzt nur einen Teil der geforderten Leistung, ist diese insgesamt nach dem EBM nicht vergütungsfähig und darf nicht abgerechnet werden.[148]

Da der Patient selbst (im Gegensatz zur privatärztlichen Versorgung) keine Rechnung erhält, kann er nicht kontrollieren, ob der Arzt die abgerechneten Leistungen tatsächlich erbracht hat. Daher wird diese Betrugsvariante meistens nur bei der Plausibilitäts- oder Wirtschaftlichkeitsprüfung entdeckt.[149]

1. Täuschung über Tatsachen

Die Tathandlung liegt beim Betrug in einer Täuschung über Tatsachen. Dies steht zwar nicht ausdrücklich in § 263 I StGB, lässt sich aber aus dem Wortlaut der Norm herleiten. Nach diesem muss der Täter auf einen anderen einwirken, indem er falsche Tatsachen vorspiegelt oder wahre Tatsachen unterstellt oder

---

141 Hellmann/Herffs, Der ärztliche Abrechnungsbetrug, Rn. 115.
142 Freitag, Abrechnungsbetrug im deutschen Gesundheitswesen, S. 89.
143 Frister, Arztstrafrecht, S. 145.
144 Frister, Arztstrafrecht, S. 146.
145 Hellmann/Herffs, Der ärztliche Abrechnungsbetrug, Rn. 117.
146 Frister, Arztstrafrecht, S. 146.
147 Frister, Arztstrafrecht, S. 146–147.
148 Frister, Arztstrafrecht, S. 145.
149 Hellmann/Herffs, Der ärztliche Abrechnungsbetrug, Rn. 113.

unterdrückt. Die in der Norm genannten drei Handlungsmodalitäten können unter dem Oberbegriff der Täuschung zusammengefasst werden.[150]
Die Tathandlung des Vertragsarztes muss daher in einer Täuschung über Tatsachen liegen.

a. Täuschung

Unter einer Täuschung wird jedes Verhalten verstanden, durch das im Wege der Einwirkung auf das intellektuelle Vorstellungsbild eines anderen eine Fehlvorstellung über Tatsachen erzeugt werden kann.[151] Getäuscht werden kann durch aktives Tun oder bei einer Garantenstellung des Täters auch durch Unterlassen.[152] Die Täuschung kann sowohl ausdrücklich als auch konkludent erfolgen.[153]

Als mögliche Täuschungshandlungen kommen beim vertragsärztlichen Abrechnungsbetrug die unkorrekte Aufzeichnung der Behandlungsleistungen, die Abrechnungserstellung und die Abrechnungsübermittlung in Betracht.[154]

Nach § 295 I S. 1 Nr. 2 SGB V muss der Arzt die von ihm erbrachten Leistungen einschließlich des Behandlungstages und der Diagnose aufzeichnen. Er ist gem. § 1 III S. 1 der Richtlinie zur elektronischen Abrechnung verpflichtet, die Leistung erst nach der vollständigen Erbringung und mittels einer zertifizierten Softwareversion zu erfassen. In der Regel wird er daher am Ende eines Arbeitstages[155] oder direkt nach der Leistungserbringung die notwendigen Angaben festhalten. Der Aufzeichnung kommt allerdings noch kein Erklärungswert zu, da die Unterlagen erst am Quartalsende an die KV übermittelt werden. Durch eine falsche Aufzeichnung wird daher noch nicht getäuscht.[156]

Ebenso verhält es sich mit der Erstellung der Abrechnungsunterlagen am Quartalsende. Da diese noch nicht der KV übermittelt wurden, fehlt es auch

---

150 SK-StGB/Hoyer, § 263, Rn. 10.
151 Perron in Schönke/Schröder, StGB, § 263, Rn. 6.
152 Beukelmann in BeckOK, StGB, § 263, Rn. 11, 18.
153 Dass konkludente Täuschungen von § 263 StGB erfasst werden, ohne dass der Wortsinn überschritten wird, hat das BVerfG in einer neueren Entscheidung ausdrücklich bestätigt: BVerfG, Beschluss vom 7.12.2011 – 2 BVR 2500/09 (VersR 2012, 1257).
154 Freitag, Abrechnungsbetrug im deutschen Gesundheitswesen, S. 91; Frister, Arztstrafrecht, S. 143.
155 Freitag, Abrechnungsbetrug im deutschen Gesundheitswesen, S. 91.
156 Freitag, Abrechnungsbetrug im deutschen Gesundheitswesen, S. 91.

hier an einem Erklärungswert.[157] Es handelt sich hierbei lediglich um eine Vorbereitung für die spätere Täuschungshandlung.[158]

Demgegenüber liegt sowohl eine ausdrückliche als auch eine konkludente Täuschungshandlung in der Abrechnungsübermittlung. Indem der Arzt die unrichtigen Abrechnungsunterlagen zusammen mit der Sammelerklärung elektronisch an die KV übermittelt, erklärt er aufgrund der Garantiefunktion der Sammelerklärung[159] die Korrektheit der Abrechnung und täuscht damit ausdrücklich.[160] Zusätzlich liegt eine konkludente Täuschung durch die Einreichung der unrichtigen Abrechnungsunterlagen vor, da der Arzt hierdurch die schlüssige Erklärung abgibt, dass die in der Abrechnung aufgeführten Leistungen auch erbracht wurden, unter der richtigen Gebührenziffer aufgeführt werden, abrechenbar sind und die rechtlichen Vorgaben eingehalten wurden.[161]

b. Tatsachen

Die Täuschungshandlung des Vertragsarztes muss sich auf Tatsachen beziehen.

Tatsachen lassen sich als alle vergangenen oder gegenwärtigen Geschehnisse oder Zustände der Außenwelt und des menschlichen Innenlebens definieren, welche dem Beweis zugänglich sind.[162] Nach überwiegender Auffassung sind vom Betrugstatbestand gemäß der obigen Definition neben den äußeren Tatsachen (äußere Vorgänge der Vergangenheit oder Gegenwart)[163] auch die inneren Tatsachen (Kenntnisse, Motive, Überzeugungen)[164] umfasst.[165] Abgegrenzt werden müssen die Tatsachen von Werturteilen und Meinungsäußerungen, welche im Gegensatz zu Tatsachen nicht dem Beweis zugänglich sind.[166]

---

157 Freitag, Abrechnungsbetrug im deutschen Gesundheitswesen, S. 91.
158 Freitag, Abrechnungsbetrug im deutschen Gesundheitswesen, S. 91.
159 Siehe hierzu Punkt B. I. 3. b.
160 Hellmann/Herffs, Der ärztliche Abrechnungsbetrug, Rn. 152; Freitag, Abrechnungsbetrug im deutschen Gesundheitswesen, S. 91.
161 BGH Urteil vom 10.03.1993 – 3 StR 461/92 (NStZ, 1993, S. 388); Frister, Arztstrafrecht, S. 144.
162 Perron in Schönke/Schröder, StGB, § 263, Rn. 8; Lackner in Lackner/Kühl, StGB, § 263, Rn. 4.
163 Lackner in Lackner/Kühl, StGB, § 263, Rn. 4.
164 NK-StGB-Kindhäuser § 263. Rn. 76.
165 Lackner in Lackner/Kühl, StGB, § 263, Rn. 4, Beukelmann in BeckOK, StGB, § 263, Rn. 3; OLG Düsseldorf: Beschluss vom 19.07.1995 - 2 Ss 198/95-44/95 II (wistra 1996, 32).
166 Lackner in Lackner/Kühl, StGB, § 263, Rn. 5.

Die Nichterbringung oder teilweise Nichterbringung von Behandlungsleistungen stellt ein vergangenes Ereignis dar und ist auch dem Beweis zugänglich.[167] Auch die Erbringung einer Behandlungsleistung an einem anderen Tag oder die Abrechnung von anderen als den erbrachten Behandlungsleistungen (Falschdeklaration von Leistungen) sind äußere Umstände, die nachgewiesen werden können. Es handelt sich folglich um Tatsachen.

2. Irrtum

Durch die Täuschungshandlung des Arztes muss es gem. § 263 I StGB zu einem Irrtum gekommen sein. Unter einem Irrtum versteht man eine Fehlvorstellung, also eine der Wirklichkeit widersprechende Vorstellung, von Tatsachen.[168]

Ein Irrtum ist sowohl bei den KVen als auch bei den Krankenkassen möglich.

a. Kassenärztliche Vereinigung

Durch das Einreichen der unrichtigen Abrechnungsunterlagen müsste es innerhalb der KV zu einem Irrtum gekommen sein.

Es muss daher untersucht werden, ob aufgrund der im kassenärztlichen Abrechnungssystem erheblichen Einbindung von Datenverarbeitungsprogrammen überhaupt eine menschliche Fehlvorstellung vorliegt (aa.) und bei wem in der KV der Irrtum vorliegen muss (bb.).[169]

aa. Abgrenzung zum Computerbetrug[170]

Die Abrechnungsunterlagen werden durch elektronische Übermittlung eingereicht und dann im Rahmen der Abrechnungsprüfung der KV zunächst durch das Regelwerk[171], ein EDV-Programm, überprüft und korrigiert. Das Regelwerk übernimmt daher einen erheblichen Teil der Abrechnungsprüfung.

---

167 Freitag, Abrechnungsbetrug im deutschen Gesundheitswesen, S. 92.
168 Lackner in Lackner/Kühl, StGB, § 263, Rn. 18.
169 Zu den Problemen der notwendigen Intensität der Fehlvorstellung, des Irrtums trotz Zweifeln und der Wissenszurechnung bei der Kenntnis von der Unrichtigkeit verweise ich auf die entsprechenden Ausführungen bei: Freitag, Abrechnungsbetrug im deutschen Gesundheitswesen, S. 95–107; Hancok, Abrechnungsbetrug durch Vertragsärzte, S. 140–162.
170 Diese Abgrenzung ist im Pflegedienstbereich nicht erforderlich, da weder die Einreichung noch die Überprüfung der Abrechnungsunterlagen dort so EDV-lastig ist.
171 Zur Überprüfung durch das Regelwerk: B. I. 3. c. aa. (1).

Für § 263 StGB ist es erforderlich, dass ein Mensch und keine Hardware Subjekt des Irrtums ist.[172] Es stellt sich daher aufgrund der umfangreichen Funktionen des Regelwerkes die Frage, ob überhaupt ein (menschlicher) Irrtum vorliegt. Liegt ein solcher nicht vor, kommt ein Computerbetrug gem. § 263a I Alt. 1 und 2 StGB durch die Verwendung unrichtiger Daten oder die Manipulation des Datenverarbeitungsvorgangs in Betracht.[173] Ziel des § 263a StGB ist es, diejenigen Strafbarkeitslücken zu schließen, welche durch die Ersetzung des menschlichen Erklärungsempfängers durch Computer entstanden sind.[174] Voraussetzung für einen Computerbetrug ist, dass das EDV-Programm die Abrechnungsunterlagen selbstständig prüft, selbstständig über den Inhalt des Honorarbescheides entscheidet und dadurch eine Vermögensverfügung vornimmt.[175] Wenn eine Datenverarbeitung allerdings mit menschlichen Entscheidungen kombiniert wird, dann geht, soweit das Ergebnis des Datenverarbeitungsvorgangs noch einer menschlichen Überprüfung unterliegt, § 263 StGB dem § 263a StGB vor.[176] Im Rahmen der Abrechnungsüberprüfung der KV nach § 106a SGB V findet nach der Prüfung durch das Regelwerk noch eine umfangreiche Prüfung der sachlich-rechnerischen Richtigkeit durch entsprechende Sachbearbeiter statt.[177] Diese entscheiden im Anschluss an die Prüfung über den Erlass des Honorarbescheides, so dass sie bei einer unrichtigen Abrechnung auch einem Irrtum unterliegen können.[178] Aufgrund des Exklusivitätsverhältnisses von § 263 StGB und § 263a StGB kommt ein Computerbetrug daher nicht in Betracht.

bb. Maßgebliche Person des Irrenden

Die Kassenärztlichen Vereinigungen sind gem. § 77 V SGB V Körperschaften des öffentlichen Rechts und können somit selber keinem Irrtum unterliegen.[179] Es stellt sich daher die Frage, wer aus der KV über die Richtigkeit der Abrechnung irren muss.

---

172 Fischer, StGB, § 263, Rn. 66.
173 Frister, Arztstrafrecht, S. 183.
174 AnwK-StGB/Gaede, § 263, Rn. 1.
175 Freitag, Abrechnungsbetrug im deutschen Gesundheitswesen, S. 93; Hancok, Abrechnungsbetrug durch Vertragsärzte, S. 137.
176 Fischer, StGB, § 263a, Rn. 4.
177 Siehe zum Inhalt der Prüfung B. I. 3. c. aa. (1).
178 Hancok, Abrechnungsbetrug durch Vertragsärzte, S. 137.
179 Freitag, Abrechnungsbetrug im deutschen Gesundheitswesen, S. 92; Hancok, Abrechnungsbetrug durch Vertragsärzte, S. 138.

Für die Verwirklichung des Betrugstatbestandes ist es erforderlich, dass der Getäuschte (also der Irrende) und der Verfügende identisch sind.[180] Dementsprechend gilt es zu untersuchen, wer bei der KV die Verfügung vornimmt.

Die gerichtliche und außergerichtliche Vertretung der KV und damit auch die Verfügungsbefugnis obliegt – soweit gesetzlich nichts anderes bestimmt ist – gem. § 79 V S. 1 SGB V dem Vorstand der KV. Es kann nach § 79 V S. 2 SGB V auch im Rahmen der Satzung oder im Einzelfall durch den Vorstand bestimmt werden, dass einzelne Vorstandsmitglieder die KV vertreten.

Da die vertretungsberechtigten Vorstandsmitglieder aus zeitlichen Gründen nicht jede Vermögensverfügung selber vornehmen können, delegieren sie die Aufgabe, die Vermögensverfügung vorzunehmen, auf bestimmte Sachbearbeiter.[181] Aufgrund der ausgeprägten Arbeitsteilung in der KV wird der prüfende Sachbearbeiter aber meist nicht der verfügende Sachbearbeiter sein, auch wenn er unmittelbar von der Täuschungshandlung des Arztes betroffen ist.[182] Es ist dementsprechend darauf zu achten, welcher Sachbearbeiter mit der Verfügung beauftragt ist. Bei diesem muss das Vorliegen eines Irrtums genau untersucht werden, weil er an der vorausgegangen Prüfung nicht beteiligt war und sich folglich keine genauen Vorstellungen über die Richtigkeit der einzelnen Abrechnungspositionen machen wird. Für die Bejahung eines Irrtums reicht es aus, wenn der Sachbearbeiter im Rahmen eines sachgedanklichen Mitbewusstseins[183] davon ausgeht, dass mit der Abrechnung alles „in Ordnung" ist.[184]

---

180 Lackner in Lackner/Kühl, StGB, § 263, Rn. 28; Perron in Schönke/Schröder, StGB, § 263, Rn. 65.
181 Hancok, Abrechnungsbetrug durch Vertragsärzte, S. 138–139; Hellmann/Herffs, Der ärztliche Abrechnungsbetrug, Rn. 145.
182 Hancok, Abrechnungsbetrug durch Vertragsärzte, S. 139.
183 Eine genauere Problembehandlung wäre im Rahmen dieser Dissertation nicht zielführend, da sie zu keinen neuen Ergebnissen führen würde. Es wird daher auf die bereits existierenden Ausführungen zu diesem verwiesen, denen nichts mehr hinzuzufügen ist: Hancok, Abrechnungsbetrug durch Vertragsärzte, S. 140–144; Freitag, Abrechnungsbetrug im deutschen Gesundheitswesen, S. 95–98; Luig, Vertragsärztlicher Abrechnungsbetrug, S. 47–50.
184 Wessels/Hillenkamp, Strafrecht BT 2, Rn. 511.

b. Krankenkasse

Auch bei den Krankenkassen kommt es bei dem für die Verfügung zuständigen Sachbearbeiter[185] durch die Täuschung zu einer Fehlvorstellung über die Richtigkeit der Abrechnung. Dieser Irrtum ist für die Verwirklichung des Betrugstatbestandes nur relevant, wenn der zuständige Sachbearbeiter der Krankenkasse die Vermögensverfügung gerade aufgrund des Irrtums vornimmt.

3. Vermögensverfügung

Das Merkmal der Vermögensverfügung wird im Gesetzeswortlaut des § 263 I StGB nicht erwähnt. Trotzdem setzt die Norm nach allgemeiner Auffassung eine Vermögensverfügung als ungeschriebenes objektives Tatbestandsmerkmal voraus, um eine Abgrenzung zwischen Diebstahl und Betrug zu ermöglichen.[186]

Unter einer Vermögensverfügung wird jedes Tun, Dulden oder Unterlassen verstanden, das sich unmittelbar vermögensmindernd auswirkt.[187] Die Vermögensminderung muss unmittelbar herbeigeführt werden. Das heißt, es dürfen keine weiteren Handlungen des Täters oder eines Dritten, welcher nicht zum Risikobereich des Geschädigten gehört, zur Vermögensminderung erforderlich sein.[188]

Im vertragsärztlichen Abrechnungssystem finden mehrere Verfügungen statt, so dass zwischen den einzelnen Verfügungen unterschieden werden muss. Es ist daher zu untersuchen, wer irrtumsbedingt über wessen Vermögen verfügt und worin die wesentliche Verfügungshandlung zu sehen ist, welche das Vermögen des Geschädigten unmittelbar mindert.

a. Kassenärztliche Vereinigung

Die KV bekommt die Abrechnungsunterlagen von den Ärzten übermittelt und verteilt an diese – nach vorangegangener Prüfung – das Honorar.

Fraglich ist, wessen Vermögen durch welche Verfügungshandlung unmittelbar gemindert wird. Es ist beim Betrugsdelikt nicht notwendig, dass Verfügender und Geschädigter identisch sind. Daher ist auch ein Dreiecksbetrug möglich, bei

---

185 Mehr zu der für die Verfügung zuständigen Person bei dem Abrechnungsbetrug der ambulanten Pflegedienste unter D. II. 1. b. bb.
186 Fischer, StGB, § 263, Rn. 70; MüKo/Hefendehl, StGB, § 263, Rn. 273; SK-StGB/Hoyer, § 263, Rn. 85.
187 Perron in Schönke/Schröder, StGB, § 263, Rn. 55.
188 Fischer, StGB, § 263, Rn. 76.

welchem die Krankenkassen oder die übrige richtig abrechnende Ärzteschaft als Geschädigte in Betracht kommen.

Zur Verdeutlichung sei an dieser Stelle darauf verwiesen, dass es drei unterschiedliche Vergütungskonstellationen gibt, welche gegebenenfalls anders zu bewerten sind. Der Regelfall ist eine Vergütung innerhalb der MGV. Bei einem Anstieg des morbiditätsbedingten Behandlungsbedarfs kann ausnahmsweise auch eine Vergütung außerhalb der MGV stattfinden. Eine Vergütung außerhalb der MGV ist ebenfalls bei der Einzelleistungsvergütung möglich.[189]

aa. Vermögensminderung bei der Kassenärztlichen Vereinigung

Es könnte eine Vermögensminderung bei der KV eingetreten sein, soweit durch die Verfügung das Vermögen der KV tangiert wurde.

Als Vermögenswert kommt die MGV in Frage, welche die KV von den Krankenkassen vor der Abrechnung als Abschlagszahlung erhält oder auf welche sie zumindest einen Anspruch hat.[190] Gemäß dem Honorarverteilungsmaßstab verteilt sie diese größtenteils an die Vertragsärzte. Einen geringen Anteil der MGV behält sie aber zur Deckung des Verwaltungsaufwandes ein (vgl. § 81 I Nr. 5 SGB V i.V.m. der Satzung der jeweiligen KV[191]). Die irrtumsbedingte Vermögensverfügung kann sich denknotwendigerweise nur auf den Teil der MGV beziehen, der zur Begleichung der Honorarforderungen an die Vertragsärzte verteilt wird, und nicht auf den Teil, der von der KV zur Deckung der Verwaltungskosten einbehalten wird, da dies unabhängig von der falschen Abrechnung geschieht. Wenn im Folgenden von der MGV gesprochen wird, ist somit nur der Teil gemeint, welcher auch tatsächlich an die Vertragsärzte ausgezahlt wird.

Fraglich ist, ob die MGV nach den verschiedenen Vermögensbegriffen für die KV eine strafrechtlich geschützte Vermögensposition darstellt.[192] Welches

---

189 Nähere Erläuterungen zu den einzelnen Konstellationen finden sich auf den nachfolgenden Seiten.
190 Freitag, Abrechnungsbetrug im deutschen Gesundheitswesen, S. 110.
191 Die KV Nordrhein regelt z.B. in § 13 II ihrer Satzung, dass ein Teil des Honorars und damit also ein Teil der MGV (da aus dieser das Honorar gezahlt wird) einbehalten wird, um die Verwaltungskosten zu decken. Satzung abrufbar im Internet unter: http://www.kvno.de/downloads/allgem_veroeffentlichungen/satzung_kvno.pdf (Zuletzt abgerufen am 13.12.2014).
192 Einige prüfen das geschützte Vermögen erst beim Schaden (so z.B. Wessels/Hillenkamp, Strafrecht BT 2, Rn. 530 ff.; Lackner in Lackner/Kühl, StGB, § 263, Rn. 33). Sinnvollerweise ist es aber schon im Rahmen der Vermögensverfügung zu prüfen, denn eine Vermögensminderung kann nur vorliegen, soweit überhaupt geschütztes

Vermögen strafrechtlich geschützt wird, ist umstritten. Im Wesentlichen werden hierzu vier Meinungen vertreten.

(1.) Juristischer Vermögensbegriff

Der heute in dieser Form nicht mehr vertretene juristische Vermögensbegriff sieht das Vermögen als die Summe der Vermögensrechten und -pflichten unabhängig von der wirtschaftlichen Werthaltigkeit.[193] Hiernach gehören auch wirtschaftlich wertlose Positionen zum Vermögen.[194]

Nach dem juristischen Vermögensbegriff müsste die MGV zu den Vermögensrechten bzw. -pflichten der KV gehören.[195] Nach § 87 III S. 1 SGB V hat die KV einen Anspruch gegenüber den Krankenkassen auf die Zahlung der MGV. Somit gehört diese zu den Vermögensrechten der KV und stellt nach dem juristischen Vermögensbegriff eine geschützte Vermögensposition dar.

(2.) Wirtschaftlicher Vermögensbegriff

Der von der Rechtsprechung vertretene wirtschaftliche Vermögensbegriff misst allen wirtschaftlich wertvollen Positionen ohne Rücksicht auf ihre Rechtsnatur und rechtliche „Wertigkeit" einen Vermögenswert bei.[196] Im Rahmen dieser ökonomischen Betrachtung gehören somit auch Ansprüche aus dem „Ganovenumfeld", also aus verbotenen oder sittenwidrigen Geschäften, zum Vermögen, soweit sie realisierbar sind.[197] Auch tatsächliche Erwerbsaussichten und die Arbeitskraft zählen, sofern ihnen ein wirtschaftlicher Wert zukommt, zu dem von § 263 StGB geschützten Vermögen.[198] Wegen der Einheit der Rechtsordnung bezieht die Rechtsprechung aber inzwischen auch juristische Kriterien mit in die

---

Vermögen betroffen ist (so auch SSW-StGB/Satzger § 263 Rn. 136 ff.; wohl auch Fischer, § 263, Rn. 88 ff.).

193 SSW-StGB/Satzger, § 263, Rn. 137.
194 SSW-StGB/Satzger, § 263, Rn. 137.
195 Siehe hierzu C. III. 2. a.
196 RG, Beschluss vom 14.12.1910 – II 1214/10 (RGSt 44, 230–249); BGH, Urteil vom 15.11.1951 – 4 StR 574/51 (BGHSt 2, 364–370); BGH, Urteil vom 10.07.1952 – 5 StR 358/52 (BGHSt 3, 99–105); BGH, Urteil vom 09.10.1953 – 2 StR 402/53 (BGHSt 4, 373); HK-GS/Duttge, § 263, Rn. 39.
197 BGH, Urteil vom 15.11.1951 – 4 StR 574/51 (BGHSt 2, 364–370); HK-GS/Duttge, § 263, Rn. 39.
198 BGH, Urteil vom 15.11.1951 – 4 StR 574/51 (BGHSt 2, 364–370); RG, Urteil vom 25.05.1894 – 387/94 (RGSt 25, 371–375); MüKo/Hefendehl, StGB, § 263, Rn. 341.

Vermögensbestimmung ein,[199] so dass sie sich dem juristisch-ökonomischen[200] Vermögensbegriff nähert.

Hiernach müsste die MGV also eine wirtschaftlich werthaltige Position darstellen. Ob dies der Fall ist, ist zunächst davon abhängig, ob die von den Krankenkassen an die KV gezahlte MGV nur ein Durchlaufposten ist oder ob ein eigenständiger Anspruch der KV auf die MGV besteht, welcher unabhängig von dem Anspruch der Vertragsärzte auf die Honorarverteilung ist.[201]

Zum einen wird vertreten, dass die Ansprüche der KV gegen die Krankenkasse und der Vertragsärzte gegen die KV auf Honorarverteilung streng voneinander zu trennen seien. Die KV sei gerade keine bloße Verrechnungsstelle, da sie einen eigenständigen Anspruch auf die MGV gegenüber den Krankenkassen habe.[202]

Zum anderen wird vertreten, dass die KV die MGV von den Krankenkassen lediglich zur Weiterleitung an die Vertragsärzte erhalte und somit wie eine Verrechnungsstelle treuhänderisch tätig werde.[203]

Für die erstgenannte Auffassung spricht, dass die KV seit dem GKV-VStG zusammen mit den Krankenkassen gem. § 87b I S. 2 SGB V den Honorarverteilungsmaßstab festlegt und somit die Verteilung nicht nur vornimmt, sondern auch mit über die Verteilungsregeln entscheidet. Für die zweite Auffassung spricht, dass die MGV der KV zweckgebunden für die Honorarverteilung überreicht wird. Zudem spricht auch der Wortlaut des § 87b I S. 1 SGB V durch die Formulierung „verteilt die vereinbarten Gesamtvergütungen" dafür, dass die KV lediglich eine Verteilungsstelle darstellt, welche die Aufgabe hat, die erhaltene MGV an die im KV-Bezirk ansässigen Vertragsärzte zu verteilen.[204] Die MGV ist somit nicht dazu bestimmt, dauerhaft bei der KV zu bleiben, sondern sie wird ihr nur zur Weiterleitung an die Vertragsärzte anvertraut. Hierfür spricht auch, dass sich die KV bei etwaigen anderweitigen Verfügungen über die MGV der

---

199 BGH, Urteil vom 09.10.1953 – 2 StR 402/53 (BGHSt 4, 373); BGH, Beschluss vom 28.04.1987 – 5 StR 566/86 (wistra 1987, 213–214); SK-StGB/Hoyer, § 263, Rn. 93.
200 Mehr hierzu unter C. I. 3 a. aa. (2).
201 Freitag, Abrechnungsbetrug im deutschen Gesundheitswesen, S. 112.
202 Hess, Kasseler Kommentar, SGB V, § 85, Rn. 3.
203 Frister, Arztstrafrecht, S. 196; Hancok, Abrechnungsbetrug durch Vertragsärzte, S. 167–168; Freitag, Abrechnungsbetrug im deutschen Gesundheitswesen, S. 112; Luig, Vertragsärztlicher Abrechnungsbetrug, S. 74–75; Hellmann/Herffs, Der ärztliche Abrechnungsbetrug, Rn. 161; Ellbogen/Wichmann, Zu Problemen des ärztlichen Abrechnungsbetrugs, MedR 2007, S. 13.
204 So auch Freitag, Abrechnungsbetrug im deutschen Gesundheitswesen, S. 112.

Untreue gem. § 266 StGB strafbar machen könnte.[205] Der zweiten Auffassung ist daher zuzustimmen. Die KV nimmt somit gegenüber den Krankenkassen eine Art treuhänderische Funktion ein.

Es stellt sich daher die Frage, ob dem treuhänderisch verwalteten Vermögen auch für den Verwalter ein Vermögenswert beigemessen werden kann. Dieser Vermögenswert könnte in der Rückgabemöglichkeit des Vermögens gesehen werden, soweit die KV bei Fehlern in der Honorarverteilung gegenüber den Krankenkassen aus eigenem Vermögen haften müsste. Eine Vermögensminderung der KV könnte also darin liegen, dass sie bei einer späteren Entdeckung der ärztlichen Abrechnungsfehler durch die Krankenkassen diesen gegenüber Rückzahlungsansprüchen ausgesetzt wird.[206] Es ist daher zunächst zu untersuchen, ob Ansprüche der Krankenkasse gegen die KV bestehen könnten, welche die KV im Haftungsfall, also bei einer fehlerhaft durchgeführten Honorarverteilung, mit ihrem eigenen Vermögen ausgleichen müsste. Wäre dies der Fall, müsste weiter untersucht werden, ob das Risiko, Forderungen aufgrund des fehlerhaft verwalteten Vermögens begleichen zu müssen, einen eigenen Vermögenswert der MGV für die KV begründen kann.

Soweit sich die MGV durch die Falschabrechnung des Arztes nicht erhöht, haben die Krankenkassen keinen Erstattungsanspruch gegenüber der KV.[207] Dies entspricht auch der Tatsache, dass die Krankenkassen durch die Falschabrechnung durch die feste Zahlung gar keine Vermögensminderung erlitten haben, die auszugleichen wäre.[208] Auch in § 53 S. 2 BMV-Ä ist hierzu geregelt, dass die durch unberechtigte Honorarforderungen zurückerhaltenen Erstattungsbeträge in die Honorarverteilung fallen. Sie kommen somit den richtig abrechnenden Ärzten zugute, deren Vermögen durch die Falschabrechnung gemindert wurde[209], so dass diese auf diesem Wege einen Ausgleich erhalten. Erhöht sich hingegen die MGV aufgrund der Falschabrechnung des Vertragsarztes, so regelt der Bundesmantelvertrag in § 53 S. 1 BMV-Ä, dass die KV gegenüber den Krankenkassen aus der Gesamtvergütung für Erstattungsansprüche wegen einer Überzahlung

---

205 Hellmann/Herffs, Der ärztliche Abrechnungsbetrug, Rn. 161; OLG Karlsruhe, Beschluss vom 13.02.2006 – 3 Ws 199/04 (MedR 2006, 350 ff.); Luig, Vertragsärztlicher Abrechnungsbetrug, S. 58, 74–75.
206 Stein, Betrug durch vertragsärztliche Tätigkeit in unzulässigem Beschäftigungsverhältnis, MedR 2001, 124 ff. (128).
207 BSG, Urteil vom 25.10.1989 – 6 RKa 17/88 (BSGE 66, 1–6); Scholz in Becker/Kingreen, SGB V, § 85, Rn. 4.
208 Siehe hierzu C. I. 3. a. bb.
209 Siehe hierzu C. I. 3. a. cc.

aufgrund unberechtigter oder unwirtschaftlicher vertragsärztlicher Honorarforderungen haften muss. Auch das BSG nimmt einen Erstattungsanspruch der Krankenkassen gegenüber der KV an, soweit für Einzelleistungen gezahlt wurde, welche tatsächlich nicht so erbracht worden sind.[210] Die KV trägt somit das Risiko, Erstattungsansprüchen der Krankenkassen ausgesetzt zu sein, obwohl sie ihre eigenen Ansprüche gegen die Vertragsärzte eventuell nicht durchsetzen kann. Sie trägt daher das Insolvenzrisiko der Ärzte. Diese Risikoverteilung ist auch sinnvoll, da die Krankenkassen hierdurch eine solvente Schuldnerin bekommen.[211]

Da die KV einer Haftung aus eigenem Vermögen ausgesetzt ist, muss nun die Frage beantwortet werden, ob der Möglichkeit der Entstehung einer Rückzahlungspflicht ein Vermögenswert beigemessen werden kann. Diese Frage ist zu verneinen. Die Gefahr, bei einer (aufgrund einer ärztlichen Falschabrechnung) falschen Honorarauszahlung Erstattungsansprüchen ausgesetzt zu werden, kann keine Vermögensminderung begründen. Zu diesem Ergebnis gelangt man, wenn man sich die Einordnung von gesetzlichen Ansprüchen im Rahmen der Saldierung anschaut. Hier sind gesetzliche Ansprüche, die der Getäuschte aufgrund der Täuschung erlangt, nicht zu berücksichtigen.[212] Nichts anderes kann in der hier umgekehrten Situation gelten. Dies ergibt sich aus den folgenden Überlegungen: Bei einer aufgrund einer Falschabrechnung gezahlten Einzelleistungsvergütung erleiden die Krankenkassen eine Vermögensminderung.[213] Dass sie im Gegenzug hierzu gegenüber dem Arzt – bzw. wie oben gezeigt auch gegenüber der KV – einen Ersatzanspruch haben, muss im Rahmen der vorzunehmenden Saldierung unberücksichtigt bleiben. Das Risiko, solchen Ersatzansprüchen ausgesetzt zu werden, muss im Umkehrschluss konsequenterweise bei der Bestimmung einer Vermögensminderung unberücksichtigt bleiben.[214] Die gegenteilige

---

210 BSG, Urteil vom 21.11.1986 – 6 RKa 5/86 (BSGE 61, 19 ff.); BSG, Urteil vom 10.05.1995 – 6 RKa 18/94 (BSGE 76, 120 ff.).
211 Auch Stein, Betrug durch vertragsärztliche Tätigkeit in unzulässigem Beschäftigungsverhältnis, MedR 2001, 124 ff. (128), erörtert in seinem Aufsatz, dass die Risikoverteilung zumindest bei minderwertigen oder nicht erbrachten Leistungen sinnvoll sein mag. Er lässt dies aber im Ergebnis offen.
212 Mit weiteren Nachweisen: Perron in Schönke/Schröder, StGB, § 263, Rn. 120; SK-StGB/Hoyer, § 263, Rn. 196.
213 Mehr hierzu unter C. I. 3. a. bb. (2).
214 Dies ist auch nicht unbillig, da es ansonsten durch die Zwischenschaltung von haftenden Abrechnungsstellen immer mehrere Geschädigte durch einen Betrug gäbe. Es kommt aber zunächst nur zu einer Vermögensminderung der Krankenkassen. Die Vermögensminderung – durch etwaige Erstattungsansprüche – bei der KV ist noch davon abhängig, ob der Abrechnungsfehler des Arztes entdeckt wird und der

Auffassung würde im Ergebnis dazu führen, dass man – obwohl es um dasselbe betroffene Vermögen geht – sowohl bei den Krankenkassen als auch der KV eine Vermögensminderung und in der Folge einen Schaden bejahen würde, also im Ergebnis zwei Geschädigte hätte.

Die MGV stellt somit keine wirtschaftlich werthaltige Position für die KV dar.[215]

(3.) Juristisch-ökonomischer Vermögensbegriff

Der derzeit vorherrschende juristisch-ökonomische Vermögensbegriff definiert das Vermögen als die Summe der wirtschaftlichen Güter einer Person, soweit sie ihr ohne Missbilligung durch die Rechtsordnung zustehen.[216] Teilweise wird zusätzlich gefordert, dass die wirtschaftlichen Güter von der Rechtsordnung geschützt werden.[217] Vertreter der juristisch-ökonomischen Betrachtungsweise wollen Wertungswidersprüche vermeiden, welche entstehen würden, wenn durch das Strafrecht eine Position geschützt werden würde, deren Realisierung das Zivilrecht oder öffentliche Recht missbilligt.[218]

Der MGV müsste daher ein wirtschaftlicher Wert zukommen, welcher nicht von der Rechtsordnung missbilligt wird. Da der MGV für die KV wie oben festgestellt kein wirtschaftlicher Vermögenswert zukommt, liegt auch nach dem juristisch-ökonomischen Vermögensbegriff kein strafrechtlich schützenswertes Vermögen vor.

Arzt aufgrund einer Insolvenz die Schulden bei der KV selber nicht mehr begleichen kann. Tritt diese Vermögensminderung dann später rein tatsächlich ein, so liegt bei den Krankenkassen keine Vermögensminderung mehr vor. Letztlich gibt es also entweder bei der betroffenen Krankenkasse oder bei der KV eine Vermögensminderung. Es würde daher nicht den tatsächlichen Gegebenheiten entsprechen, mehrere Geschädigte in dieser Konstellation anzunehmen.

215 Stein kommt zu dem gleichen Ergebnis, soweit der Arzt eine wirtschaftliche vollwertige Leistung erbracht hat. Er begründet es damit, dass kein vom Vertragsarzt zu verantwortender Schaden vorliegt, da dieser durch die geltenden Vergütungsregeln künstlich herbeigeführt wird. Die Frage ob die MGV bei einer wirtschaftlich minderwertigen Leistung für die KV einen Vermögenswert hat, lässt er offen (Stein, Betrug durch vertragsärztliche Tätigkeit in unzulässigem Beschäftigungsverhältnis, MedR 2001, 124 ff. (129)).

216 SSW-StGB/Satzger § 263 Rn. 141; Lackner in Lackner/Kühl, StGB, § 263, Rn. 33.

217 Lackner in Lackner/Kühl, StGB, § 263, Rn. 33.

218 MüKo/Hefendehl, StGB, § 263, Rn. 353.

(4.) Personaler Vermögensbegriff

Der sogenannte personale Vermögensbegriff begreift das Vermögen als eine personal strukturierte Einheit, welche im gegenständlichen Bereich die Entfaltung der Person sichert.[219] Geschütztes Rechtsgut ist somit die Beziehung einer Person zu einem Objekt, welche unter dem Schutz einer Rechtsnorm steht.[220] Voraussetzung ist, dass das Objekt als selbstständiger Gegenstand des wirtschaftlichen Verkehrs anerkannt wird.[221] Eine Vermögensminderung tritt ein, soweit die wirtschaftliche Potenz, d.h. die Herrschaftsbeziehung einer Person über bestimmte Objekte, des Vermögensträgers gemindert wird.[222]

Hiernach müsste also die wirtschaftliche Potenz der KV gemindert worden sein. Die KV ist für die Verteilung der MGV nach § 87b I S. 1 SGB V zuständig und steht somit in einer durch eine Rechtsnorm geschützten Beziehung zu ihr. Allerdings bleibt die wirtschaftliche Potenz der KV durch den Irrtum unberührt, da der MGV für die KV kein eigener wirtschaftlicher Wert zukommt (s.o.).

(5.) Entscheidung

Nur nach dem juristischen Vermögensbegriff stellt die MGV eine geschützte Vermögensposition dar. Dieser wird allerdings inzwischen von niemandem mehr vertreten[223] und wird in dieser Arbeit nur der Vollständigkeit halber erwähnt. Nach allen anderen Vermögensbegriffen gehört die MGV nicht zu dem strafrechtlich geschützten Vermögen der KV. Eine Entscheidung zwischen den Vermögensbegriffen ist daher für die hier behandelten Fragestellungen nicht notwendig.

bb. Vermögensminderung bei den Krankenkassen

Durch eine Verfügung der KV könnte es zu einer Vermögensminderung bei den Krankenkassen gekommen sein.

Für die Feststellung einer Vermögensminderung ist zwischen der Vergütung innerhalb der MGV, der Vergütung von Einzelleistungen außerhalb der MGV

---

219 SSW-StGB/Satzger § 263 Rn. 142.
220 MüKo/Hefendehl, StGB, § 263, Rn. 357, Otto, Die Struktur des strafrechtlichen Vermögensschutzes, S. 33.
221 Otto, Die neue Rechtsprechung zum Betrugstatbestand, Jura 2002, 606 (613).
222 MüKo/Hefendehl, StGB, § 263, Rn. 357; Otto, Die Struktur des strafrechtlichen Vermögensschutzes, S. 36 f.
223 Vgl. z.B. Lackner in Lackner/Kühl, StGB, § 263, Rn. 33; SSW-StGB/Satzger, § 263, Rn. 137; SK-StGB/Hoyer, § 263, Rn. 182.

und der Vergütung, die sich aus einem nicht vorhersehbaren Anstieg des morbiditätsbedingten Behandlungsbedarfes ergibt, zu unterscheiden.

(1.) Vergütung innerhalb der MGV

In der Regel zahlt die Krankenkasse an die KV die MGV und wird dadurch – mit Ausnahme der unten erläuterten Einzelleistungsvergütung und der Nachzahlungspflicht aufgrund eines unvorhersehbaren Anstiegs des morbiditätsbedingten Behandlungsbedarfes – von ihrer Leistungspflicht befreit (§ 87a III S. 1 SGB V). Durch die Falschabrechnung ändert sich daher die Höhe der MGV nicht, so dass das Vermögen der Krankenkassen nicht tangiert ist.

(2.) Vergütung von Einzelleistungen

Nach § 87a III S. 5 SGB V findet außerhalb der MGV eine Vergütung von Einzelleistungen nach der regionalen Euro-Gebührenordnung statt, die zur Substitutionsbehandlung von Drogenabhängigen vorgenommen werden, die als besonders förderungswürdig gelten oder bei denen es medizinisch oder auf Grund von Besonderheiten bei der Leistungserbringung erforderlich ist. Gem. § 87a V S. 1 Nr. 3 SGB V beschließt der Bewertungsausschuss Empfehlungen zur Vergütung von Einzelleistungen außerhalb der MGV. Aktuell empfiehlt er z.B., die Strahlentherapie oder Leistungen der künstlichen Befruchtung von der Gesamtvergütung auszunehmen.[224]

Eine falsche Abrechnung, die nicht erbrachte Einzelleistungen enthält, führt aufgrund der separaten Vergütung jeder Leistung im Ergebnis – nach allen Vermögensbegriffen – zu einer Vermögensminderung.[225]

Fraglich ist, ob die KV in einer Konstellation des Dreiecksbetruges über das Vermögen der Krankenkassen verfügt, oder ob die Krankenkassen selber die Verfügung vornehmen. Ein Irrtum liegt, wie oben bereits festgestellt, nämlich sowohl bei der KV als auch bei den Krankenkassen vor. Von dieser Problemstellung nicht zu trennen ist die Frage, worin die maßgebliche Verfügungshandlung zu sehen ist.

Bei der KV kommt als Verfügungshandlung die Bezifferung des Honoraranspruchs für den Arzt und bei den Krankenkassen die Zahlung der Einzelleistungsvergütung in Betracht.

---

224 Seite 5 des 288. Beschlusses, 22.10.2012, abrufbar im Internet unter: https://www.institut-des-bewertungsausschusses.de/ba/babeschluesse/2012-10-22_ba288_5.pdf (Zuletzt abgerufen am 13.12.2014).
225 Siehe hierzu: Freitag, Abrechnungsbetrug im deutschen Gesundheitswesen, S. 113–114; Hancok, Abrechnungsbetrug durch Vertragsärzte, S. 169–171.

Durch die Bezifferung des Honoraranspruches durch den entsprechenden Sachbearbeiter der KV erkennt diese den Honoraranspruch des Arztes an.[226] Fraglich ist, ob durch diese Handlung schon ein Schaden entsteht. Hierzu müsste eine Vermögensgefährdung zur Verwirklichung des § 263 I StGB ausreichen. Ein Schaden kann nach allgemeiner Auffassung auch in der Gefährdung des Vermögens liegen.[227] Die Annahme eines Gefährdungsschadens[228] muss sich allerdings, um mit dem Bestimmtheitsgrundsatz des Art. 103 II GG vereinbar zu sein, in den Wortlautgrenzen des § 263 I StGB bewegen.[229] Zwischen Gefährdung und Schaden kann somit kein qualitativer, sondern nur ein quantitativer Unterschied bestehen.[230] Es ist somit zwischen der Gefährdung abzugrenzen, welche schon zu einem vollendeten Delikt führt, und der Gefährdung, die sich noch in den Grenzen des Versuches bewegt.[231] Eine vage Schadensmöglichkeit reicht zur Verwirklichung des Betruges noch nicht aus, da der Betrug ansonsten von einem Erfolgsdelikt in ein Gefährdungsdelikt umgedeutet würde.[232] Daher müssen Verlustwahrscheinlichkeiten schon so hoch sein, dass der Eintritt eines realen Schadens nicht mehr ungewiss ist.[233] Der Gefährdungsschaden muss zum Verfügungszeitpunkt der Höhe nach auch schon beziffert werden können.[234] Maßgeblich für die Annahme einer konkreten Vermögensgefährdung ist also, dass zu dem wesentlichen Verfügungszeitpunkt – hier der Bezifferung

---

226 Freitag, Abrechnungsbetrug im deutschen Gesundheitswesen, S. 115; Hancok, Abrechnungsbetrug durch Vertragsärzte, S. 171.

227 BVerfG, Beschluss vom 7.12.2011 – 2 BvR 2500/09 (VersR 2012, 1257 (1260)); BGH, Urteil vom 20. Juli 1966 – 2 StR 188/66 (BGHSt 21, 112–115); BGH, Urteil vom 5.11.2003 - 1 StR 287/03 (NStZ 2004, 264); BGH, Urteil vom 8.06.2011 – 3 StR 115/11 (wistra 2011, 387–388); Freitag, Abrechnungsbetrug im deutschen Gesundheitswesen, S. 115–116; Hancok, Abrechnungsbetrug durch Vertragsärzte, S. 172–174.

228 Anstelle des Begriffes des „Gefährdungsschadens" kann man auch den Begriff der „schädigenden Vermögensgefährdung" verwenden. (Vgl. MüKo/Hefendehl, StGB, § 263, Rn. 622). Der Begriff der „schadensgleichen Vermögensgefährdung" sollte aber vermieden werden, da der Wortlaut des § 263 I StGB einen Schaden voraussetzt. (Vgl. BGH, Urteil vom 18.02.2009 – 1 StR 731/08 (BGHSt 53, 199–205)).

229 BVerfG, Beschluss vom 7.12.2011 – 2 BvR 2500/09 (VersR 2012, 1257 (1260)).

230 BGH, Urteil vom 18.02.2009 – 1 StR 731/08 (BGHSt 53, 199–205); Perron in Schönke/Schröder, StGB, § 263, Rn. 143.

231 BGH, Beschluss vom 8.06.2011 – 3 StR 115/11 (wistra 2011, 387–388); Perron in Schönke/Schröder, StGB, § 263, Rn. 143.

232 BVerfG, Beschluss vom 7.12.2011 – 2 BvR 2500/09 (VersR 2012, 1257 (1260)).

233 BVerfG, Beschluss vom 7.12.2011 – 2 BvR 2500/09 (VersR 2012, 1257 (1260)).

234 BVerfG, Beschluss vom 7.12.2011 – 2 BvR 2500/09 (VersR 2012, 1257 (1260)).

des Honoraranspruchs – eine hohe Verlustwahrscheinlichkeit vorliegt und der Schaden der Höhe nach schon feststellbar ist.[235]

Die Krankenkassen haben gem. § 87a III S. 5 SGB V gegenüber der KV die Verpflichtung, die vom Gemeinsamen Bundesausschuss (G-BA) festgelegten Leistungen außerhalb der MGV gesondert mit den Preisen der regionalen Euro-Gebührenordnung zu vergüten. Durch die Bezifferung des Honoraranspruchs entsteht für die Krankenkassen somit die Pflicht, den geforderten Betrag gegenüber der KV zu begleichen.[236] Es ist daher spätestens zu diesem Zeitpunkt für die Krankenkassen von einer hohen Verlustwahrscheinlichkeit auszugehen.[237] Auch der Höhe nach lässt sich der Schaden zu diesem Zeitpunkt – zumindest durch erlaubte Hochrechnungen[238] – schon beziffern.

Fraglich ist, ob die eigene Prüfungsmöglichkeit und -pflicht der Krankenkassen gem. § 106a I, III SGB V der Annahme eines Vermögensschadens entgegensteht. Hierzu wird vertreten, dass wegen der Prüfungsmöglichkeit die Honorarfestsetzung nur eine „vage Gefährdung" für das Vermögen der Krankenkasse darstellt.[239] Diese Auffassung verkennt aber, dass die Prüfungen der Krankenkassen nach § 106a III SGB V erst nach dem Erlass des vorläufigen Honorarbescheides stattfinden. Diese erhält von der KV nämlich erst ca. 6 bis 9 Monate nach Quartalsende den Rechnungsbrief und die Einzelleistungsnachweise nach § 295 SGB V.

---

235 Was genau unter einer konkreten Gefahr zu verstehen ist, ist nicht abschließend geklärt (MüKo/Hefendehl, StGB, § 263, Rn. 594). Die zahlreichen von der Literatur entwickelten Modelle zur Feststellung einer konkreten Vermögensgefährdung werden in dieser Arbeit nicht dargestellt, da die Darstellung zum einen den Umfang der Arbeit übermäßig ausdehnen würde. Zum anderen wäre eine Darstellung auch nicht zielführend, da keiner der Ansätze vollständig zu überzeugen vermag und der Arbeit somit dienen würde.

236 So auch: Freitag, Abrechnungsbetrug im deutschen Gesundheitswesen, S. 117; Hancok, Abrechnungsbetrug durch Vertragsärzte, S. 174.

237 Auch die extrabudgetären Einzelleistungsvergütung wird von den Krankenkassen (zumindest im KV Bezirk Nordrhein) schon monatlich als Abschlagszahlung an die KV geleistet. Spätestens mit der Rechnungsstellung der KV an die Krankenkassen, welche nach Erlass des Honorarbescheides geschieht, muss der Restbetrag innerhalb einer 14-Tage-Frist beglichen werden.

238 Mehr hierzu unter C. I. 4.

239 Diese Auffassung vertritt Luig, Vertragsärztlicher Abrechnungsbetrug, S. 71; Er ordnet dieses Problem aber unter dem Erfordernis der Unmittelbarkeit ein, da er diesem auch auf der Seite des Verfügenden (und nicht nur auf der Seite des Täuschenden) eine Bedeutung beimisst. Letztlich ist dies eine Einordnungsfrage, welche keine Auswirkungen auf das Ergebnis hat.

Die letzte Zahlung – im Vorfeld finden schon monatliche Abschlagszahlungen statt – muss hierbei in einem Zeitrahmen von 14 Tagen erfolgen. Dieser Zeitrahmen reicht aber nicht ansatzweise für eine Abrechnungsprüfung aus. Hierbei gilt es zu beachten, dass Unmengen (meist mehrere Millionen) Datensätze überprüft werden müssen.[240] Daher gibt es nach der ständigen Rechtsprechung des BSG auch eine Vierjahresfrist bis zur Rechtskräftigkeit des Honorarbescheides.[241] Die Prüfungsmöglichkeit der Krankenkasse kann aus rein tatsächlichen Gründen daher nicht den Eintritt eines Gefährdungsschadens verhindern.

Die Vermögensminderung muss unmittelbar herbeigeführt werden, das heißt es dürfen keine weiteren Handlungen des täuschenden Arztes zur Vermögensminderung erforderlich sein.[242] Der Arzt gibt mit der Übertragung der Abrechnungsunterlagen den weiteren Geschehensablauf aus seinen Händen und hat somit aus seiner Sicht alles Erforderliche für die Vermögensminderung getan. Das Kriterium der Unmittelbarkeit ist somit erfüllt.[243]

Dadurch, dass die KV über fremdes Vermögen verfügt, müssen die Voraussetzungen des Dreiecksbetruges erfüllt sein, die Verfügungshandlung der KV muss also der Krankenkasse zugerechnet werden können. Umstritten ist, wann eine Zurechenbarkeit vorliegt.[244] Eine enge Auffassung (sog. „Befugnistheorie") nimmt eine solche nur an, wenn der Getäuschte die Befugnis hat, über das Vermögen des Geschädigten zu verfügen.[245] Nach überwiegender Auffassung (sog. „Lagertheorie") ist es allerdings ausreichend, wenn der Getäuschte „im Lager" des Geschädigten steht, er also ein besonderes Näheverhältnis zum Vermögen des Geschädigten aufweist.[246] Ein solches Näheverhältnis ist grundsätzlich anzunehmen, soweit von dem Getäuschten – mit Einverständnis des Geschädigten – eine Schutz- und Prüfungsfunktion ausgeübt wird.[247] Ist der Getäuschte hingegen entweder dazu befugt, über fremdes Vermögen zu verfügen, oder hat er kraft hoheitlicher Stellung hierzu

---

240 Diese Informationen habe ich im Rahmen eines freundlichen Telefonates mit einem Mitarbeiter der Barmer-GEK erhalten. Sie gelten zumindest für den KV Bezirk Nordrhein.
241 Scholz in Becker/Kingreen, SGB V, § 85, Rn. 35; BSG, Urteil vom 12.12.2001 – B 6 KA 3/01 R (BSGE 89, 90).
242 Fischer, StGB, § 263, Rn. 76.
243 So auch: Freitag, Abrechnungsbetrug im deutschen Gesundheitswesen, S. 118; Hancok, Abrechnungsbetrug durch Vertragsärzte, S. 174–175.
244 HK-GS/Duttge, § 263, Rn. 31.
245 HK-GS/Duttge, § 263, Rn. 32.
246 BGH, Urteil vom 16.01.1963 – 2 StR 591/62 (NJW 1963, 1068); NStZ 97, 32; Fischer, StGB, § 263, Rn. 82.
247 HK-GS/Duttge, § 263, Rn. 32.

die Berechtigung, findet unstreitig nach allen Auffassungen eine Zurechnung statt, so dass ein Streitentscheid entbehrlich ist.[248] Der KV obliegt gem. § 87b I SGB V die Verteilung der Gesamtvergütung an die Ärzte. Fraglich ist, ob der KV auch die Verteilung der Einzelleistungsvergütung obliegt. Eine Spezialregelung hierzu fehlt. Zumindest die Abrechnung findet – mangels entgegenstehender Spezialregelung zur direkten Abrechnung mit den Krankenkassen nach § 295 Ib SGB V – gegenüber der KV statt. Da die Ärzte die Einzelleistungen gegenüber der KV abzurechnen haben, kann davon ausgegangen werden, dass diese auch zur Vergütung der Einzelleistungen befugt ist.[249] Dementsprechend sind hier die Voraussetzungen des Dreiecksbetruges erfüllt.[250]

Im Ergebnis ist daher festzuhalten, dass dadurch, dass die Bezifferung des Honoraranspruches die maßgebliche Verfügungshandlung darstellt, die KV bei einer Vergütung von Einzelleistungen in einer Konstellation des Dreiecksbetruges über das Vermögen der Krankenkassen verfügt.

(3.) Vergütung des unvorhergesehen morbiditätsbedingten Behandlungsbedarfes

Dadurch, dass das Morbiditätsrisiko der Versicherten durch das GKV-WSG wieder zurück auf die Krankenkassen verlagert wurde[251], kann bei einem unvorhergesehen Anstieg des morbiditätsbedingten Behandlungsbedarfes eine Nachzahlungspflicht der Krankenkassen gem. § 87a III S. 4 SGB V bestehen. Ein unvorhergesehener Anstieg des Behandlungsbedarfes liegt nach dem Beschluss

---

248 Perron in Schönke/Schröder, StGB, § 263, Rn. 68; Lackner in Lackner/Kühl, StGB, § 263, Rn. 29; Hancok, Abrechnungsbetrug durch Vertragsärzte, S. 176.
249 Hierfür spricht auch der Honorarverteilungsmaßstab der KV Nordrhein, welcher auf Seite 5 auch die Verteilung der außerhalb der MGV vorzunehmenden Vergütung regelt. Abrufbar im Internet unter: http://www.kvno.de/downloads/honorar/hvm1401.pdf (Zuletzt abgerufen am 13.12.2014); dies macht auch Sinn, da die Krankenkassen keine eigenständigen Verträge mit den Vertragsärzten schließen, welche eine direkte Vergütungszahlung ermöglichen würden. Vielmehr bestehen nur Verträge zwischen den Krankenkassen und der KV und zwischen der KV und den Vertragsärzten.
250 Vgl. in Bezug auf das alte Rechtssystem auch Freitag, Abrechnungsbetrug im deutschen Gesundheitswesen, S. 118–119. Leider trennt Freitag bei der Erläuterung des Dreiecksbetruges nicht wie zuvor zwischen alter und neuer Rechtslage und innerhalb der neuen Rechtslage zwischen Einzelleistungsvergütung und der Erhöhung der MGV. Sie führt hier lediglich die nach § 87a I SGB V subsidiäre Regelung des § 85 SGB V an.
251 Hess, Kasseler Kommentar, SGB V, § 87a, Rn. 10.

des Bewertungsausschusses zu § 87a V S. 1 Nr. 1 SGB V[252] nur in zwei Fällen vor. Zum einen können Ausnahmeereignisse den Anstieg auslösen, also z.b. Epidemien, Pandemien oder Naturkatastrophen.[253] Zum anderen kann eine Erhöhung der MGV durch einen überproportionalen Anstieg von Akuterkrankungen, wie der Grippe oder der Tuberkulose, ausgelöst werden.[254] Zwar kann durch eine Falschabrechnung wohl kaum einer der Ausnahmefälle fingiert werden, jedoch können viele Falschabrechnungen von unterschiedlichen Ärzten zu einer Erhöhung der MGV aufgrund eines überproportionalen Anstiegs von Akuterkrankungen führen. Die aufgrund des Anstiegs über die MGV hinausgehenden Leistungen sind dann spätestens im folgenden Abrechnungszeitraum mit den Preisen der regionalen Euro-Gebührenordnung zu vergüten. Die Krankenkasse muss durch die Erhöhung der MGV für Leistungen aufkommen, die so nicht erbracht wurden, und erleidet folglich eine Vermögensminderung.

Falschabrechnungen, die eine erhöhte Vergütung aufgrund eines Anstiegs des morbiditätsbedingten Behandlungsbedarfs auslösen, führen – nach allen Vermögensbegriffen – zu einer Vermögensminderung bei den Krankenkassen.[255]

Fraglich ist an dieser Stelle aber das Vorliegen der Kausalität. Denn denkt man sich die Falschabrechnung von nur einem der Ärzte hinweg, so ergäbe sich in der Regel trotzdem keine niedrigere MGV, weil die Falschabrechnung von Akuterkrankungen von nur einem Arzt alleine noch nicht zu einer Erhöhung der MGV führen kann. Hierzu bedarf es schon der Falschabrechnung vieler Ärzte, die aus empirischer Sicht in aller Regel auch tatsächlich erfolgt.[256] Der Erfolg der Vermögensminderung bei den Krankenkassen (durch eine Erhöhung der Gesamtvergütung) wird also regelmäßig auch ohne die Falschabrechnung des betreffenden einzelnen Arztes vorliegen.[257] Es handelt sich somit um einen Fall der alternativen

---

252 Abrufbar im Internet unter: https://www.institut-des-bewertungsausschusses.de/ba/babeschluesse/2013-08-14_ba312_1.pdf (Zuletzt abgerufen am 13.12.2014).
253 Siehe Seite 4–5 des obigen Beschlusses zu § 87a V S. 1 Nr. 1 SGB V.
254 Siehe Seite 2–4 des obigen Beschlusses zu § 87a V S. 1 Nr. 1 SGB V.
255 Siehe hierzu: Freitag, Abrechnungsbetrug im deutschen Gesundheitswesen, S. 114.
256 Möglich ist natürlich auch, dass die anderen Ärzte richtig abrechnen und es tatsächlich eine erhöhte Anzahl von Akuterkrankungen in dem entsprechenden Quartal gab. In diesem Fall wird die eine Falschabrechnung aber im Zweifel nicht den Anstieg des Behandlungsbedarfes auslösen.
257 Der unwahrscheinliche Fall, dass exakt so viele Falschabrechnungen vorliegen, dass die Schwelle zur Erhöhung genau erreicht ist, wird an dieser Stelle ausgeklammert. In diesem Fall würde es sich um eine kumulative Kausalität handeln, da die Falschabrechnungen gemeinsam den Erfolg herbeiführen, aber jede einzelne Falschabrechnung es nicht getan hätte. Denkt man sich im Sinne der conditio-sine-qua-non-Formel

Kausalität. Bei einer solchen ist die Kausalität zu bejahen, soweit mehrere Bedingungen zwar alternativ, aber nicht kumulativ hinweggedacht werden können, ohne dass der Erfolg entfiele.[258] Die hier in Rede stehende Konstellation kann im Ergebnis mit der von Kollektiventscheidungen in Gremien verglichen werden. Auch in dieser Konstellation wird eine alternative Kausalität – und damit die Ursächlichkeit von einzelnen Stimmen – angenommen, wenn das Hinwegdenken von einzelnen Stimmen keine Auswirkungen auf die Entscheidung hat.[259] Das Kausalitätserfordernis ist mithin erfüllt.

Zudem stellt sich die Frage, wer in dieser Konstellation über das Vermögen der Krankenkasse verfügt, da die Vergütung selber durch die Krankenkassen nach den Preisen der regionalen Euro-Gebührenordnung vorgenommen wird (§ 87a III S. 4, V S. 1 Nr. 1 SGB V, 2.4 des Beschlusses zu § 87a V S. Nr. 1 SGB V). Zur Beantwortung dieser Frage muss herausgearbeitet werden, welche Handlung die maßgebliche Verfügungshandlung darstellt. Hierzu muss der Ablauf zur Bestimmung des erhöhten Behandlungsbedarfes betrachtet werden.

Zunächst findet eine Bezifferung des Honoraranspruchs durch den zuständigen Mitarbeiter der KV statt. Durch diese Bezifferung wird die Leistung des Vertragsarztes anerkannt. In der Folge wird für den betroffenen KV-Bezirk gem. § 87a III S. 4, V S. 1 Nr. 1 SGB V nach den Empfehlungen durch das Institut des Bewertungsausschusses der Umfang des nicht vorhergesehenen und zu vergütenden Anstiegs des Behandlungsbedarfs ermittelt.[260] Grundlage für diese Ermittlung ist die von den Ärzten abgerechnete Zahl von Akuterkrankungen. Die Vergütung des nicht vorhergesehen Behandlungsbedarfs soll dann gem. § 87a III S. 4 SGB V zeitnah, jedoch spätestens im Laufe des folgenden Abrechnungszeitraums geschehen.[261] Durch die Bezifferung des Honoraranspruchs des falsch abrechnenden Arztes wird der Grundstein für die spätere Berechnung des

---

eine Falschabrechnung hinweg, entfiele der Erfolg der Vermögensminderung bei den Krankenkassen durch eine Erhöhung der MGV.
258 Lackner in Lackner/Kühl, StGB, Vor. § 13, Rn. 11.
259 Lackner in Lackner/Kühl, StGB, Vor. § 13, Rn. 11.
260 Siehe Seite 3 des obigen Beschlusses zu § 87a V S. 1 Nr. 1 SGB V.
261 Dies widerspricht der Frist, welche sich der Bewertungsausschuss in seinem Beschluss für die Bestimmung des nicht vorhergesehen Anstiegs des Behandlungsbedarfes aufgrund von Akuterkrankungen selber setzt. Nach Punkt 2.4 des Beschlusses hat der Bewertungsausschuss für das Jahr 2014 erst im Jahr 2016 eine Empfehlung abzugeben. Allerdings verweist der Bewertungsausschuss (nach der Setzung dieser Frist) ebenfalls auf eine zeitnahe Vergütung spätestens im folgenden Abrechnungszeitraum. Das Nähere hierzu sollen die Partner der Gesamtverträge regeln.

Anstiegs des Behandlungsbedarfs gelegt. Die maßgebliche Verfügungshandlung könnte somit schon in der Bezifferung des Honoraranspruchs gesehen werden, da ab diesem Zeitpunkt das Vermögen der KV gefährdet ist. Fraglich ist, ob die Gefährdung an dieser Stelle konkret genug ist. Schließlich führt – wie oben bereits erläutert – die Falschabrechnung nur eines Arztes noch nicht zu einem Anstieg des Behandlungsbedarfs. Dieser ist vielmehr von den Abrechnungen der anderen Ärzte abhängig. Da die Honoraransprüche der anderen Ärzte im Zeitpunkt der Bezifferung des Honoraranspruchs des falschabrechnenden Arztes noch ungewiss sein könnten, kann eine konkrete Vermögensgefährdung nicht angenommen werden. Eine solche wird aber mit der Übermittlung der Unterlagen an das Bewertungsinstitut für die Ermittlung, ob ein Anstieg des Behandlungsbedarfs vorliegt, begründet. Denn ab diesem Zeitpunkt stehen die Behandlungsfälle von Akuterkrankungen im jeweiligen KV-Bezirk schon fest. Auch die Möglichkeit, dass sich das Institut verrechnet, ist als so gering einzustufen, dass dies einer schädigenden Vermögensgefährdung nicht entgegensteht. Die maßgebliche Verfügungshandlung ist somit die Übermittlung der Abrechnungsunterlagen von der KV an das zuständige Bewertungsinstitut.

cc. Vermögensminderung bei den anderen Ärzten
Durch eine Verfügung der KV könnte es zu einer Vermögensminderung bei der übrigen Ärzteschaft gekommen sein.

In Betracht kommt eine Vermögensminderung nur für Leistungen, welche innerhalb der MGV vergütet werden. Bei den Leistungen, welche außerhalb der MGV vergütet werden, ist – wie bereits oben festgestellt – die Krankenkasse geschädigt. Eine Schädigung der Ärzte kommt hingegen für Leistungen, welche außerhalb der MGV vergütet werden, nicht in Betracht, weil die Krankenkasse zum einen das Morbiditätsrisiko trägt und zum anderen die Einzelleistungsvergütung der Höhe nach gerade nicht begrenzt ist.

Ob eine Vermögensminderung bei der übrigen Ärzteschaft möglich ist, richtet sich nach dem Honorarverteilungssystem. Daher wird zunächst ein chronologischer Überblick über die letzten Honorarverteilungssysteme gegeben. Ist eine Vermögensminderung grundsätzlich nach dem geltenden Honorarverteilungssystem möglich, so muss im Anschluss untersucht werden, ob eine Vermögensminderung auch tatsächlich eintritt. Im Rahmen dieser Untersuchung ist auch auf die maßgebliche Verfügungshandlung einzugehen.

(1.) Überblick über die Honorarverteilungssysteme
Das Honorarverteilungssystem hat sich in den letzten Jahren des Öfteren verändert. Auch wenn das Honorarverteilungssystem bis 2009 nun schon seit

Längerem nicht mehr bedeutsam ist, wird es trotzdem noch kurz dargestellt, da sich der Großteil der Literatur hierauf bezieht.

(a.) Honorarverteilung bis 2009

Bis Ende 2008 war die an den Arzt zu zahlende Vergütung der Höhe nach an die Gesamtvergütung gebunden.[262] Die Leistungen des Arztes wurden für die Ermittlung seiner Vergütung daher ins Verhältnis zu den anderen im jeweiligen KV-Bezirk ansässigen Ärzten gesetzt, um so einen Punktwert zu ermitteln.[263] Der Punktwert fiel daher umso geringer aus, je mehr Leistungen pro Quartal in dem KV-Bezirk erbracht wurden (sog. variabler oder floatender Punktwert).[264]

Eine falsche Abrechnung führte somit zu der Berechnung eines geringeren Punktwertes und schmälerte dadurch die Vergütung der übrigen Ärzteschaft.[265] Dementsprechend lag damals die für die Vermögensminderung maßgebliche Verfügungshandlung schon in der Berechnung des konkreten Punktwertes.[266]

(b.) Honorarverteilung bis 2011

Mit dem GKV-WSG wurde zum 01.01.2009 ein neues Vergütungssystem geschaffen, durch welches die feste Gesamtvergütung und die floatenden Punktwerte abgeschafft wurden.[267] Die regionale Euro-Gebührenordnung, in welcher die Eurobeträge für die kassenärztlichen Leistungen schon festgelegt sind, ist nach dem GKV-WSG maßgeblich für die Honorarberechnung. Der Arbeitsschritt der Punktwertberechnung entfällt nunmehr aufgrund der regionalen Euro-Gebührenordnung.[268] Um die Honorarforderungen mit der Gesamtvergütung zu vereinbaren, wurden gem. § 87b II SGB V a.F. sog. Regelleistungsvolumen (RLV) eingeführt. Durch diese RLV wurde die vom Arzt in einem bestimmten Zeitraum abrechenbare Leistungsmenge festgelegt. Soweit der Arzt seine Leistungen innerhalb der RLV abgerechnet hat, erhielt er die volle Vergütung nach der regionalen

---

262 Janda, Medizinrecht, S. 199.
263 Janda, Medizinrecht, S. 199.
264 Janda, Medizinrecht, S. 200.
265 Siehe hierzu die näheren Ausführung bei: Freitag, Abrechnungsbetrug im deutschen Gesundheitswesen, S. 120–123; Hancok, Abrechnungsbetrug durch Vertragsärzte, S. 177–183.
266 Hancok, Abrechnungsbetrug durch Vertragsärzte, S. 182.
267 Janda, Medizinrecht, S. 201.
268 Freitag, Abrechnungsbetrug im deutschen Gesundheitswesen, S. 108–109.

Euro-Gebührenordnung. Bei einem Überschreiten erhielt er hingegen nur noch eine abgestaffelte Vergütung.[269]

Für die Auswirkungen einer Falschabrechnung wird auf den nächsten Abschnitt verwiesen, da das Honorarverteilungssystem in den meisten KV-Bezirken (trotz der Änderungen durch das GKV-VStG) so beibehalten wurde.

(c.) Derzeitige Honorarverteilung nach dem GKV-VStG

Durch das GKV-VStG wurde das Vergütungssystem Ende Dezember 2011 erneut geändert. Die Honorarverteilung wurde wieder zurück auf die regionale Ebene verlagert, so dass es zu regionalen Unterschieden bei der Honorarverteilung kommen kann (§ 87b I S. 2 SGB V). Bis der regionale Verteilungsmaßstab durch die KV im Benehmen mit den Landesverbänden der Krankenkassen und Ersatzkassen festgelegt wird, gelten die alten Verteilungsbestimmungen (insbesondere die RLV) fort (§ 87b I S. 3 SGB V).

Um festzustellen, ob es zu einer Vermögensminderung bei der übrigen Ärzteschaft kommt, muss daher geprüft werden, ob das Vergütungssystem (insbesondere die Honorarverteilung) innerhalb der einzelnen KV-Bezirke gleichgeblieben ist. Hierzu müssen die einzelnen Honorarverteilungsmaßstäbe untersucht werden.

Von den insgesamt 17 KVen haben derzeit 13 KVen grundsätzlich das alte System der Honorarbegrenzung durch RLV und Qualitätsbezogene Zusatzvolumen (QZV) beibehalten. Nur die KVen Hamburg[270], Rheinland Pfalz[271], Schleswig-Holstein[272] und Thüringen[273] haben sich für ein anderes Honorarverteilungssystem in ihrem Honorarverteilungsmaßstab entschieden.

Um eine Ausuferung zu vermeiden, wird sich die Arbeit mit den einzelnen Honorarverteilungsbestimmungen dieser KVen nicht weiter beschäftigen und

---

269 Luig, Vertragsärztlicher Abrechnungsbetrug, S. 81.
270 Honorarverteilungsmaßstab abrufbar unter: http://www.kvhh.net/media/public/db/media/1/2010/01/183/verteilungsmassstabab01.01.2014.pdf (Zuletzt abgerufen am 13.12.2014).
271 Honorarverteilungsmaßstab abrufbar unter: http://www.kv-rlp.de/fileadmin/user_upload/Downloads/Mitglieder/Verguetung/Honorar/Honorarverteilung/2014_Q1/HVM_ab_01-01-14.pdf (Zuletzt abgerufen am 13.12.2014).
272 Honorarverteilungsmaßstab abrufbar unter: http://www.kvsh.de/KVSH/index.php?StoryID=370 (Zuletzt abgerufen am 13.12.2014).
273 Honorarverteilungsmaßstab abrufbar unter: http://www.kv-thueringen.de/mitglieder/abr_hon/30_honorar/30_2013/HonorarV_4Q2013/RS0913_AmtlBekanntl_HVM.pdf (Zuletzt abgerufen am 13.12.2014).

nur auf das von dem Großteil der KVen angewendete System der RLV und QZV eingehen.

Das Regelleistungsvolumen beschreibt die Leistungsmenge, für welche der Arzt die volle Vergütung nach der regionalen Euro-Gebührenordnung erhält.[274] Dieses wird dem Arzt quartalsweise zugewiesen.[275] Neben dem RLV gibt es (seit 2010) mit dem QZV ein Zusatzbudget für bestimmte fachgruppenspezifische, qualitätsgebundene Leistungen wie die Akupunktur, die Kleinchirurgie und die Sonographie[276], welche von nur einem Teil der Ärzte innerhalb der jeweiligen Arztgruppe erbracht werden.[277] Dadurch, dass die Leistungen arztbezogen begrenzt werden, wird eine übermäßige Ausdehnung der Leistungen vermieden.[278]

Bis zur Ausschöpfung des RLV oder QZV erfolgt die Honorarverteilung mit den Preisen der regionalen Euro-Gebührenordnung, danach findet eine abgestaffelte Vergütung der Leistungen statt.[279] Diese abgestaffelte Vergütung sollte von der Abstaffelung getrennt werden, welche für die Berechnung des RLV bei Überschreiten des Fachgruppendurchschnitts um mehr als 50 % durchgeführt wird.[280] Für die abgestaffelte Vergütung, welche der Arzt bei einem Überschreiten seines RLV erhält, wird von der zu verteilenden MGV ein geringer Prozentsatz zurückgelegt.[281]

Zur Bestimmung des RLV wird zunächst ein arztgruppenspezifischer Fallwert gebildet. Hierzu wird das für die Arztgruppe vorgesehene Vergütungsvolumen

---

274 Baiserl in BeckOK, SGB V, § 87b (a.F.), Rn. 2.
275 Scholz in Becker/Kingreen, SGB V, § 87b, Rn. 13.
276 Siehe z.B. im Honorarverteilungsmaßstab der KV Nordrhein (in der Fassung vom 01.10.2014) in der Anlage 3. Abrufbar im Internet unter: http://www.kvno.de/10praxis/30honorarundrecht/10honorar/index.html (Zuletzt abgerufen am 13.12.2014).
277 Scholz in Becker/Kingreen, SGB V, § 87b, Rn. 15.
278 Baiserl in BeckOK, SGB V, § 87b (a.F.), Rn. 2.
279 Baiserl in BeckOK, SGB V, § 87b (a.F.), Rn. 2.
280 Aus den meisten Kommentierungen geht diese Trennung leider nicht deutlich genug hervor, was zur Verwirrung führt. In der Broschüre der KBV zum Regelleistungsvolumen wird diese Trennung aber gut dargestellt: KBV, Regelleistungsvolumen, S. 6, 7, 13; abrufbar im Internet unter: http://www.kvb.de/fileadmin/kvb/dokumente/Praxis/Honorar/Weitere/KVB-RLV-Broschuere_aktualisiert.pdf (Zuletzt abgerufen am 13.12.2014).
281 Scholz in Becker/Kingreen, SGB V, § 87b, Rn. 13; Im Honorarverteilungsmaßstab Nordrhein (in der Fassung vom 01.10.2014) sind es derzeit (nach Schritt 2 Nr. 1a und Nr. 2a in der Anlage 2) 2 %.

durch die Anzahl der Behandlungsfälle des Vorjahresquartals dividiert.[282] Dieser quartalsweise gültige, arztgruppenspezifische Fallwert wird mit der im Vorjahresquartal erreichten Fallzahl des Arztes multipliziert.[283] Hieraus ergibt sich dann die Höhe des RLV des entsprechenden Arztes, soweit seine Fallzahlen den Fachgruppendurchschnitt um weniger als 50 % übersteigen.[284] Bei einer hohen Anzahl von Behandlungsfällen wird der Fallwert des Arztes pro Behandlungsfall für die Berechnung des RLV gemindert. Hierzu wird zunächst die durchschnittliche Fallzahl der Arztgruppe ermittelt. Dies geschieht durch das Dividieren der im Vorjahresquartal von der Arztgruppe geleisteten Fälle durch die Anzahl der Ärzte.[285] Erzielt der Arzt eine Anzahl von Behandlungsfällen, welche die ermittelte durchschnittliche Fallzahl um mehr als 50 % überschreitet, so wird der Fallwert für die darüber hinausgehenden Fälle – und damit auch seine Vergütung – gemindert.[286]

Die drei folgenden Formeln sind also wichtig für die Berechnung des RLV:

1. Verteilungsvolumen/Fallzahl (alle Ärzte) = Fallwert
2. Fallzahl (alle Ärzte)/Anzahl der Ärzte = durchschnittliche Fallzahl
3. Fallwert * Fahlzahl (individuell) = RLV

Soweit der Arzt sein ihm zugewiesenes RLV überschreitet, werden seine Leistungen zu einem niedrigeren Preis vergütet, welcher quartalsweise variiert.[287] Das hierzu zurückgelegte Gesamtvolumen von i.d.R. 2 % wird für diese Vergütung verwendet. Der abgestaffelte Preis wird aus dem Vergütungsvolumen und dem überschreitenden Leistungsbedarf ermittelt.[288] Die Ermittlung erfolgt getrennt nach dem hausärztlichen und fachärztlichen Bereich.[289] Bei der Überschreitung

---

282 Vgl. z.B. Schritt 5 in der Anlage 3 der Honorarverteilungsmaßstab der KV Nordrhein (in der Fassung vom 01.10.2014).
283 Vgl. z.B. Schritt 6 in der Anlage 3 der Honorarverteilungsmaßstab der KV Nordrhein (in der Fassung vom 01.10.2014).
284 KBV, Regelleistungsvolumen, S. 9.
285 Vgl. z.B. Schritt 6 in der Anlage 2 der Honorarverteilungsmaßstab der KV Nordrhein (in der Fassung vom 01.10.2014).
286 Siehe hierzu auch das die Berechnungsbeispiel der KBV (KBV, Regelleistungsvolumen, S. 10); liegt die durchschnittliche Fallzahl wie in diesem Beispiel bei 800 Fällen, so bekommt der Arzt bis zum 1200 Behandlungsfall (dies sind 150 % der durchschnittlichen Fallzahl) sein volles Gehalt. Ab dem 1201 Behandlungsfall werden seine Leistungen hingegen nur noch abgestaffelt vergütet.
287 KBV, Regelleistungsvolumen, S. 9, 13.
288 Vgl. z.B. § 7 I des Honorarverteilungsmaßstab der KV Nordrhein.
289 KBV, Regelleistungsvolumen, S. 9.

der RLV gibt es also einen floatenden Preis[290], der abhängig von dem übrigen überschreitenden Leistungsbedarf der anderen Ärzte ist.

Bei der Berechnung der QZV ist – genau wie bei den RLV – für die Höhe die Anzahl der im vorherigen Quartal erbrachten Leistungen maßgeblich. Für die Ermittlung des QZV-Fallwertes wird das QZV-Vergütungsvolumen durch die im vorherigen Quartal innerhalb der QVZ erbrachten Leistungsfälle geteilt.[291] Genau wie bei den RLV wird dieser QZV-Fallwert im Anschluss mit der QZV-Fallzahl des Arztes multipliziert.[292] Hieraus ergibt sich dann die Höhe des QZV des einzelnen Arztes.

Zur Vereinfachung der nachfolgenden Ausführungen wird neben dem RLV auf die QZV nicht gesondert eingegangen. Für diese gelten die Ausführungen aber entsprechend.

(2.) Mögliche Auswirkungen der Falschabrechnung

Zunächst hat die Falschabrechnung Auswirkungen auf den Fallwert. Sie führt dazu, dass sich bei einem gleichbleibenden Verteilungsvolumen die Fallzahl aller Ärzte nach der oben angesprochenen ersten Formel erhöht. Da diese ausschlaggebend für die Berechnung des Fallwerts ist, sinkt dieser dadurch. Der niedrigere Fallwert wird für die Bestimmung der RLV verwendet (Formel 3). Dies führt dazu, dass die übrige Ärzteschaft ein geringeres RLV – und somit eine geringere Vergütung – erhält.

Aber auch auf das RLV wirkt sich die Falschabrechnung aus. Sie führt dazu, dass sich die Fallzahl aller Ärzte erhöht. Die Anzahl der Ärzte bleibt aber gleich. Die durchschnittliche Fallzahl steigt also in der Folge (Formel 2). Ein Steigen der durchschnittlichen Fallzahl hat einen positiven Effekt für die Ärzte, welche überdurchschnittlich viele Behandlungsfälle pro Quartal haben. Für diese sinkt die Wahrscheinlichkeit, die durchschnittliche Fallzahl um mehr als 50 % zu übersteigen und somit eine Punktwertminderung für die überdurchschnittlichen Behandlungsfälle zu erleiden.

Auch auf die abgestaffelte Vergütung, welche bei einem Überschreiten der RLV gezahlt wird, wirkt sich die Falschabrechnung aus. Denn der Preis hierfür bestimmt sich nach dem überschrittenen Leistungsbedarf pro Versorgungsbereich (Hausarzt/Facharzt). Führt die Falschabrechnung also dazu, dass der Arzt

---

290 KBV, Regelleistungsvolumen, S. 13.
291 Schritt 5 Abs. 2 der Anlage 2 des Honorarverteilungsmaßstabs der KV Nordrhein.
292 Schritt 6 Abs. 2 der Anlage 3 des Honorarverteilungsmaßstabs der KV Nordrhein.

sein RLV überschreitet, so mindert dies den Preis, welchen die anderen Ärzte für ihre Leistungen bei Überschreitung des RLV erhalten. Führt die falsche Abrechnung dazu, dass der Arzt sein RLV erst ausschöpft, so kann dies (zusätzlich zu der Auswirkung, dass die Fallzahl steigt und damit der Punktwert sinkt) die Auswirkung haben, dass die bei Nichtausschöpfung freigewordenen Geldbeträge nicht mehr für die Vergütung der anderen Ärzte verwendet werden können. Diese Folge ist aber abhängig von den Verträgen und somit nicht zwingend.[293]

(3.) Vermögensminderung und maßgebliche Verfügungshandlung

Wie oben festgestellt, wirkt sich nach dem derzeitigen Honorarsystem die Falschabrechnung grundsätzlich auf die Vergütung der übrigen Ärzteschaft aus.

Fraglich ist hierbei, ob diese Auswirkungen sich schon als Vermögensminderung begreifen lassen, da es sich erst um einen zukünftig zu erwartenden Vermögenszuwachs handelt. Um diese Frage zu beantworten, muss untersucht werden, ob es sich bei dem zu erwartenden Vermögenszuwachs nur um eine Anwartschaft oder bereits um einen Rechtsanspruch handelt. Ob eine Anwartschaft schon zum Vermögen zählt, ist umstritten.[294] Besteht allerdings schon zum Zeitpunkt der Verfügungshandlung ein Rechtsanspruch der übrigen Ärzte auf die Honorarzahlung, läge nach allen Vermögensbegriffen eine Vermögensminderung vor.[295]

Um festzustellen, ob zum Zeitpunkt der Verfügung schon ein Rechtsanspruch der übrigen Ärzteschaft auf das Honorar bestand, muss zunächst zwischen den Auswirkungen im gleichen und im nächsten Quartal differenziert werden. Soweit sich die Falschabrechnung erst im nächsten Quartal auswirkt, ist ein Rechtsanspruch ausgeschlossen, da der Arzt die Leistung erst noch erbringen muss, um einen Honoraranspruch geltend zu machen.

(a.) Gleiches Quartal

Im gleichen Quartal kann eine Vermögensminderung der übrigen Ärzte zum einen durch die Überschreitung der RLV und die dadurch ausgelöste Abstaffelung der Vergütung des falschabrechnenden Arztes eintreten. Die Auswirkung der Falschabrechnung auf das Vermögen der anderen Ärzte ist hierbei aber als

---

293 Freitag, Abrechnungsbetrug im deutschen Gesundheitswesen, S. 120.
294 Leipziger Kommentar/Tiedemann, § 263, Rn. 135.
295 Freitag, Abrechnungsbetrug im deutschen Gesundheitswesen, S. 121; Hancok, Abrechnungsbetrug durch Vertragsärzte, S. 178; Leipziger Kommentar/Tiedemann, § 263, Rn. 134.

eher gering anzusehen, da die abgestaffelte Vergütung nur ca. 2 % der Gesamtvergütung ausmacht.

Zum anderen kann eine Vermögensminderung auch eintreten, wenn die Falschabrechnung erst zu einer Ausschöpfung der RLV führt. Auch in dieser Konstellation sind die Auswirkungen eher gering, denn der Betrag, der durch die Nichtausschöpfung des RLV freigeworden wäre, muss nicht zwangsläufig für die Vergütung der anderen Ärzte verwendet werden, sondern kann vom falschabrechnenden Arzt – je nach vertraglicher Regelung – selber genutzt werden.[296] Zudem wird der nicht ausgeschöpfte Betrag in der Regel gering sein. Denn die RLV orientieren sich an der Fallzahl des Vorquartals, so dass das Erreichen einer ähnlichen Fallzahl im nächsten Quartal bei gleichbleibender Patientenstruktur wahrscheinlich ist.

Um festzustellen, ob in diesen Konstellationen schon bei der Verfügung ein Rechtsanspruch bestand – ob also das Vermögen der anderen Ärzte betroffen war –, ist zunächst zu untersuchen, worin die maßgebliche Verfügungshandlung zu sehen ist. Im Anschluss daran ist zu erörtern, ab wann ein Honoraranspruch der Ärzte besteht.

Spätestens in der Bezifferung des konkreten Honoraranspruchs ist die maßgebliche Verfügungshandlung des Sachbearbeiters der KV für eine Vermögensminderung der übrigen Ärzte im selben Quartal zu sehen, da ab diesem Zeitpunkt ihr Vermögen schon konkret gefährdet ist.[297]

Fraglich ist, ob zu diesem Zeitpunkt schon ein Rechtsanspruch des Arztes auf die Vergütung besteht. Nach allgemeiner Auffassung entsteht der Honoraranspruch des Arztes spätestens mit der Einreichung seiner Abrechnung bei der KV, da er zu diesem Zeitpunkt alles seinerseits Erforderliche zur Honorarauszahlung getan hat.[298] Zum Zeitpunkt der Bezifferung des Honoraranspruches bestand somit

---

296 Freitag, Abrechnungsbetrug im deutschen Gesundheitswesen, S. 120.
297 Für die abgestaffelte Vergütung ist es leider mangels eines allgemeingültigen Systems nicht möglich, einen früheren Zeitpunkt zu bestimmen, bei welchem die Verfügungshandlung vorgenommen wird. Es wird hier daher – unter Verweis auf die Möglichkeit eines früheren Verfügungszeitpunkts – der Zeitpunkt der Bezifferung des Honoraranspruchs gewählt. Soweit jedenfalls im späten Zeitpunkt der Bezifferung des Honoraranspruchs ein Rechtsanspruch des Arztes auf die Honorarzahlung besteht, kann es im Ergebnis dahinstehen, ob dies auch schon für einen früheren Zeitpunkt gilt.
298 BSG, Urteil vom 3.2.2010 - B 6 KA 30/08 R (NJW-Spezial 2010, 471); Freitag, Abrechnungsbetrug im deutschen Gesundheitswesen, S. 122–123; Hancok, Abrechnungsbetrug durch Vertragsärzte, S. 178–181; BGH, Urteil vom 11.5.2006 - IX ZR 247/03 (NJW 2006, 2485), wobei nach der Ansicht des BGH der Honoraranspruch dem Grunde nach schon mit der Leistungserbringung entsteht.

schon ein Honoraranspruch des Arztes, so dass nach allen Vermögensbegriffen bereits das Vermögen der übrigen Ärzteschaft betroffen ist.

Eine Vermögensminderung der übrigen Ärzteschaft kann somit im selben Quartal eintreten. Ob dies der Fall ist, ist eine Frage des Einzelfalls, da es darauf ankommt, ob der falschabrechnende Arzt sein persönliches RLV überschreitet, bzw. – bei Ausschöpfung des RLV durch die Falschabrechnung – inwieweit bei einer korrekten Abrechnung Gelder für die übrige Ärzteschaft freigeworden wären.

(b.) Folgendes Quartal

Die wesentliche Auswirkung der Falschabrechnung tritt erst im nächsten Quartal ein, da für die Vergütung der Ärzte die Behandlungsfälle aus dem vorherigen Quartal maßgeblich sind.[299] Es ist daher zu untersuchen, ob eine Vermögensminderung der übrigen Ärzteschaft im folgenden Quartal durch die Falschabrechnung im vorherigen Quartal möglich ist. Dies erscheint problematisch, da die eigentliche Honorarabrechnung quartalsweise erfolgt. Würden die Auswirkungen, welche im nächsten Quartal eintreten, allerdings nicht erfasst werden, bestände das Risiko von Strafbarkeitslücken, denn im selben Quartal könnte die Falschabrechnung keine Auswirkungen haben.[300]

Innerhalb der Auswirkungen im nächsten Quartal ist eine Differenzierung zwischen zwei Konstellationen vorzunehmen. Zum einen könnte eine Vermögensminderung dadurch eintreten, dass aufgrund der höheren Fallzahlen, welche durch die Falschabrechnung hervorgerufen werden, der Fallwert sinkt. Zum anderen könnte man die Vermögensminderung aber auch daran festmachen, dass für den falsch abrechnenden Arzt im nächsten Quartal ein höheres RLV bestimmt wird.

Zunächst ist es denkbar, dass eine Vermögensminderung der übrigen Ärzteschaft durch die Berechnung eines niedrigeren Fallwerts aufgrund der durch die Falschabrechnung erhöhten Fallzahl eintritt. Dieser niedrigere Fallwert führt zu einem geringeren RLV aller Ärzte innerhalb der entsprechenden Facharztgruppe.

Da das RLV den wesentlichen Teil der Vergütung ausmacht, hierauf aber nach herrschender Auffassung erst ab Einreichung der Abrechnungsunterlagen ein Rechtsanspruch besteht, ist zu untersuchen, ob die zukünftige Vergütung im

---

299 Freitag geht auf die Möglichkeit der Vermögensminderung im folgenden Quartal leider gar nicht ein, sondern untersucht nur die Möglichkeit einer Vermögensminderung im gleichen Quartal. (Vgl. Freitag, Abrechnungsbetrug im deutschen Gesundheitswesen, S. 120–121).
300 Nähere Erläuterungen hierzu befinden sich im vorherigen Abschnitt.

nächsten Quartal schon einen Vermögensbestandteil darstellt, welcher durch die Verfügung gemindert wird. Ob ein zukünftiger Vermögenszuwachs, also eine Anwartschaft (auch Expektanz genannt), schon zum Vermögen zählt, wird nach den einzelnen Vermögensbegriffen unterschiedlich beurteilt.[301] Die ganz herrschende Meinung zählt Anwartschaften jedenfalls dann zum Vermögen, wenn sie bereits vor der Verfügung so konkretisiert sind, dass ein Vermögenszuwachs mit hinreichender Wahrscheinlichkeit erwartet werden kann.[302] Fraglich ist, ob der Honoraranspruch der übrigen Ärzte bis zur Verfügung schon so weit konkretisiert ist, dass ein Vermögenszuwachs wahrscheinlich ist. Zur Beantwortung der Frage muss erst einmal der maßgebliche Verfügungszeitpunkt bestimmt werden.

Als maßgebliche Verfügungshandlung kommt zunächst die individuelle Berechnung der RLV für jeden Arzt in Betracht. Wie oben gezeigt, ist die Höhe der RLV – und damit auch die Höhe des wesentlichen Teils des ärztlichen Honorars – abhängig von dem arztgruppenspezifischen Fallwert. Je mehr Behandlungsfälle es im vorherigen Quartal gab, umso geringer fällt der Fallwert für die einzelnen Behandlungsfälle aus. Bei einem geringeren Fallwert sinkt daher auch die Vergütung der Ärzte im Rahmen der RLV. Der Honoraranspruch der Ärzte wird daher – ähnlich wie bei der früheren Berechnung des Punktwertes – schon durch die Berechnung eines geringeren Fallwerts gemindert, da sich dieser Fallwert stark auf die Höhe der individuellen RLV auswirkt. Da für die Berechnung des Fallwerts allerdings schon im Vorfeld durch die Bezifferung der konkreten Honorarforderungen im vorherigen Quartal die Behandlungsfälle des Arztes anerkannt werden, kann hierin schon eine frühere Verfügungshandlung gesehen werden. Denn diese erhöhte Anzahl an Behandlungsfällen wird später für die Berechnung des Fallwerts benutzt. Zum Zeitpunkt der Bezifferung des Honoraranspruchs im vorherigen Quartal könnte somit schon das Vermögen der übrigen Ärzte konkret gefährdet sein, soweit sie eine Anwartschaft auf ihr Honorar haben. Die maßgebliche Verfügungshandlung wäre somit schon die Bezifferung des Honoraranspruchs im vorherigen Quartal und nicht erst die Berechnung des Punktwerts im nächsten Quartal.

Ob die Anwartschaft der übrigen Ärzteschaft auf ihr zukünftiges Gehalt im nächsten Quartal zum Zeitpunkt der Verfügung schon hinreichend konkretisiert ist, richtet sich nach den sozialversicherungsrechtlichen Vorgaben. Wie oben bereits festgestellt, verdichtet sich die Anwartschaft des Arztes spätestens mit der

---

301 Zu der Einordnung von Anwartschaften unter die einzelnen Vermögensbegriffe vgl. Freitag, Abrechnungsbetrug im deutschen Gesundheitswesen, S. 121.
302 BGH, Urteil vom 20.2.1962 - 1 StR 496/61 (BGHSt 17, 147); Leipziger Kommentar/ Tiedemann, § 263, Rn. 135; Lackner in Lackner/Kühl, StGB, § 263, Rn. 34.

Einreichung der Abrechnungsunterlagen zu einem Rechtsanspruch.[303] Vor der Entstehung eines Rechtsanspruches bleibt aber grundsätzlich ein Raum, in welchem schon eine Anwartschaft bestehen kann. Mit der Zulassung gem. § 95 I S. 1 SGB V erwirbt der Arzt das Recht, an der vertragsärztlichen Versorgung teilzunehmen. Hiermit verbunden ist das Recht des Arztes, für seine Leistungen quartalsweise vergütet zu werden, wobei die genaue Höhe der Vergütung abhängig vom Honorarverteilungssystem der jeweiligen KV ist. Durch die regionale Euro-Gebührenordnung kann der Arzt seine ungefähre Vergütung abschätzen. Diese ist aber abhängig von den erbrachten Leistungen. Im Regelfall wird man davon ausgehen können, dass der Arzt jedes Quartal aufgrund seiner Patientenstruktur relativ ähnliche Leistungen erbringt. Fraglich ist aber, ob diese Wahrscheinlichkeit, dass aufgrund der Vertragsarztzulassung einen Vermögenszuwachs erzielt werden wird, schon hoch genug ist, um ihr einen Vermögenswert beizumessen. In der umgekehrten Konstellation, in welcher der Arzt sich eine Zulassung erschleicht, wird der Zulassung noch kein konkreter Vermögenswert beigemessen.[304] Die Erschleichung der Zulassung wird vielmehr nur als eine straflose Vorbereitungshandlung des Arztes angesehen, da zumindest eine Leistungserbringung erforderlich wäre. Vorher ständen Umfang und Art der Leistungserbring nur in groben Umrissen fest.[305] Dem ist zuzustimmen. Zwar besteht durch die Zulassung schon eine Anwartschaft auf die Vergütungszahlung. Diese muss aber erst noch durch die einzelnen Behandlungsfälle konkretisiert werden, um ihr einen Vermögenswert beimessen zu können. Die Zulassung begründet letztlich nur den Status als Vertragsarzt, ist aber noch kein Garant dafür, dass der Arzt auch eine Vergütung erhält.[306] Bei einem gewöhnlichen Quartalsverlauf ist hiervon zwar auszugehen, aber bei etwaiger Krankheit, Verlust des guten Rufes oder ähnlichen Vorkommnissen kann ausnahmsweise trotz der Zulassung mangels Leistungserbringung kein Vergütungsanspruch des Arztes entstehen.

Stellt man aber nicht auf die Anwartschaft des einzelnen Arztes ab, sondern auf die der ihm zugehörigen Facharztgruppe, könnte sich was anderes ergeben. Denn diese Gruppe von Ärzten hat in ihrer Gesamtheit die Expektanz darauf, an der Honorarverteilung aus dem Vergütungsvolumen der jeweiligen Facharztgruppe beteiligt zu werden. Diese Position ist für die gesamte Facharztgruppe auch schon vor der eigentlichen Leistungserbringung konkretisiert, da es nicht darauf ankommt, wer welche Leistung erbringt, sondern nur darauf, dass die

---

303 Siehe unter C. I. 3. a. cc. (3.) (a.).
304 BGH, Urteil vom 06.07.1993 – 1 StR 280/93 (NJW 1994, 808–810).
305 BGH, Urteil vom 06.07.1993 – 1 StR 280/93 (NJW 1994, 808–810).
306 So ähnlich auch: Leipziger Kommentar/Tiedemann, § 263, Rn. 135.

Facharztgruppe in ihrer Gesamtheit einen Anspruch auf das für sie vorgesehene Vergütungsvolumen hat. Liegt die arztgruppenspezifische Fallzahl mit der Falschabrechnung höher als ohne diese, so verlieren die zukünftigen Behandlungsfälle der Facharztgruppe an Wert. Damit wird in eine konkrete Vermögensposition der übrigen Ärzte der gleichen Facharztgruppe eingegriffen.

Folglich tritt eine Vermögensminderung der übrigen Ärzte der gleichen Facharztgruppe schon durch die Bezifferung des Honoraranspruchs des falschabrechnenden Arztes im vorherigen Quartal ein.

Auch durch die konkrete Berechnung des RLV des falschabrechnenden Arztes findet eine Vermögensminderung statt, da der Arzt aufgrund der erhöhten Behandlungsfälle aus dem vorherigen Quartal ein höheres RLV – und damit einen höheren Anteil an dem Vergütungsvolumen der Facharztgruppe – erhält.

Durch die konkrete Bezifferung des Honorars im nächsten Quartal kann nur noch eine Schadensvertiefung eintreten.[307]

(4.) Dreiecksbetrug

Die KV ist als Verfügende nicht identisch mit der übrigen Ärzteschaft, welche durch die Verfügung geschädigt wird. Es handelt sich somit um einen Fall des Dreiecksbetruges. Bei diesem kann die Verfügungshandlung dem Geschädigten unstreitig zugerechnet werden, soweit der Getäuschte die Befugnis oder die hoheitliche Stellung hat, über fremdes Vermögen zu verfügen.[308] Die KV ist gem. § 87b I S. 1 SGB V dazu befugt, das Honorar an die Ärzte zu verteilen. Da eine Verfügung in den obigen Konstellationen durch eine falsche Honorarverteilung vorgenommen wird, liegen die Voraussetzungen des Dreiecksbetruges vor und die Verfügung der KV kann den übrigen Ärzten zugerechnet werden.

b. Krankenkasse

Auch die Krankenkasse irrt, wie oben bereits festgestellt, über die Richtigkeit der Abrechnung. Dadurch, dass sie den Betrag für die Einzelleistungsvergütung

---

307 Dies ist aber keine zwingende Folge. Schöpft der Arzt z.B. sein individuelles RLV nicht aus, kann es zwar sein, dass die frei werdenden Gelder für ihn verwendet werden. Ebenso ist es aber auch möglich, dass die Gelder für die anderen Ärzte innerhalb der Facharztgruppe verwendet werden. Würde man nur auf diesen Zeitpunkt als maßgeblichen Zeitpunkt der Vermögensminderung abstellen, müsste man also genaue Rechnungen durchführen, wie seine Vergütung mit und ohne die Falschabrechnung ausgesehen hätte.

308 Perron in Schönke/Schröder, StGB, § 263, Rn. 68; Lackner in Lackner/Kühl, StGB, § 263, Rn. 29; Hancok, Abrechnungsbetrug durch Vertragsärzte, S. 176.

oder die Erhöhung des Behandlungsbedarfs zahlt, könnte auch sie eine Vermögensverfügung vornehmen.

Als mögliche Vermögensverfügungen kommen die monatlichen Abschlagszahlungen und eine etwaige Nachzahlung der Krankenkasse in Betracht.

Zum einen könnte in den monatlichen Abschlagszahlungen der Krankenkasse an die KV eine Vermögensverfügung liegen. Diese erfolgen aber vor dem Erhalt der Abrechnungsunterlagen und damit nicht irrtumsbedingt, so dass es an der erforderlichen Kausalität fehlt. Auf eine spätere Fehlvorstellung nach dem Erhalt der Abrechnungsunterlangen kommt es daher nicht mehr an. Es liegt in Bezug auf die Abschlagszahlungen der Krankenkasse somit keine irrtumsbedingte Vermögensverfügung vor.

Desweiteren kommt eine Vermögensverfügung durch etwaige Nachzahlungen in Betracht. Zu diesen kommt es, wenn die vorherigen Abschlagszahlungen der Krankenkasse nicht ausreichen um die Kosten für die Einzelleistungsvergütung und/oder einem unvorhergesehenen Anstieg des Behandlungsbedarfes zu decken. Durch die Nachzahlung an die KV wird eine Vermögensverfügung vorgenommen, welche auch auf dem Irrtum der Krankenkasse beruht. Diese Vermögensverfügung führt aber genau wie die abschließende Honorarzahlung der KV an die Ärzte zu keinem neuen Schaden. Sie verfestigt lediglich den schon eingetretenen Gefährdungsschaden.[309]

c. Ergebnis

Eine Vermögensminderung kann durch eine Verfügung der KV sowohl bei den Krankenkassen als auch bei der übrigen Ärzteschaft eintreten. Handelt es sich um Leistungen, die innerhalb der MGV vergütet werden, so tritt bei den übrigen Ärzten eine Vermögensminderung ein. Handelt es sich hingegen um Leistungen außerhalb der MGV, so wird das Vermögen der Krankenkassen gemindert.

4. Schaden

Ein Vermögensschaden liegt vor, wenn der wirtschaftliche Gesamtwert durch die Verfügung des Getäuschten gemindert wird, der Vermögensinhaber also keinen Vermögenszuwachs für die durch die Verfügung ausgelöste Vermögensminderung erhält.[310]

---

309 Mehr zum Gefährdungsschaden bei der Einzelleistungsvergütung unter: C. I. 3. a. bb. (2.); mehr zum Gefährdungsschaden bei einem Anstieg des Behandlungsbedarfes unter C. I. 3. a. bb. (3.).
310 Lackner in Lackner/Kühl, StGB, § 263, Rn. 36; Fischer, § 263, Rn. 111.

Ob ein Schaden vorliegt, wird im Rahmen einer Gesamtsaldierung ermittelt, bei welcher die Vermögenslage des Opfers vor und unmittelbar nach der Vermögensverfügung betrachtet wird.[311] Für die Bewertung der Leistungen ist der objektive Verkehrs- bzw. Marktwert im Zeitpunkt der Vermögensverfügung maßgeblich.[312] Gesetzliche Ausgleichansprüche (wie Schadensersatz- und Bereicherungsansprüche), die durch die Täuschung entstehen, sind nicht bei der Schadensermittlung zu berücksichtigen.[313] Ergibt sich ein negativer Saldo, liegt ein Vermögensschaden vor.[314]

Wie oben bereits festgestellt, wird – je nach Auswirkungen der Falschabrechnung – das Vermögen der Krankenkasse oder der übrigen Ärzteschaft gemindert. Fraglich ist, ob diese Vermögensminderung durch einen Vermögenszuwachs ausgeglichen wird. Bei der Abrechnung von Luftleistungen rechnet der Arzt Leistungen ab, die er so nicht erbracht hat. Es liegt in dieser Konstellation daher gerade kein Vermögenszuwachs vor, der die eingetretene Vermögensminderung kompensieren könnte.[315]

Die Krankenkassen werden durch die Falschabrechnung geschädigt, soweit sich die MGV hierdurch erhöht und sie nachzahlungspflichtig sind. Sie erleiden außerdem einen Schaden, wenn sie aufgrund der Falschabrechnung nicht erbrachte Einzelleistungen vergüten.

Ein Schaden der übrigen Ärzteschaft liegt vor, wenn sie wegen der Falschabrechnung eine geringere Vergütung erhält.

Gerade beim ärztlichen Abrechnungsbetrug gestaltet sich die Ermittlung der genauen Schadenshöhe als besonders schwierig, da der Arzt oft über einen längeren Zeitraum hinweg eine Vielzahl von Falschabrechnungen vornimmt.[316] Der BGH hat daher zur Ermittlung der genauen Schadenshöhe sogenannte Hochrechnungen anerkannt. Bei diesen werden – ausgehend von gesicherten Tatsachenfeststellungen – statistische Wahrscheinlichkeitsrechnungen durchgeführt.[317] Dies ist nach dem BVerfG verfassungsrechtlich nicht zu beanstanden, es führt hierzu aus:

---

311 HK-GS/Duttge, § 263, Rn. 55.
312 HK-GS/Duttge, § 263, Rn. 61.
313 Perron in Schönke/Schröder, StGB, § 263, Rn. 120.
314 HK-GS/Duttge, § 263, Rn. 55.
315 Hellmann/Herffs, Der ärztliche Abrechnungsbetrug, Rn. 164.
316 Hancok, Abrechnungsbetrug durch Vertragsärzte, S. 186–195; Freitag, Abrechnungsbetrug im deutschen Gesundheitswesen, S. 124–128.
317 BGH Urteil vom 14.12.1989 – 4 StR 419/89 (BGHSt 36, 320); Dieses Vorgehen wird teilweise für problematisch gehalten. Um den Rahmen dieser Arbeit nicht zu sprengen, wird auf die bereits vorhandenen Ausführungen zu diesem Problem von Hancok

„Bestehen Unsicherheiten, so kann ein Mindestschaden im Wege einer tragfähigen Schätzung ermittelt werden".[318]

5. Vorsatz und Absicht rechtswidriger und stoffgleicher Bereicherung

Für die Verwirklichung des subjektiven Betrugstatbestandes ist neben einem Eventualvorsatz bezüglich des objektiven Tatbestands die Absicht, sich oder einem Dritten einen rechtswidrigen Vermögensvorteil zu verschaffen, erforderlich (§ 263 I StGB). Zudem muss zwischen dem Schaden und dem Vermögensvorteil Stoffgleichheit bestehen, d.h. der Vorteil muss die Kehrseite des Schadens bilden, also unmittelbare Folge der Vermögensverfügung sein.[319]

Ob der subjektive Tatbestand beim Betrug erfüllt ist, kann nur im Rahmen einer Einzelfallprüfung festgestellt werden.[320] Die Stoffgleichheit zwischen Schaden und Vorteil ist gegeben.[321] Der Vermögensnachteil, der den Krankenkassen durch die Bezifferung des Honoraranspruchs des Arztes entsteht, stellt die Kehrseite zum höheren Honorar des Arztes dar. Auch bezüglich der Schädigung der übrigen Ärzte liegt eine Stoffgleichheit vor, da das erstrebte höhere Honorar des Falschabrechnenden Arztes das Vermögen der anderen Ärzte mindert.

II. Anwendungsfälle der streng formalen Betrachtungsweise

Für die Schadensbestimmung bedient sich die strafrechtliche Rechtsprechung in bestimmten Konstellationen des ärztlichen Abrechnungsbetruges der streng formalen Betrachtungsweise.

---

und Freitag verwiesen: Hancok, Abrechnungsbetrug durch Vertragsärzte, S. 186–195; Freitag, Abrechnungsbetrug im deutschen Gesundheitswesen, S. 124–128.
318 BVerfG, Beschluss vom 07.12.2011 – 2 BvR 2500/09, 2 BvR 1857/10 (BVerfGE 130, 1–51); Zur Untreue zuvor: BVerfG, Beschluss vom 23.06.2010 – 2 BvR 2559/08, 2 BvR 105/09, 2 BvR 491/09 (BVerfGE 126, 170–233).
319 Perron in Schönke/Schröder, StGB, § 263, Rn. 168; SK-StGB/Hoyer, § 263, Rn. 268.
320 Freitag, Abrechnungsbetrug im deutschen Gesundheitswesen, S. 128.
321 So auch in Bezug auf das alte Vergütungssystem: Freitag, Abrechnungsbetrug im deutschen Gesundheitswesen, S. 128–129.

1. Konstellationen des Abrechnungsbetruges

In den folgenden Konstellationen[322] findet die streng formale Betrachtungsweise Anwendung.

a. Abrechnung von nicht persönlich (sondern durch das nichtärztliche Hilfspersonal) erbrachten Leistungen

In dieser Konstellation des Abrechnungsbetruges erbringt der Arzt die Behandlungsleistung nicht persönlich, sondern durch sein nichtärztliches Hilfspersonal, und verstößt hierdurch gegen das Gebot der persönlichen Leistungserbringung.

aa. Gebot der persönlichen Leistungserbringung

Das Gebot der persönlichen Leistungserbringung ist unter anderem in § 15 I SGB V, § 15 BMV-Ä und § 19 MBO-Ä normiert und geht auch aus den Vorschriften über den Behandlungsvertrag gem. §§ 630a I, 630b, 613 BGB hervor.

Trotz des Gebots der persönlichen Leistungserbringung muss der Arzt nicht jede Leistung eigenhändig erbringen, sondern darf bestimmte Leistungen auch an sein Hilfspersonal delegieren.[323] Ein Verstoß gegen das Gebot – und damit ein möglicher Abrechnungsbetrug – liegt nur vor, soweit eine Delegation der Leistung nicht zulässig war oder bei einer dem Grunde nach zulässigen Delegation bestimmte Voraussetzungen nicht beachtet wurden.

Die Delegation einer Leistung ist immer dann unzulässig, wenn der Kernbereich der ärztlichen Tätigkeit betroffen ist, also für die Tätigkeit besondere fachliche Genehmigungen, Kenntnisse und Erfahrungen erforderlich sind.[324] Desweiteren darf eine Leistung vom Arzt nicht auf sein Hilfspersonal delegiert werden, wenn die Gesundheit des Patienten hierdurch gefährdet würde.[325]

Soweit eine Delegation von Leistungen grundsätzlich möglich ist, wie z.B. bei Injektionen, Infusionen und Blutentnahmen, so hat der Arzt bestimmte Voraussetzungen zu beachten.[326] Er muss sich vor der Delegation über die Qualifikation

---

322 Es gibt neben den im Folgenden dargestellten Konstellationen noch weitere Konstellationen des ärztlichen Abrechnungsbetruges (wie z.B. die Abrechnung von unwirtschaftlichen Leistungen), deren Darstellung aber den Rahmen der Arbeit sprengen würde.
323 Wigge in Schnapp/Wigge, Vertragsarztrecht, § 2, Rn. 47.
324 Steinhilper in Laufs/Kern, Arztrecht, § 26, Rn. 58.
325 Steinhilper in Laufs/Kern, Arztrecht, § 26, Rn. 57.
326 Kern in Laufs/Kern, Arztrecht, § 25, Rn. 8.

des nichtärztlichen Hilfspersonals vergewissern.[327] Zudem müssen die Leistungen nach § 15 I S. 2 SGB V vom ihm angeordnet und überwacht werden. Hierbei muss jede einzelne Maßnahme konkret vom Arzt angeordnet werden, eine generelle Anordnung ist unzulässig.[328] Weiterhin ist es erforderlich, dass das Hilfspersonal in die Aufgaben eingewiesen wird und hierbei zumindest stichprobenartig beaufsichtigt wird.[329]

bb. Täuschung, Irrtum und Vermögensverfügung

In dieser Konstellation täuscht der Vertragsarzt durch die Einreichung der Sammelerklärung ausdrücklich über die persönliche Leistungserbringung. Mit dieser gibt er nämlich die Garantierklärung ab, dass er die Leistung auch persönlich erbracht hat.[330] Zudem täuscht er durch die Einreichung der Abrechnungsunterlagen konkludent darüber, dass er das Gebot der persönlichen Leistungserbringung eingehalten hat. Dadurch erregt er einen Irrtum bei dem zuständigen Sachbearbeiter der KV.

Dieser nimmt aufgrund der Täuschung eine irrtumsbedingte Vermögensverfügung vor. Hierbei ergeben sich bezüglich der Vermögensminderung bei den Vertragsärzten keine Besonderheiten, daher wird an dieser Stelle auf die obigen Ausführungen (C. I. 3. a. cc.) verwiesen.

Ob eine Vermögensminderung bei den Krankenkassen vorliegt, ist hingegen fraglich. Denn in den seltenen Fällen, in welchen eine Vermögensminderung bei den Krankenkassen überhaupt in Betracht kommt (Erhöhung der Gesamtvergütung durch Anstieg des morbiditätsbedingten Behandlungsbedarfes und Einzelleistungsvergütung)[331], wird eine Delegation an das Hilfspersonal in der Regel nicht vorgenommen werden. Eine solche geschieht schließlich meistens nur bei Blutentnahmen, Röntgenleistungen oder ähnlichen leichteren Tätigkeiten. Damit der morbiditätsbedingte Behandlungsbedarf ansteigen würde, müsste der Arzt schon Leistungen zur Behandlung von Akuterkrankungen auf das Hilfspersonal delegieren. Dies ist zwar im Einzelfall sicherlich nicht ausgeschlossen, aber es käme dann zumindest nur die Variante des Verstoßes gegen das Gebot der

---

327 Steinhilper in Laufs/Kern, Arztrecht, § 26, Rn. 59.
328 BGH, Beschluss vom 28.09.1994 – 4 StR 2280/94 (NStZ 1995 85–86); Freitag, Abrechnungsbetrug im deutschen Gesundheitswesen, S. 131.
329 Steinhilper in Laufs/Kern, Arztrecht, § 26, Rn. 61.
330 Vgl. z.B. die Sammelerklärung der KV Berlin: http://www.kvberlin.de/20praxis/30abrechnung_honorar/60quartalsabrechnung/sammelerklaerung.pdf (Zuletzt abgerufen am 13.12.2014).
331 Siehe hierzu C. I. 3. a. bb. (2.) und (3.).

persönlichen Leistungserbringung in Betracht, in welcher der Arzt Leistungen delegiert, welche von Anfang an nicht delegierbar waren. Das Gleiche gilt auch für die Einzelleistungsvergütung. Eine Schädigung der Krankenkasse durch die Delegation von Leistungen an das Hilfspersonal ist daher nicht wahrscheinlich, aber möglich.

b. Abrechnung unter Verstoß gegen den Grundsatz der Freiberuflichkeit des Arztes (verdecktes Anstellungsverhältnis)[332]

In dieser Konstellation des ärztlichen Abrechnungsbetruges hat der Arzt eine Kassenzulassung und erbringt seine Leistung ordnungsgemäß. Nach außen hin tritt er zusammen mit einem anderen Arzt in der Form einer Gemeinschaftspraxis (§ 33 Ärzte-ZV) auf. Im Innenverhältnis ist er durch den Gesellschaftsvertrag jedoch nur bei dem anderen Arzt angestellt (sog. Nullbeteiligungsgesellschaft). Entgegen den vertragsärztlichen Vorschriften befindet er sich dadurch in einem verdeckten Angestelltenverhältnis. Er verstößt hierdurch gegen die Freiberuflichkeit und Selbstständigkeit von niedergelassenen Ärzten, welche Voraussetzung für die Zulassung zur vertragsärztlichen Versorgung und damit auch für die Abrechnung der Leistungen ist (§ 32 I S. 1 Ärzte-ZV).[333]

aa. Grundsatz der Freiberuflichkeit

In § 32 I S. 1 Ärzte-ZV ist normiert, dass die vertragsärztliche Tätigkeit persönlich und in freier Praxis auszuüben ist. Die ärztliche Berufsausübung hat also freiberuflich zu erfolgen. Fraglich ist hierbei, wann der Grundsatz der Freiberuflichkeit noch gewahrt ist und ab wann von der Rechtsprechung bereits ein Angestelltenverhältnis (vgl. § 32b Ärzte-ZV) – und damit ein Verstoß gegen die Freiberuflichkeit – angenommen wird.[334]

---

332 Genau genommen stellt diese Konstellation des Abrechnungsbetruges eine Unterkonstellation der Abrechnung mittels erschlichener Zulassung (Siehe C. II. 1. c.) dar (Siehe z.B. Singelnstein, Vermögensschaden trotz fachgerechter Leistung?, Wistra 11/2012, 417 ff. (418)). Da der BGH in seinem Urteil vom 05.12.2002 (3 StR 161/02) aber an einer Vergleichbarkeit der Konstellationen zweifelt, wird diese Konstellation separat behandelt.
333 So zumindest nach dem OLG Koblenz, Beschluss vom 02.03.2000 – 2 Ws 92/00 (MedR 2001, 144–146) und der im nächsten Abschnitt aufgeführten Rechtsprechung des BSG.
334 An dieser Stelle erfolgt nur eine Streitdarstellung ohne persönliche Stellungnahme. Die Streitdarstellung ist erforderlich, um an späterer Stelle (C. II. 2. b. dd.) auf Unsicherheiten in der Rechtsprechung hinzuweisen. Eine Streitentscheidung wäre hingegen

Einigkeit besteht in der sozialgerichtlichen Rechtsprechung darüber, dass für die Freiberuflichkeit eine ausreichende Handlungsfreiheit in beruflicher und persönlicher Hinsicht gewahrt sein muss; der Arzt muss also die Möglichkeit haben, die Behandlung nach eigenem Ermessen auszuführen und über räumliche und sächliche Mittel frei zu disponieren.[335] Problematisch ist aber, ob die Vertragsärzte zusätzlich ein wirtschaftliches Risiko zu tragen haben, also an den Gewinnen und Verlusten der Gemeinschaftspraxis beteiligt sein müssen. Dies wird von der höchstrichterlichen Rechtsprechung bejaht, da es von der Arbeitskraft des Arztes abhängen müsse, inwieweit er durch seine Tätigkeit Einkünfte erziele.[336] Das LSG Niedersachsen-Bremen geht hingegen auch bei einem angestelltenähnlichen Verhältnis von einer Wahrung der Freiberuflichkeit aus. Die wirtschaftliche Freiheit, die von § 32 I S. 1 Ärzte-ZV verlangt werde, hänge noch von vielen anderen Umständen außerhalb der vertraglichen Ausgestaltung der Gemeinschaftspraxis ab. Der Ausschluss des Arztes einer Gemeinschaftspraxis von dem Gesellschaftsvermögen und von der Gewinnbeteiligung stehe einer wirtschaftlichen Unabhängigkeit des Arztes daher nicht entgegen.[337]

bb. Täuschung, Irrtum und Vermögensverfügung

In dieser Konstellation sind die Merkmale der Täuschung und der Vermögensverfügung problematisch. Für das Merkmal des Irrtums wird nach oben verwiesen (C. I. 2. und 3.).

Fraglich ist zunächst, in welcher Handlung des Vertragsarztes die maßgebliche Täuschungshandlung liegt.

Das OLG Koblenz sieht die maßgebliche Täuschungshandlung des Arztes schon durch die Beantragung der Zulassung als gegeben an. Durch die Beantragung – entweder direkt (durch die Vertragsvorlage) oder konkludent – spiegele der Arzt vor, dass er als Gesellschafter an der Gemeinschaftspraxis beteiligt und somit freiberuflich i.S.d. § 32 I S. 1 Ärzte-ZV tätig sei.[338]

---

nicht zielführend. Im Folgenden wird – ohne eigene Wertung – der Rechtsprechung des BSG gefolgt.
335 BSG, Urteil vom 23.06.2010 – B 6 KA 7/09 R (BSGE 106, 222); BSG, Urteil vom 16.03.1973 – 6 RKa 23/71 (NJW 1973, 1435); Auch LG Düsseldorf, Urteil vom 05.04.2012 – 5 O 724/06 (MedR 2012, 132).
336 BSG, Urteil vom 23.06.2010 – B 6 KA 7/09 R (BSGE 106, 222); Auch LG Düsseldorf, Urteil vom 05.04.2012 – 5 O 724/06 (MedR 2012, 132).
337 LSG Niedersachen-Bremen, Beschluss vom 13.08.2002 – L 3 KA 161/02 ER (MedR 2002, 540).
338 OLG Koblenz, Beschluss vom 02.03.2000 – 2 Ws 92/00 (MedR 2001, 144–146).

Auf der anderen Seite könnte man – zusammen mit einem Großteil der Literatur – auch in dieser Betrugskonstellation die maßgebliche Täuschungshandlung in der Einreichung der Abrechnungsunterlagen sehen.[339] Denn mit der Einreichung wird zumindest konkludent erklärt, dass die Zulassungsvoraussetzungen erfüllt werden und die Leistungen tatsächlich im Rahmen der vom Zulassungsausschuss genehmigten Gemeinschaftspraxis erbracht wurden.[340]

Beiden Auffassungen kann insoweit zugestimmt werden, als der Vertragsarzt durch sein Vorgehen falsche Tatsachen vorgespiegelt und somit getäuscht hat.[341] Fraglich ist aber, welche der Täuschungshandlungen kausal für die spätere Vermögensverfügung ist. Daher muss zur Feststellung der maßgeblichen Täuschungshandlung untersucht werden, worin die maßgebliche Vermögensverfügung des Mitarbeiters der KV liegt.

Diese könnte – wie das OLG Koblenz annimmt – schon in der Erteilung der falschen Zulassung gesehen werden. Hierdurch erhält der Vertragsarzt die Abrechnungsbefugnis für die in der Gemeinschaftspraxis erbrachten Leistungen. Diese Abrechnungsbefugnis führt nach der Auffassung des Gerichtes bereits zu einer Vermögensgefährdung.[342]

Andererseits könnte die Vermögensverfügung – wie oben unter C. I. 3. erläutert – erst später in der Bezifferung des Honoraranspruchs zu sehen sein.

Gegen die Auffassung des OLG Koblenz (und damit für die Bezifferung des Honoraranspruchs als maßgebliche Verfügungshandlung) spricht, dass eine Vermögensgefährdung zum Zeitpunkt der Zulassungserteilung nicht angenommen werden kann. Denn zu diesem Zeitpunkt kann weder Art noch Umfang der vertragsärztlichen Leistungserbringung sicher vorhergesagt werden.[343]

---

339 Stein, Betrug durch vertragsärztliche Tätigkeit in unzulässigem Beschäftigungsverhältnis, MedR 2001, 124 ff. (125, 129); Grunst, Zum Abrechnungsbetrug bei fehlender ordnungsgemäßer Zulassung zum Vertragsarzt, NStZ 2004, 533 ff. (534); mehr zur Täuschungshandlung durch die Einreichung der Abrechnungsunterlagen oben unter C. I. 1.

340 Stein, Betrug durch vertragsärztliche Tätigkeit in unzulässigem Beschäftigungsverhältnis, MedR 2001, 124 ff. (129).

341 Anders das LG Lübeck, welches in seinem Beschluss bereits eine Täuschungshandlung verneint. Es sieht es als fernliegend an, dass der Arzt mit jeder Quartalssammelerklärung sinngemäß erklären soll, dass er rechtmäßig zugelassen ist und die Zulassungsvoraussetzungen weiterhin vorliegen. (LG Lübeck, Beschluss vom 25.08.2005 – 6 KLs 22/04 (GesR, 4/2006, S. 176–178)).

342 OLG Koblenz, Beschluss vom 02.03.2000 – 2 Ws 92/00 (MedR 2001, 144–146).

343 BGH, Urteil vom 06.07.1993 – 1 StR 280/93 (NJW 1994, 808–810); LG Lübeck, Beschluss vom 25.08.2005 – 6 KLs 22/04 (GesR, 4/2006, S. 176–178); Stein, Betrug

Folglich liegt die maßgebliche Verfügungshandlung erst in der Bezifferung des Honoraranspruchs.[344]

Die für die Vermögensverfügung kausale und damit maßgebliche Täuschungshandlung besteht daher – auch hier – in der Einreichung der Abrechnungsunterlagen.

c. Abrechnung mittels erschlichener oder ohne Zulassung

Als weitere Abrechnungsbetrugskonstellationen kommen die Abrechnung ohne oder mittels erschlichener Zulassung in Betracht. In diesen Konstellationen erbringt der Vertragsarzt eine fachgerechte, medizinisch indizierte Leistung. Allerdings tut er dies mittels einer erschlichenen Zulassung[345] oder sogar ganz ohne Zulassung, indem er über einen sogenannten „Strohmann" abrechnet.[346]

aa. Zulassung und Approbation

Durch die Zulassung erhalten die Ärzte gem. § 95 I S. 1 SGB V die Berechtigung, an der vertragsärztlichen Versorgung teilzunehmen. Voraussetzung für eine solche Zulassung ist unter anderem die Approbation (§§ 95 II, 95a I SGB V). Diese ist gem. § 2 I BÄO Voraussetzung für die ärztliche Berufsausübung und ist somit von der Zulassung zu trennen. Auch nicht zugelassene Ärzte können private Behandlungsleistungen erbringen. Sie dürfen nur – mangels vertragsärztlicher Zulassung – keine Leistungen gegenüber den Kassen abrechnen. Folglich ist bei dem Bestehen einer Approbation (diese kann auch nach Erteilung gem. § 5 BÄO z.B. wegen einer Unzuverlässigkeit des Arztes gem. § 3 I S. 1 Nr. 2 BÄO widerrufen werden) auch in der Regel davon auszugehen, dass er seine Leistungen lege

---

durch vertragsärztliche Tätigkeit in unzulässigem Beschäftigungsverhältnis, MedR 2001, 124 ff. (125); Krüger/Burgert, Neues vom Straf- und Verfassungsrecht zum Abrechnungsbetrug und zur Vertragsarztuntreue, ZWH, 2012, 213 ff. (217); Grunst, Zum Abrechnungsbetrug bei fehlender ordnungsgemäßer Zulassung zum Vertragsarzt, NStZ 2004, 533 ff. (534).

344 Dieses Ergebnis stellt keinen Widerspruch zur oben unter C. I. 3. a. cc. (3.) (b.) erläuterten Konstellation dar (hier wird umgekehrt eine Gefährdung des Vermögens der übrigen richtig abrechnenden Vertragsärzte aufgrund ihrer Zulassung angenommen). Denn in dieser umgekehrten Situation hat der falsch abrechnende Vertragsarzt seine Falschabrechnung schon eingereicht, so dass Art und Umfang seiner Leistungserbringung schon feststehen. In der hiesigen Konstellation ist dies hingegen noch ungewiss.

345 Vgl. hierzu: BGH, Urteil vom 06.07.1993 – 1 StR 280/93 (NJW 1994, 808–810).

346 Vgl. hierzu: BGH, Urteil vom 05.12.2002 – 3 StR 161/02 (NJW 2003, 1198–1200).

artis erbringen kann. Häufig scheitert die Zulassung nicht an der Qualifikation des Arztes, sondern an einer Zulassungsbegrenzung nach § 95 II S. 9 SGB V wegen einer Überversorgung gem. § 101 SGB V.

bb. Täuschung, Irrtum und Vermögensverfügung
Bezüglich der Betrugsmerkmale der Täuschung, des Irrtums und der Vermögensverfügung ergeben sich keine Besonderheiten zu der vorherigen Abrechnungsbetrugskonstellation. Auch hier liegt die maßgebliche Täuschungshandlung in der Einreichung der Abrechnungsunterlagen bei der KV, da mit der Einreichung über das Vorliegen der Anspruchsvoraussetzungen getäuscht wird. Die irrtumsbedingte Vermögensverfügung ist die Bezifferung des Honoraranspruchs. Es wird daher auf die entsprechenden Ausführungen unter C. II. 1. b. bb. verwiesen.

2. Schadensbestimmung mittels der streng formalen Betrachtungsweise

Für die Schadensbestimmung beim ärztlichen Abrechnungsbetrug bedienen sich die Strafgerichte der sogenannten streng formalen Betrachtungsweise,[347] welche in ständiger Rechtsprechung vom Bundessozialgericht angewendet wird.[348] Hiernach ist eine Leistung insgesamt nicht erstattungsfähig, wenn sie in Teilbereichen nicht den gestellten Anforderungen entspricht. Unerheblich ist hierbei die tatsächliche Qualität der Leistung. Nur die Einhaltung von formalen Voraussetzungen ist maßgeblich für die Erstattungsfähigkeit.[349] Erbringt ein Arzt eine Leistung, welche nicht den formalen Anforderungen genügt, so steht ihm zivilrechtlich auch kein Kondiktionsanspruch nach den §§ 812, 818 BGB zu, da ansonsten die Wirkungen der Vorschriften des Sozialversicherungsrechts umgangen werden könnten.[350] Die

---

347 BGH, Beschluss vom 28.09.1994 – 4 StR 280/94 (NStZ 1995, 85–86); OLG Koblenz, Beschluss vom 02.03.2000 – 2 Ws 92/00 (MedR 2001, 144–146); BGH, Urteil vom 05.12.2002 – 3 StR 161/02 (NJW 2003, 1198–1200); BGH, Beschluss vom 25.01.2012 – 1 StR 45/11 (BGHSt 57, 95–122).
348 Beispielhaft für viele: BSG, Urteil vom 04.05.1994 – 6 RKa 40/93 (BSGE 74, 154–159); BSG, Urteil vom 21.06.1995 – 6 RKa 60/94 (BSGE 76, 153–156); BSG, Urteil vom 06.05.1975 – 6 RKa 22/74 (BSGE 39, 288); BSG, Urteil vom 28.05.1965 – 6 RKa 1/65 (BSGE 23, 97).
349 BSG, Urteil vom 04.05.1994 – 6 RKa 40/93 (BSGE 74, 154–159); Ellbogen/Wichmann, Zu Problemen des ärztlichen Abrechnungsbetrugs, MedR 2007, S. 13.
350 BSG, Entscheidung vom 04.05.1994 - 6 RKa 40/93 (BSGE 74, 154); Ellbogen/Wichmann, Zu Problemen des ärztlichen Abrechnungsbetrugs, MedR 2007, S. 13.

vom Arzt erbrachten Leistungen werden von den Strafgerichten jedoch zumindest im Rahmen der Strafzumessung berücksichtigt.[351]

Da im späteren Teil der Arbeit zum Abrechnungsbetrug der ambulanten Pflegedienste noch einmal auf die streng formale Betrachtungsweise zurückgegriffen wird, wird diese hier schon losgelöst von den einzelnen Betrugskonstellationen behandelt.

a. Rechtsprechungsübersicht

Der BGH hat die für den Bereich des Sozialversicherungsrechts geltende streng formale Betrachtungsweise erstmals in seiner Entscheidung vom 28.09.1994 auf den vertragsärztlichen Abrechnungsbetrug übertragen.[352] In dem zugrundeliegenden Fall ließ der Arzt Leistungen aufgrund von generellen Anweisungen von seinem Praxispersonal durchführen, ohne sich selbst zuvor vom Gesundheitszustand der Patienten zu überzeugen. Da er die erforderliche Einzelanweisung für die entsprechenden Maßnahmen unterlassen hat, waren die Leistungen sozialrechtlich insgesamt nicht erstattungsfähig. In dem Urteil wurde diese sozialrechtliche Wertung für den Betrugstatbestand zur Schadensbestimmung übernommen, so dass der angenommene Schaden dem von der Krankenkasse gezahlten Betrag entsprach.

Das BVerfG bestätigte durch einen Nichtannahmebeschluss im Jahr 1997 die Verfassungsmäßigkeit der Übertragung der streng formalen Betrachtungsweise des Sozialversicherungsrechts auf das Strafrecht.[353]

Das OLG Koblenz entschied am 02.03.2000, dass die streng formale Betrachtungsweise auch in der Konstellation eines verdeckten Anstellungsverhältnisses gelte, da hierbei gegen den Grundsatz der ärztlichen Freiberuflichkeit verstoßen werde.[354] In dem der Entscheidung zugrunde liegenden Fall traten die Ärzte nach außen hin in der Form einer Gemeinschaftspraxis auf, obwohl rein tatsächlich im Innenverhältnis ein Angestelltenverhältnis bestand.

Auch bei der Abrechnung über einen sog. „Strohmann" nahm der BGH in seiner Entscheidung vom 05.12.2002 aufgrund der streng formalen Betrachtungsweise einen Schaden an.[355] Hier hatte ein Zahnarzt, der selber keine Zulassung zur vertragsärztlichen Versorgung erhalten hatte, Leistungen erbracht und diese

---

351 Vgl. z.B. BGH, Beschluss vom 28.09.1994 – 4 StR 280/94 (NStZ 1995, 85–86).
352 BGH, Beschluss vom 28.09.1994 – 4 StR 280/94 (NStZ 1995, 85–86).
353 BVerfG, Beschluss vom 08.09.1997 – 2 BvR 2414/94 (NJW 1998, 810).
354 OLG Koblenz, Beschluss vom 02.03.2000 – 2 Ws 92/00 (MedR 2001, 144–146).
355 BGH, Urteil vom 05.12.2002 – 3 StR 161/02 (NJW 2003, 1198–1200).

über einen anderen zugelassenen Zahnarzt abgerechnet. In der Entscheidung zweifelte der BGH aber zugleich an, ob auch in den Fällen der Scheinselbstständigkeit von einem Schaden auszugehen ist, da es sich hierbei um eine „Statusfrage" handeln könnte. Er ließ dies im Ergebnis aber offen, da es den konkreten Fall nicht betraf.

Das LG Lübeck hingegen erteilte in seinem Beschluss vom 25.08.2005 der Übertragung der streng formalen Betrachtungsweise des Sozialversicherungsrechts zur Schadensbestimmung ins Strafrecht eine Absage.[356,357] Der in dem zugrunde liegenden Fall angeklagte Labormediziner gehörte einer Laborfacharztgruppe an, in welcher er aufgrund der Innengesellschaftsverträge im Bereich der wirtschaftlichen Praxisführung nur eingeschränkte Entscheidungsbefugnisse hatte. In der Anklage wurde ihm vorgeworfen, aufgrund einer Scheinselbstständigkeit nicht zur Abrechnung der Leistungen befugt gewesen zu sein. Das Gericht wies in seinem Urteil darauf hin, dass ein objektiver Betrugsschaden nicht vorliege, da die Krankenkasse durch die Leistung von Ansprüchen ihrer Versicherten befreit worden sei, da diese die von der Krankenkasse geschuldete Leistung erhalten hätten. Die wirtschaftliche Abhängigkeit bei der Scheinselbstständigkeit beeinträchtige nach der Auffassung des Gerichtes den Wert der ärztlichen Leistung nicht.[358] Auch die Staatsanwaltschaft schloss sich der Rechtsauffassung des Gerichtes an und nahm die ursprünglich eingelegte sofortige Beschwerde gegen den Beschluss wieder zurück.[359]

Mit Beschluss vom 25.01.2012 übertrug der BGH die streng formale Betrachtungsweise auch auf den Bereich des privatärztlichen Abrechnungsbetruges.[360] Der Privatarzt ging hier in unterschiedlichen Betrugskonstellationen vor. Er rechnete zum einen Leistungen als eigene ab, die Therapeuten erbracht hatten,

---

356 LG Lübeck, Beschluss vom 25.08.2005 – 6 KLs 22/04 (GesR, 4/2006, S. 176–178).
357 Auch das LG Berlin soll in seinem Beschluss vom 11.04.2011 die streng formale Betrachtungsweise abgelehnt und eine Kompensation angenommen haben. So zumindest nach: Singelnstein, Vermögensschaden trotz fachgerechter Leistung?, Wistra 11/2012, 417 ff. (420). Der Beschluss ist aber nicht veröffentlicht. Auf eine Anfrage beim LG Berlin erhielt ich nur am 20.05.2014 die schriftliche Mitteilung, dass die Anklage der Staatsanwaltschaft Berlin beim Gericht anhängig ist, das Hauptverfahren aber noch nicht eröffnet ist. Auf den Beschluss kann daher im Rahmen dieser Arbeit nicht eingegangen werden.
358 Wessing/Dann, Abrechnungsbetrug durch nicht freiberuflich erbrachte Leistungen eines Vertragsarztes, GesR, 4/2006, S. 176–178 (177).
359 Wessing/Dann, Abrechnungsbetrug durch nicht freiberuflich erbrachte Leistungen eines Vertragsarztes, GesR, 4/2006, S. 176–178 (176).
360 BGH, Beschluss vom 25.01.2012 – 1 StR 45/11 (BGHSt 57, 95–122).

welche im Tatzeitraum nicht niedergelassen oder approbiert waren. Zum anderen rechnete er Laborleistungen als eigene ab, welche er nicht selber erbracht hatte und auch nicht hätte erbringen dürfen. Für die Anwendung der streng formalen Betrachtungsweise im privatärztlichen Bereich war in dem zugrundeliegenden Fall die Betrugsvariante relevant, in welcher nicht persönlich erbrachte Leistungen abrechnet wurden. Neu an dem Beschluss ist, dass der BGH ausführlicher als zuvor auf die Möglichkeit einer Kompensation eingeht. Zudem lässt er ausdrücklich offen, ob die erbrachten Leistungen bei der Strafzumessung mildernd berücksichtigt werden müssen, und weicht damit von der ständigen Rechtsprechung zum vertragsärztlichen Abrechnungsbetrug[361] ab. Auf die neuere Rechtsprechung des BVerfG zum Vermögensschaden geht der BGH nicht ein.[362]

b. Auseinandersetzung mit der streng formalen Betrachtungsweise

Durch die Anwendung der streng formalen Betrachtungsweise wird zwischen dem Sozialversicherungsrecht und dem Strafrecht ein akzessorischer Bezug hergestellt. Wird eine Leistung abgerechnet, die nach den sozialversicherungsrechtlichen Vorschriften nicht erstattungsfähig ist, so liegt nach der Rechtsprechung – wie oben gezeigt – zugleich ein Schaden vor. Eine solche Akzessorietät zwischen dem Sozialversicherungsrecht und dem Strafrecht ist rechtlich allerdings nicht zwingend erforderlich.[363] Aufgrund der Besonderheit des Kassenarztrechts, insbesondere aufgrund eines fehlenden marktwirtschaftlichen Systems, ist aber auch eine vollkommen losgelöste Betrachtung des Abrechnungsbetrugs von den sozialversicherungsrechtlichen Vorschriften nicht möglich.[364] Daher wird im Folgenden die Notwendigkeit und Richtigkeit der streng formalen Betrachtungsweise untersucht.

aa. Unterschiede zur üblichen Schadensbestimmung

Zunächst gilt es zu untersuchen, ob die Anwendung der streng formalen Betrachtungsweise zur Schadensbestimmung überhaupt notwendig ist, also ob sie

---

361 BGH, Beschluss vom 28.09.1994 – 4 StR 280/94 (NStZ 1995, 85–86); OLG Koblenz, Beschluss vom 02.03.2000 – 2 Ws 92/00 (MedR 2001, 144–146); BGH, Urteil vom 05.12.2002 – 3 StR 161/02 (NJW 2003, 1198–1200).
362 Dann, Privatärztlicher Abrechnungsbetrug und verfassungswidriger Schadensbegriff; NJW 2012, 2001 ff. (2001).
363 Volk, Zum Schaden beim Abrechnungsbetrug, NJW 2000, 3385 ff. (3386).
364 Krüger/Burgert, Neues vom Straf- und Verfassungsrecht zum Abrechnungsbetrug und zur Vertragsarztuntreue, ZWH, 2012, 213 ff. (214).

zu anderen Ergebnissen als die übliche Schadensbestimmung führt. Führt sie zu den gleichen Ergebnissen, indem sie nur die strafrechtlichen Schadenselemente erfasst und formalisiert, ist sie zwar nicht notwendig, gegen ihre Anwendung wäre aber aufgrund des gleichen Ergebnisses nichts einzuwenden.[365]

Grundsätzlich wird der Schaden beim Betrug durch die Saldierungslehre bestimmt. Stehen sich beim Betrug – wie in dieser Konstellation – Leistung und Gegenleistung gegenüber, so muss hiernach untersucht werden, ob eine Wertdifferenz vorliegt. Daher liegt nur ein Schaden vor, wenn Leistung und Gegenleistung sich nicht entsprechen, also der durch die Verfügung weggegebene Vermögensbestandteil nicht durch eine entsprechende Gegenleistung kompensiert wird.[366]

Die streng formale Betrachtungsweise bestimmt den Schaden hingegen, indem sie darauf abstellt, ob die abgerechnete Leistung nach dem Sozialversicherungsrecht abrechenbar ist. Ist dies nicht der Fall, ist eine Kompensation ausgeschlossen. Durch die streng formale Betrachtungsweise erfährt die Saldierungslehre folglich eine Modifikation.[367]

Fraglich ist, ob sich diese Unterschiede bei der Schadensbestimmung auch bei den einzelnen Abrechnungsbetrugskonstellationen auswirken.

Bei einem Verstoß gegen das Gebot der persönlichen Leistungserbringung liegt sowohl nach der streng formalen Betrachtungsweise als auch der Saldierungslehre ein Schaden vor, da eine Kompensation hier nicht angenommen werden kann.[368]

In der Konstellation der ärztlichen Leistungserbringung im verdeckten Angestelltenverhältnis (Scheinpartnerschaft) ist nach der streng formalen Betrachtungsweise ein Schaden gegeben. Nach der Saldierungslehre liegt hingegen eine Kompensation – und damit kein Schaden – vor.[369]

Bei einer ärztlichen Leistungserbringung ohne Zulassung liegt nach der streng formalen Betrachtungsweise immer ein Schaden vor. Folgt man der Saldierungslehre, kann zwar auch ein Schaden vorliegen, dieses Ergebnis ist jedoch nicht zwingend.[370]

Aufgrund der unterschiedlichen Ergebnisse bei der Schadensbestimmung ist eine Entscheidung über die Befolgung der streng formalen Betrachtungsweise notwendig.

---

365 Volk, Zum Schaden beim Abrechnungsbetrug, NJW 2000, 3385 ff. (3386).
366 Perron in Schönke/Schröder, StGB, § 263, Rn. 106.
367 Badle, Betrug/Korruption im Gesundheitswesen, NJW 2007, 1028 ff. (1029).
368 Mehr hierzu unter C. II. 3. a.
369 Mehr hierzu unter C. II. 3. b.
370 Mehr hierzu unter C. II. 3. c.

bb. Vereinbarkeit mit Art. 103 II GG

Fraglich ist, ob die Anwendung der streng formalen Betrachtungsweise zur Schadensbestimmung noch mit dem Bestimmtheitsgrundsatz aus Art. 103 II GG zu vereinbaren ist. Nach diesem muss die Strafbarkeit vor Tatbegehung gesetzlich bestimmt gewesen sein. Der Wortlaut stellt hierbei die Grenze der Auslegung dar und darf folglich nicht überschritten werden.[371] Das Bundesverfassungsgericht hat die Vereinbarkeit der streng formalen Betrachtungsweise mit Art. 103 II GG zwar zunächst durch den Nichtannahmebeschluss vom 08.09.1997 bestätigt.[372] Diese Entscheidung könnte aber zum einen im Hinblick auf die seitdem ergangene Rechtsprechung der Strafgerichte zum Schaden beim ärztlichen Abrechnungsbetrug und zum anderen aufgrund der neueren Rechtsprechung des BVerfG zur strafrechtlichen Schadensbestimmung obsolet sein.[373]

Der Betrug wird als Vermögensdelikt durch das Tatbestandsmerkmal des Vermögensschadens begrenzt.[374] Unter Anwendung der streng formalen Betrachtungsweise wird von der üblichen Schadensbestimmung nach der Saldierungslehre dadurch abgewichen, dass normative Kriterien zur Schadensbestimmung herangezogen werden.[375] Nach der neueren Rechtsprechung des BVerfG dürfen normative Kriterien bei der Schadensbestimmung zwar eine Rolle spielen, sie dürfen die wirtschaftliche Bewertung aber nicht überlagern.[376] Das BVerfG führt in seiner Entscheidung zum Nachteilsmerkmal der Untreue vom 23.06.2010 Untreue hierzu aus, dass der Verzicht auf eine eigenständige Ermittlung des Nachteils dazu geeignet ist: „die eigenständige strafbarkeitsbegrenzende Funktion des Nachteilsmerkmals zu unterlaufen, indem an die Stelle der vom Gesetzgeber gewollten wirtschaftlichen Betrachtung eine weitgehend normativ geprägte Betrachtungsweise tritt (…)".[377] Durch die Entscheidung vom 07.12.2011 macht das BVerfG deutlich, dass dies auch für das Schadensmerkmal beim Betrug gilt: „Normative

---

371 Mit weiteren Nachweisen: Sachs/Degenhart, GG, Art. 103, Rn. 69.
372 BVerfG, Beschluss vom 08.09.1997 – 2 BvR 2414/94 (NJW 1998, 810).
373 Krüger/Burgert, Neues vom Straf- und Verfassungsrecht zum Abrechnungsbetrug und zur Vertragsarztuntreue, ZWH 2012, 213 ff. (214-215).
374 Beispielhaft für viele: BVerfG, Beschluss vom 07.12.2011 – 2 BvR 2500/09, 2 BvR 1857/10 (BVerfGE 130, 1-51).
375 Mehr hierzu im vorherigen Abschnitt unter C. II. 2. b. aa.
376 BVerfG, Beschluss vom 07.12.2011 – 2 BvR 2500/09, 2 BvR 1857/10 (BVerfGE 130, 1-51); Zur Untreue zuvor: BVerfG, Beschluss vom 23.06.2010 – 2 BvR 2559/08, 2 BvR 105/09, 2 BvR 491/09 (BVerfGE 126, 170-233).
377 BVerfG, Beschluss vom 23.06.2010 – 2 BvR 2559/08, 2 BvR 105/09, 2 BvR 491/09 (BVerfGE 126, 170-233).

Gesichtspunkte können bei der Bewertung von Schäden eine Rolle spielen; sie dürfen die wirtschaftliche Betrachtung allerdings nicht überlagern oder verdrängen".[378] Dementsprechend ist die streng formale Betrachtungsweise – als normativer Gesichtspunkt – nur mit dem Verfassungsrecht vereinbar, sofern sie eine wirtschaftliche Schadensbetrachtung nicht verdrängt. Dies erscheint dann problematisch, wenn der Arzt medizinisch indizierte und lege artis durchgeführte Leistungen erbringt, welche nur wegen eines Verstoßes gegen sozialversicherungsrechtliche Vorgaben nicht abrechenbar sind. Es muss daher untersucht werden, ob trotz Anwendung der streng formalen Betrachtungsweise eine wirtschaftliche Betrachtung des Schadens erhalten bleibt.

Hierzu wird teilweise vertreten, dass gerade durch das Sozialversicherungsrecht der notwendige Vermögensbezug hergestellt werde.[379] Die KV erbringe bei einer Vergütungszahlung eine Leistung, zu welcher weder eine Berechtigung noch eine Verpflichtung bestehe. Die Leistung des Arztes habe also keinen Gegenwert aufgrund der Regelungen des SGB V. Der Umstand, dass die KV Aufwendungen erspart oder dass der Behandlungsanspruch untergeht, komme dem durch die KV verwalteten Vermögen ohnehin zugute, unabhängig davon, ob der Arzt eine Vergütung erhalte oder nicht, und könne daher bei der Saldierung nicht berücksichtigt werden.[380]

Gegen diese Ansicht spricht jedoch, dass der Arzt nur aufgrund der Aussicht auf eine Vergütungszahlung leistet. Diesen Vergütungsanspruch hat er in der Regel gegen seinen Patienten, es sei denn, ein Dritter ist zur Leistung verpflichtet (§ 630a I HS. 2 BGB). Das Grundverhältnis zwischen dem Arzt und dem Patienten besteht somit in einem Austauschverhältnis; hieran ändert auch das vertragsärztliche Vergütungssystem nichts.[381] Die Argumentation, dass die Behandlungsleistung des Arztes dem von der KV verwalteten Vermögen ohnehin zugute kommt, lässt dies außer Betracht. Sie stellt einen Zirkelschluss da, denn die Leistung kommt dem von der KV verwalteten Vermögen schließlich nur wegen der streng formalen Betrachtungsweise des Sozialversicherungsrechts – also aufgrund von normativen Kriterien – zugute. Der Wirtschaftlichkeitsbezug wird hier also unter Anwendung der streng formalen Betrachtungsweise des Sozialversicherungsrechts herzustellen

---

378 BVerfG, Beschluss vom 07.12.2011 – 2 BvR 2500/09, 2 BvR 1857/10 (BVerfGE 130, 1–51).
379 Singelnstein, Vermögensschaden trotz fachgerechter Leistung?, Wistra 11/2012, 417 ff. (420).
380 Singelnstein, Vermögensschaden trotz fachgerechter Leistung?, Wistra 11/2012, 417 ff. (420).
381 Volk, Zum Schaden beim Abrechnungsbetrug, NJW 2000, 3385 ff. (S. 3388).

versucht. Die Ansicht vermag daher nicht zu erklären, worin ein wirtschaftlicher Schaden zu sehen ist, welcher nicht von normativen Gesichtspunkten überlagert wird. Die Ansicht kann daher nicht überzeugen.

Vielmehr gilt es bezüglich der sozialversicherungsrechtlichen Vorschriften danach zu differenzieren, ob diese einen Vermögensbezug aufweisen. Dies ist bei leistungsbezogenen Abrechnungsfehlern – also Abrechnungsfehlern, die Art, Qualität und Inhalt der Leistung betreffen – der Fall.[382] Liegt beispielsweise eine Leistungserbringung mit einer unzulässigen Delegation von ärztlichen Leistungen an nichtärztliches Hilfspersonal vor, so besteht durchaus ein Vermögensbezug. Denn einer ärztlichen Leistung kommt ein höherer Vermögenswert zu als einer nichtärztlichen Leistung.[383] Anders liegt es aber bei einer Leistungserbringung in einem verdeckten Anstellungsverhältnis. Hier wurde eine medizinisch indizierte Leistung lege artis von dem vom Patienten gewählten Arzt erbracht. Nur dadurch, dass der Arzt die Leistung sozialversicherungsrechtlich nicht hätte abrechnen dürfen, kann nicht zugleich auf einen Schaden geschlossen werden. Denn die sozialversicherungsrechtlichen Leistungen weisen in dieser Konstellation keinen Vermögensbezug auf, sondern betreffen lediglich eine Statusfrage.[384] Setzt man sich hierüber hinweg und nimmt einen Schaden an, so überwiegen bei der Schadensbetrachtung die normativen Gesichtspunkte gegenüber den wirtschaftlichen. Dies ist aber nach der neuen Rechtsprechung des BVerfG ein Verstoß gegen Art. 103 II GG und somit verfassungswidrig.

cc. Möglichkeit einer nur teilweisen Anwendung der streng formalen Betrachtungsweise

Aufgrund der verfassungsrechtlichen Bedenken in bestimmten Konstellationen des ärztlichen Abrechnungsbetruges stellt sich die Frage, ob auch eine Entscheidung für eine nur teilweise Anwendung der streng formalen Betrachtungsweise für bestimmte Betrugskonstellationen möglich ist. Dies hätte den Vorteil, dass man diejenigen Fallgruppen von der streng formalen Betrachtungsweise ausklammern könnte, die keinen Leistungsbezug haben, sondern nur Statusfragen betreffen. Gerade in diesen Konstellationen führt die Anwendung der streng formalen Betrachtungsweise nämlich oft zu unbilligen Ergebnissen.[385] Zudem würde

---

382 Volk, Zum Schaden beim Abrechnungsbetrug, NJW 2000, 3385 ff. (S. 3387 und 3388).
383 Mehr hierzu unter C. II. 3.
384 So wohl auch der BGH in seinem Urteil vom 05.12.2002 – 3 StR 161/02 (NJW 2003, 1198–1200).
385 Mehr hierzu unter C. II. 2. b. dd.

der Vorteil der Anwendung der streng formalen Betrachtungsweise, nämlich eine Erleichterung der Schadensbestimmung für die oftmals vom komplexen Kassenarztsystem überforderten Staatsanwaltschaften und Gerichte, zumindest teilweise erhalten bleiben. Auch der BGH zweifelt in einer Entscheidung die Anwendung der streng formalen Betrachtungsweise zur Schadensbestimmung in bestimmten Betrugskonstellationen an und spricht sich somit indirekt für eine nur teilweise Anwendung aus.[386] Eine Ausklammerung von bestimmten Fallkonstellationen würde aber der streng formalen Betrachtungsweise nicht gerecht werden, deren Sinn gerade darin liegt, dass die Abrechnung von nichterstattungsfähigen Leistungen immer zu einem Schaden führt. Die Wertung, wann ein Schaden vorliegt oder nicht, soll nach der streng formalen Betrachtungsweise gerade das Sozialversicherungsrecht treffen, daher würde eine fallgruppenorientierte Anwendung der streng formalen Betrachtungsweise gegen ihren Sinn verstoßen. Lehnt man die Übertragung von bestimmten Wertungen des Sozialversicherungsrechts ab, muss man somit konsequenterweise auch die Übertragung der streng formalen Betrachtungsweise in allen Konstellationen ablehnen.[387] Eine Ausklammerung von bestimmten Konstellationen kann somit nur das Sozialversicherungsrecht selbst treffen.

dd. Entscheidung

Für die Anwendung der streng formalen Betrachtungsweise spricht, dass sie Rechtssicherheit schafft. Sind Leistungen sozialrechtlich nicht erstattungsfähig und werden sie dennoch vorsätzlich abgerechnet, so liegt – bei der Erfüllung der übrigen Betrugsmerkmale – immer ein Betrug vor. Sowohl die sozialrechtlich involvierten Parteien wie Ärzte, Krankenkassen und KV als auch die Staatsanwaltschaften und Strafgerichte können so einfach feststellen, ob ein Schaden – und somit auch ein Betrug – vorliegt. Durch die Anwendung der streng formalen Betrachtungsweise erübrigt sich zudem die mühsame Feststellung, wer durch den Betrug genau geschädigt wurde, da es hierauf bei einer mangelnden Abrechenbarkeit der Leistung nicht mehr ankommt.[388] Die Komplexität des vertragsärztlichen Abrechnungswesens wird so reduziert.[389] Gerade für die meist noch nicht

---

386 BGH, Urteil vom 05.12.2002 – 3 StR 161/02 (NJW 2003, 1198–1200).
387 So auch Singelnstein, Vermögensschaden trotz fachgerechter Leistung?, Wistra 11/2012, 417 ff. (421).
388 Schneider in Wienke/Janke/Kramer, Plädoyer für die Abkehr von der „streng formalen Betrachtungsweise" im Bereich des Abrechnungsbetruges, S. 60–61.
389 Schneider in Wienke/Janke/Kramer, Plädoyer für die Abkehr von der „streng formalen Betrachtungsweise" im Bereich des Abrechnungsbetruges, S. 60–61; So auch

auf den ärztlichen Abrechnungsbetrug spezialisierten Staatsanwaltschaften und Gerichte bedeutet dies eine starke Erleichterung, da so auch ohne tiefergehende sozialversicherungsrechtliche Kenntnisse eine Anklage bzw. Entscheidung möglich ist.[390]

Dagegen spricht aber – neben dem Verstoß gegen Art. 103 II GG – der Schutzzweck des § 263 I StGB. Der Betrug ist ein Vermögensdelikt, daher muss der Taterfolg in einer Vermögensschädigung liegen.[391] Ein Vermögensbezug ist aber wie oben gezeigt nicht gegeben. Für den Schutz von weiteren Schutzgütern wurden die Tatbestände des Subventions- (§ 264 StGB) und des Versicherungsbetruges (§ 265 StGB) eingeführt. Über den Tatbestand des Subventionsbetrugs wird zusätzlich zum Vermögen die Dispositionsfreiheit der öffentlichen Hand im Wirtschaftsbereich[392] und über den Tatbestand des Versicherungsbetrugs die soziale Leistungsfähigkeit des allgemeinnützigen Versicherungswesens geschützt.[393] Besteht nunmehr auch das Verlangen, die Leistungsfähigkeit des Sozialversicherungsrechts und/oder die Dispositionsfreiheit der Krankenkassen zu schützen, so kann dies nur durch eine gesetzliche Regelung geschehen. Die Rechtsprechung ist nicht dazu befugt, durch eine pauschale Regelung zur Schadensbestimmung – wie der streng formalen Betrachtungsweise – den Tatbestand des § 263 I StGB zu erweitern.[394]

Volk, der zutreffend beschreibt, dass in komplexen Wirtschaftsstrafsachen gerne das, was es zu unterscheiden gilt, mit der „Methode des dicken Daumens" platt gemacht wird: Volk, Zum Schaden beim Abrechnungsbetrug, NJW 2000, 3385 ff. (S. 3385).

390 Dieses Problem könnte durch Schwerpunktstaatsanwaltschaften gelöst werden. In Hessen ist z.B. bei der Generalstaatsanwaltschaft eine Zentralstelle zur Bekämpfung von Vermögensstraftaten und Korruption im Gesundheitswesen eingerichtet worden, welche über Spezialkenntnisse im Sozialversicherungsrecht verfügt.

391 Lackner in Lackner/Kühl, StGB, § 263, Rn. 2; Perron in Schönke/Schröder, StGB, § 263, Rn. 1/2.

392 MüKo/Wohlers/Mühlbauer, StGB, § 264, Rn. 1; Freitag, Abrechnungsbetrug im deutschen Gesundheitswesen, S. 137.

393 MüKo/Wohlers/Mühlbauer, StGB, § 265, Rn. 2; Freitag, Abrechnungsbetrug im deutschen Gesundheitswesen, S. 137.

394 So z.B. auch: Freitag, Abrechnungsbetrug im deutschen Gesundheitswesen, S. 137–138; Ulsenheimer, Arztstrafrecht in der Praxis, Rn. 1121; Schroth/Joost, Handbuch des Medizinstrafrechts, S. 197–198; Schneider in Wienke/Janke/Kramer, Plädoyer für die Abkehr von der „streng formalen Betrachtungsweise" im Bereich des Abrechnungsbetruges, S. 66; Volk, Zum Schaden beim Abrechnungsbetrug, NJW 2000, 3385 ff. (3386); Luig, Vertragsärztlicher Abrechnungsbetrug und Schadensbestimmung, S. 132–133.

Zudem spricht gegen die Übertragung der streng formalen Betrachtungsweise, dass sie nicht unbedingt die oben erörterte Rechtssicherheit schafft. Denn z.B. in der Konstellation des verdeckten Anstellungsverhältnisses ist sich selbst die sozialgerichtliche Rechtsprechung nicht immer einig, ob sozialversicherungsrechtlich überhaupt ein Schaden vorliegt. Das LSG Niedersachsen-Bremen nimmt z.B. in seinem Beschluss vom 13.08.2002 an, dass das Merkmal „in freier Praxis" des § 32 I S. 1 Ärzte-ZV auch eine angestelltenähnliche Beteiligung zulässt.[395] Eine solche Unsicherheit bezüglich der sozialversicherungsrechtlichen Schadensbestimmung wirkt sich im Ergebnis auch negativ auf die Rechtssicherheit im strafrechtlichen Bereich aus, welche eigentlich durch die Übertragung der streng formalen Betrachtungsweise geschaffen werden soll. Mithin ist es höchst bedenklich, dass die strafgerichtliche Rechtsprechung (zumindest das OLG Koblenz) das Sozialrecht strenger auslegt als ein Sozialgericht.[396]

Auch die Strafrechtsdogmatik spricht gegen die streng formale Betrachtungsweise, da bei ihrer Anwendung beim Vorliegen einer Täuschung automatisch auf das Vorliegen eines Schadens geschlossen wird.[397] Das Schadensmerkmal des Betruges muss aber separat, also unabhängig von dem Vorliegen einer Täuschung, festgestellt werden. Ansonsten hätte der Gesetzgeber das Schadensmerkmal nicht zusätzlich zum Täuschungsmerkmal in den Tatbestand des § 263 I StGB aufnehmen müssen. Ein solcher Automatismus, wie er durch die Anwendung der streng formalen Betrachtungsweise entsteht, ist unzulässig.[398]

Zudem führt die Anwendung der streng formalen Betrachtungsweise in den Konstellationen, in welchen Leistungen medizinisch indiziert waren und lege artis erbracht wurden, zu unbilligen Ergebnissen. Es ist höchst fragwürdig, ob sich ein Arzt, der seine Leistungen korrekt erbracht hat, wirklich wegen Betruges verantworten soll, nur weil er sie z.B. in einem angestelltenähnlichen Verhältnis erbracht und dadurch gegen den Grundsatz der ärztlichen Freiberuflichkeit verstoßen hat.[399] Hierbei gilt es zu beachten, dass der Arzt schon für seinen Verstoß

---

395 LSG Niedersachen-Bremen, Beschluss vom 13.08.2002 – L 3 KA 161/02 ER (MedR 2002, 21–30); Nähere Erläuterungen des Beschlusses oben unter C II. 1. b. aa.
396 So auch: Luig, Vertragsärztlicher Abrechnungsbetrug und Schadensbestimmung, S. 126–127.
397 Schneider in Wienke/Janke/Kramer, Plädoyer für die Abkehr von der „streng formalen Betrachtungsweise" im Bereich des Abrechnungsbetruges, S. 65.
398 So auch: Schneider in Wienke/Janke/Kramer, Plädoyer für die Abkehr von der „streng formalen Betrachtungsweise" im Bereich des Abrechnungsbetruges, S. 65.
399 So aber: OLG Koblenz, Beschluss vom 02.03.2000 – 2 Ws 92/00 (MedR 2001, 144–146).

gegen die sozialversicherungsrechtlichen Vorgaben bestraft wird.[400] Aufgrund der fehlenden Abrechenbarkeit erhält er nämlich für Leistungen, welche den formalen Anforderungen des Sozialversicherungsrechts nicht genügen, keine Vergütung.[401] Zudem drohen ihm berufliche Sanktionen, welche schlimmstenfalls – wie beim Entzug der Approbation – seine berufliche Existenz vernichten können.[402] Aufgrund des „ultima-ratio"-Prinzips des Strafrechts ist eine zusätzliche strafrechtliche Sanktionierung nicht angezeigt.

Die Rechtsprechung versucht, unbillige Ergebnisse, welche aufgrund der Anwendung der streng formalen Betrachtungsweise entstehen, auf der Strafzumessungsebene auszugleichen, indem sie erbrachte Leistungen dort berücksichtigt. Dieses Vorgehen ist aber inkonsequent, da der im Rahmen der Schadenskompensation als wertlos betitelten Leistung auf Strafzumessungsebene dann doch ein Wert zugemessen werden soll, welcher zu einer Strafmilderung führt. Konsequenterweise müsste dieser Wert dann aber bereits beim Schaden zu berücksichtigen sein.[403]

Im Ergebnis sprechen daher die besseren Argumente für die Ablehnung der Übertragung der streng formalen Betrachtungsweise des Sozialversicherungsrechts auf die strafrechtliche Schadensbestimmung. Diese ist somit nach der Saldierungslehre vorzunehmen.

3. Schadensbestimmung mittels der Saldierungslehre

In diesem Abschnitt der Arbeit findet eine Schadensbestimmung in den verschiedenen Konstellationen des vertragsärztlichen Abrechnungsbetruges mittels der Saldierungslehre statt.

Beim ärztlichen Behandlungsvertrag gem. § 630a BGB handelt es sich um ein Austauschverhältnis, in welchem sich Leistung und Gegenleistung gegenüberstehen. Für die Schadensbestimmung bei Austauschverhältnissen kommt

---

400 So im Ergebnis auch: Hancok, Abrechnungsbetrug durch Vertragsärzte, S. 222; Idler, Betrug bei Abrechnung, JuS 12/2004, S. 1037 ff. (1041).
401 Beispielhaft für viele: BSG, Urteil vom 04.05.1994 – 6 RKa 40/93 (BSGE 74, 154–159); BSG, Urteil vom 21.06.1995 – 6 RKa 60/94(BSGE 76, 153–156); BSG, Urteil vom 06.05.1975 – 6 RKa 22/74 (BSGE 39, 288); BSG, Urteil vom 28.05.1965 – 6 RKa 1/65 (BSGE 23, 97).
402 Stein, Betrug durch vertragsärztliche Tätigkeit in unzulässigem Beschäftigungsverhältnis, MedR 2001, 124 ff. (131); Idler, Betrug bei Abrechnung, JuS 12/2004, S. 1037 ff. (1041).
403 So auch: Ellbogen/Wichmann, Zu Problemen des ärztlichen Abrechnungsbetrugs, MedR 2007, S. 14.

es – im Unterschied zur einseitigen Hingabe von Vermögenswerten – nicht nur darauf an, was der Getäuschte weggeben hat, sondern darauf, ob eine Wertdifferenz zwischen den Leistungen vorliegt.[404] Ein Schaden liegt vor, wenn Leistung und Gegenleistung sich nicht entsprechen, also der durch die Verfügung weggegebene Vermögensbestandteil nicht durch eine entsprechende Gegenleistung kompensiert wird.[405] Maßgeblich für die Wertbestimmung der Leistungen ist grundsätzlich der Marktwert.[406] Einen solchen gibt es allerdings für den vertragsärztlichen Bereich nicht, da es an einem preisbildenden Markt fehlt.[407] Beim Fehlen eines freien Wettbewerbes wird – soweit das Fehlen des freien Wettbewerbes auf einer staatlichen Regelung beruht – in der Regel die staatliche Preisfestsetzung zur Schadensbestimmung herangezogen.[408] Für den Wert der vertragsärztlichen Leistungen ist daher auf die sozialversicherungsrechtlichen Regelungen abzustellen, da die ärztlichen Leistungen nicht vollkommen losgelöst von diesen bewertet werden können. Denn durch die Regelungen (insbesondere durch die Euro-Gebührenordnung)[409] wird festgelegt, welchen Wert die Leistungen aus fachlicher Sicht haben sollen.[410]

Die Heranziehung der sozialversicherungsrechtlichen Regelungen zur Wertbestimmung bedeutet aber nicht zwangsläufig, dass bei jedem Entgelt-Ausschluss auch gleichzeitig ein wirtschaftlicher Schaden vorliegen muss.[411] Denn die Regelungen, welche einen Entgelt-Ausschluss vorsehen, sanktionieren nur eine Nichtbeachtung von sozialversicherungsrechtlichen Vorschriften.[412]

Im Folgenden wird daher geschaut, inwiefern eine Kompensation – trotz der sozialversicherungsrechtlichen Regelungen zum Entgelt-Ausschuss – angenommen

---

404 Perron in Schönke/Schröder, StGB, § 263, Rn. 106, Lackner in Lackner/Kühl, StGB, § 263, Rn. 36.
405 Perron in Schönke/Schröder, StGB, § 263, Rn. 106.
406 SK-StGB/Hoyer, § 263, Rn. 200; Perron in Schönke/Schröder, StGB, § 263, Rn. 109; BGH, Beschluss vom 25.01.2012 – 1 StR 45/11 (BGHSt 57, 95–122).
407 Stein, Betrug durch vertragsärztliche Tätigkeit in unzulässigem Beschäftigungsverhältnis, MedR 2001, 124 ff. (126).
408 Mit weiteren Nachweisen: Luig, Vertragsärztlicher Abrechnungsbetrug und Schadensbestimmung, S. 110.
409 Mehr hierzu unter B. I. 3. a. bb.
410 Stein, Betrug durch vertragsärztliche Tätigkeit in unzulässigem Beschäftigungsverhältnis, MedR 2001, 124 ff. (126).
411 Stein, Betrug durch vertragsärztliche Tätigkeit in unzulässigem Beschäftigungsverhältnis, MedR 2001, 124 ff. (126–127).
412 Stein, Betrug durch vertragsärztliche Tätigkeit in unzulässigem Beschäftigungsverhältnis, MedR 2001, 124 ff. (127).

werden kann. An dieser Stelle muss nicht mehr zwischen den Krankenkassen und der übrigen Ärzteschaft differenziert werden. Beide haben, wie oben unter C. II. 1. bereits festgestellt, eine Vermögensminderung erlitten. Ob die erbrachte Leistung kompensatorische Wirkung hat, ist aber unabhängig davon zu beurteilen, bei wem die Vermögensminderung eintritt. Denn das Vertragsarztsystem ist als symmetrisch zu betrachten, so dass im Rahmen der Saldierung kein abweichendes Ergebnis gefunden werden kann.[413] Es kann somit nur einheitlich über das Vorliegen einer Kompensation (und damit über das Vorliegen eines Schadens) entschieden werden.[414]

a. Abrechnung von nicht persönlich (sondern durch das nichtärztliche Hilfspersonal) erbrachten Leistungen

In dieser Konstellation des Abrechnungsbetruges könnte eine Kompensation der Vermögensminderung durch die vom nichtärztlichen Hilfspersonal erbrachten Leistungen vorliegen.

Die Kompensation könnte durch die erbrachte Arbeitsleistung, die Befreiung von einer Verbindlichkeit (Zahlungsanspruch oder Behandlungsanspruch) oder aufgrund der Ersparnis von Aufwendungen eingetreten sein.

aa. Kompensation durch die Arbeitsleistung

Zunächst kommt eine Kompensation der Vermögensminderung durch die Arbeitsleistung des Vertragsarztes in Betracht. Einer Arbeitsleistung kann dann ein Wert zugesprochen werden, wenn hierfür üblicherweise ein Entgelt vorgesehen ist.[415] Für die Beurteilung der Arbeitsleistung des Vertragsarztes im Verhältnis zu der KV finden die sozialversicherungsrechtlichen Regelungen zur Wertbestimmung Anwendung. Nach diesen ist für eine unter Missachtung von sozialrechtlichen Vorgaben erbrachte Leistung keine Vergütung vorgesehen.[416] Der

---

413 Hellmann/Herffs, Der ärztliche Abrechnungsbetrug, Rn. 215; Hancok, Abrechnungsbetrug durch Vertragsärzte, S. 208; Freitag, Abrechnungsbetrug im deutschen Gesundheitswesen, S. 140.

414 Wenn im Folgenden von den Krankenkassen gesprochen wird, gilt das gefundene Ergebnis entsprechend auch für die Vertragsärzte.

415 Mit weiteren Nachweisen: BGH, Urteil vom 18.01.2001 – 4 StR 315/00 (NJW 2001, 981–982); Grunst, Zum Abrechnungsbetrug bei fehlender ordnungsgemäßer Zulassung zum Vertragsarzt, NStZ 2004, 533 ff. (535).

416 BSG, Urteil vom 04.05.1994 – 6 RKa 40/93 (BSGE 74, 154–159); BSG, Urteil vom 21.06.1995 – 6 RKa 60/94 (BSGE 76, 153–156); BSG, Urteil vom 06.05.1975 – 6 RKa 22/74 (BSGE 39, 288); BSG, Urteil vom 28.05.1965 – 6 RKa 1/65 (BSGE 23, 97).

erbrachten Arbeitsleistung als solche kann daher kein Vermögenswert zugemessen werden.[417] Eine Kompensation scheidet aus.

bb. *Kompensation durch die Befreiung von einer Verbindlichkeit*
Die Krankenkasse bzw. die Vertragsärzte könnten durch die erbrachten Leistungen von einer Verbindlichkeit befreit worden sein.

(1.) Kompensation durch die Befreiung vom Zahlungsanspruch gegenüber der KV
Als mögliche Kompensation der Vermögensminderung könnte man zunächst die Befreiung der Krankenkassen von einem Zahlungsanspruch der KV in Betracht ziehen.[418] Ein solcher Anspruch der KV ist aber wegen der vertragsärztlichen Bestimmungen – nach welchen die falsch delegierte Leistung nicht erstattungsfähig ist – nie entstanden.[419] Es gab also nie einen Anspruch, der durch die Vermögensverfügung hätte befriedigt werden können. Eine Kompensation durch die Befreiung von einem Zahlungsanspruch scheidet also aus.

(2.) Kompensation durch die Befreiung vom Behandlungsanspruch gegenüber den Versicherten
Desweiteren könnte eine Kompensation durch die Befreiung der Krankenkasse vom Behandlungsanspruch gem. §§ 2 II, 11 I Nr. 4 i.V.m. 28 I SGB V gegenüber dem Versicherten vorliegen.[420]

Dass die Arbeitsleistung, wie unter Punkt C. II. 3. a. aa gezeigt, aufgrund der sozialrechtlichen Vorgaben keinen wirtschaftlichen Wert hat, steht dem nicht entgegen. Denn wie das oben unter B. I. 2 erläuterte Viereckverhältnis zeigt, gibt

---

417 Anders Luig, der eine Kompensation aufgrund der erbrachten Arbeitsleistung annimmt. Er führt hierzu aus, dass im Rahmen der strafrechtlichen Schadensbestimmung eine wirtschaftlich messbare Vermögensbeeinträchtigung festgestellt werden müsste und lehnt daher eine Wertbestimmung mittels sozialrechtlicher Vorgaben ab. Hierbei übersieht er aber, dass es ohne das Vorhandensein eines Marktwertes gerade auf solche gesetzlichen oder vertraglichen Vorgaben zur Wertbestimmung ankommt. (Luig, Vertragsärztlicher Abrechnungsbetrug, S. 143).
418 Hancok, Abrechnungsbetrug durch Vertragsärzte, S. 198.
419 Hellmann/Herffs, Der ärztliche Abrechnungsbetrug, Rn. 206; Luig, Vertragsärztlicher Abrechnungsbetrug, S. 139; Hancok, Abrechnungsbetrug durch Vertragsärzte, S. 199; Freitag, Abrechnungsbetrug im deutschen Gesundheitswesen, S. 134.
420 Stellvertretend für viele: Hancok, Abrechnungsbetrug durch Vertragsärzte, S. 200; Freitag, Abrechnungsbetrug im deutschen Gesundheitswesen, S. 135.

es im vertragsärztlichen System mehrere Rechtsbeziehungen. Für die Befreiung der Krankenkasse von dem Behandlungsanspruch des Versicherten, kommt es gerade nicht auf das Rechtsverhältnis zwischen dem Vertragsarzt und der KV an, in welchem aufgrund der sozialrechtlichen Regelungen ein Entgelt-Ausschluss für die ärztliche Arbeitsleistung vorgesehen ist. Vielmehr kommt es auf den wirtschaftlichen Wert der erfolgten Behandlung an, welcher im Zusammenhang mit der Qualität der erbrachten Leistung steht. Entspricht die Qualität der Leistung der geschuldeten Qualität, so hat der Patient die ihm aus dem Behandlungsvertrag zustehende Leistung erhalten. Sein Anspruch gegenüber der Krankenkasse auf Behandlung ginge dann durch eine Erfüllung unter.[421]

Im Folgenden muss daher untersucht werden, ob in dieser Abrechnungsbetrugskonstellation eine Erfüllung des Behandlungsanspruchs des Versicherten vorliegt. Zunächst wird aber erörtert, ob der erforderliche Unmittelbarkeitszusammenhang bei einer Befreiung der Krankenkasse vom Behandlungsanspruch des Versicherten überhaupt vorliegt.

(a.) Unmittelbarkeitszusammenhang

Für eine Kompensation ist es erforderlich, dass der Unmittelbarkeitszusammenhang erfüllt ist. Hierfür muss die Vermögensverfügung unmittelbar zu einer Minderung des wirtschaftlichen Gesamtwertes des Vermögens führen, welche nicht unmittelbar durch einen Zuwachs ausgeglichen wird. Sowohl der Abfluss als auch der Zufluss des Vermögenswerts müssen daher unmittelbar auf der Vermögensverfügung beruhen.[422]

(aa.) Behandlungserfolg

Fraglich ist, ob der Vermögenszufluss in der Form der Befreiung der Krankenkasse von dem Behandlungsanspruch durch die Leistung des Vertragsarztes unmittelbar auf der Vermögensverfügung beruht.[423]

Nach einer Auffassung können wegen dieses Unmittelbarkeitserfordernisses von vorneherein nur Fälle berücksichtigt werden, bei denen die Genesung des Versicherten nachgewiesenermaßen auf der erfolgten Behandlungsleistung des Arztes

---

421 Ebenso: Stein, Betrug durch vertragsärztliche Tätigkeit in unzulässigem Beschäftigungsverhältnis, MedR 2001, 124 ff. (127).
422 Perron in Schönke/Schröder, StGB, § 263, Rn. 140 ff.; BGH, Beschluss vom 18.02.2009 – 1 StR 731/08 (BGHSt 53, 199–205); BGH, Beschluss vom 05.07.2011 – 3 StR 444/10 (NStZ-RR 2011, 312–314); BGH, Beschluss vom 20.05.2014 – 4 StR 143/14 (juris).
423 So auch: Hancok, Abrechnungsbetrug durch Vertragsärzte, S. 201.

beruht.[424] Denn die Heilung des Versicherten könne auch auf weitere Faktoren, wie die Mitwirkung des Patienten oder seine seelische Verfassung, zurückzuführen sein.[425] Diese Ansicht verkennt bei ihrer Argumentation jedoch, dass es sich bei dem Behandlungsvertrag gerade nicht um einen Werkvertrag, sondern um einen Unterfall des Dienstvertrages (vgl. § 630b BGB) handelt.[426] Es kann für den Untergang des Behandlungsanspruches somit nicht nur darauf ankommen, dass die Behandlungsleistung einzige Ursache für die Genesung ist. Vielmehr ergibt sich aus einer allgemeinen Lebenserfahrung, dass häufig gerade die Kombination aus Behandlung und Mitwirkung des Patienten zu einer Heilung führt. Zudem sind auch Fälle denkbar, in denen der Behandlungsanspruch des Versicherten auch ohne eine Genesung des Patienten erfüllt wurde. Sucht beispielsweise ein Patient mit einer weit fortgeschrittenen Krebserkrankung den Vertragsarzt auf, so ist es für den Arzt unmöglich, eine Genesung des Patienten zu bewirken. Trotzdem geht in solchen Fällen der Behandlungsanspruch des Versicherten durch Erfüllung unter. Denn der Arzt hat die geforderte Behandlungsleistung gegenüber dem Patienten schon durch die Befundung und etwaige weitere Maßnahmen wie die Überweisung ins Krankenhaus erbracht. Erbringt der Arzt somit die erforderliche Behandlungsleistung lege artis, so kommt es – entgegen der oben dargestellten Auffassung – auf eine Genesung nicht an. Somit steht eine mangelnde Genesung einer Erfüllung des Behandlungsanspruchs nicht entgegen.[427]

(bb.) Erfüllungsbetrug

Das Unmittelbarkeitserfordernis könnte aber insofern problematisch sein, als die Leistung des Vertragsarztes der Krankenkasse unmittelbar durch die Verfügung zugeflossen sein müsste.[428] Es muss daher untersucht werden, ob der Anspruch durch Erfüllung oder in „sonstiger" Weise erloschen ist.

---

424 Hancok, Abrechnungsbetrug durch Vertragsärzte, S. 201; Freitag, Abrechnungsbetrug im deutschen Gesundheitswesen, S. 135.
425 Freitag, Abrechnungsbetrug im deutschen Gesundheitswesen, S. 135; Hancok, Abrechnungsbetrug durch Vertragsärzte, S. 201.
426 So auch Luig, Vertragsärztlicher Abrechnungsbetrug, S. 141.
427 Luig kommt aufgrund der Einordnung des Behandlungsvertrages als Dienstvertrag zu einem anderen Ergebnis. Er lehnt hier Unmittelbarkeit mit der Begründung ab, dass nur ein äußerer Zusammenhang zwischen dem Eintritt des Erfolges bzw. der Befreiung der Behandlungspflicht und der Honorarzahlung steht (Luig, Vertragsärztlicher Abrechnungsbetrug, S. 141).
428 Grunst, Zum Abrechnungsbetrug bei fehlender ordnungsgemäßer Zulassung zum Vertragsarzt, NStZ 2004, 533 ff. (536); Freitag, Abrechnungsbetrug im deutschen Gesundheitswesen, S. 135; Hancok, Abrechnungsbetrug durch Vertragsärzte, S. 202.

Man könnte bei einer Betrachtung des Zeitpunkts des Vermögenszuflusses annehmen, dass der Vermögenszufluss, also die Behandlungsleistung, nicht unmittelbar auf der Vermögensverfügung der Krankenkassen beruht.[429] Denn der Anspruch des Versicherten wurde schon vor der Täuschungshandlung durch die Einreichung der Abrechnungsunterlagen und damit auch vor der Verfügungshandlung in Form der Bezifferung des Honoraranspruchs erfüllt. Der Vermögenszufluss hat damit rein zeitlich betrachtet schon vor der Täuschung und der Vermögensverfügung stattgefunden.[430]

Möglicherweise könnten jedoch zur Wahrung des Unmittelbarkeitszusammenhangs die Grundsätze des „unechten" und „echten Erfüllungsbetrugs" auf diese Konstellation übertragen werden.[431] Hierfür müssten die Situationen zum einen miteinander vergleichbar sein und zum anderen müsste eine Erforderlichkeit für die Übertragung bestehen.

Beim „unechten Erfüllungsbetrug" wird die bereits bei dem Verpflichtungsgeschäft erfolgte Täuschung bei dem Verfügungsgeschäft lediglich aufrechterhalten. Beim „echten Erfüllungsbetrug" findet der Entschluss des Täters zur Täuschung über die Qualität der Leistungserbringung erst nach dem Vertragsschluss statt.[432] Bei der Schadensermittlung ist, sowohl beim „echten" als auch beim „unechten" Erfüllungsbetrug", neben den erbrachten Leistungen auch der Wert der durch den Vertrag entstandenen Ansprüche und Verbindlichkeiten zu beachten.[433] Es ist daher von einer wirtschaftlichen Einheit von Verpflichtungs- und Verfügungsgeschäft auszugehen, so dass auch Vorleistungen im Rahmen der Gesamtsaldierung mit einbezogen werden können.[434]

---

429 Grunst, Zum Abrechnungsbetrug bei fehlender ordnungsgemäßer Zulassung zum Vertragsarzt, NStZ 2004, 533 ff. (536); Hancok, Abrechnungsbetrug durch Vertragsärzte, S. 202.

430 Grunst, Zum Abrechnungsbetrug bei fehlender ordnungsgemäßer Zulassung zum Vertragsarzt, NStZ 2004, 533 ff. (536).

431 Ebenfalls zumindest für den „unechten Erfüllungsbetrug": Stein, Betrug durch vertragsärztliche Tätigkeit in unzulässigem Beschäftigungsverhältnis, MedR 2001, 124 ff. (129); Grunst, Zum Abrechnungsbetrug bei fehlender ordnungsgemäßer Zulassung zum Vertragsarzt, NStZ 2004, 533 ff. (536).

432 Perron in Schönke/Schröder, StGB, § 263, Rn. 137; MüKo/Hefendehl, StGB, § 263, Rn. 550.

433 SK-StGB/Hoyer, § 263, Rn. 238.

434 Zum „unechten Erfüllungsbetrug": Stein, Betrug durch vertragsärztliche Tätigkeit in unzulässigem Beschäftigungsverhältnis, MedR 2001, 124 ff. (129); Grunst, Zum Abrechnungsbetrug bei fehlender ordnungsgemäßer Zulassung zum Vertragsarzt, NStZ 2004, 533 ff. (536).

Zwar handelt es sich bei den hier in Rede stehenden Rechtsbeziehungen um keine zivilrechtlichen, so dass es an einem Verpflichtungs- und einem Verfügungsgeschäft fehlt.[435] Jedoch ist es an dieser Stelle erforderlich, die Besonderheiten des Vertragsarztrechtes zu beachten. Denn würde der Vergütungsanspruch des Arztes bei der Leistungserbringung nicht kraft Gesetzes (also durch die Zulassung) entstehen, so würde vor der Leistungserbringung ein Vertrag geschlossen werden. Es gäbe dann auch im vertragsärztlichen System zunächst ein Grund-Rechtsverhältnis, das durch den Vertragsschluss entstehen würde.[436]

In der Regel wird der Arzt schon bei dem (fiktiven) Vertragsabschluss, also vor der Leistungserbringung, täuschen, so dass eine Vergleichbarkeit zum „unechten Erfüllungsbetrug" vorliegt.[437] Denn zu diesem Zeitpunkt, der unmittelbar vor der Behandlungsleistung liegt, würde er vorspiegeln, dass er die Leistung persönlich erbringen wird. Eine konkrete Vermögensgefährdung wäre somit schon zu diesem Zeitpunkt anzunehmen.[438] Bei der Erbringung der ärztlichen Leistung würde das Grund-Rechtsverhältnis nur noch vollzogen werden und die Täuschung daher nur noch fortwirken.[439]

Ausnahmsweise könnte es aber auch vorkommen, dass der Arzt erst (in dem meist kurzen Zeitraum) zwischen dem fiktivem Vertragsabschluss und der Behandlungsleistung den Entschluss zur nicht persönlichen Leistungserbringung fasst. Es läge dann eine mit dem „echten Erfüllungsbetrug" vergleichbare Situation vor. Die Täuschungshandlung würde dann mit der Leistung zusammenfallen,

---

435 So auch Stein, Betrug durch vertragsärztliche Tätigkeit in unzulässigem Beschäftigungsverhältnis, MedR 2001, 124 ff. (129).

436 Grunst, Zum Abrechnungsbetrug bei fehlender ordnungsgemäßer Zulassung zum Vertragsarzt, NStZ 2004, 533 ff. (536); so ähnlich auch Stein, wobei hier auf die Zulassung als Grund-Rechtsverhältnis abgestellt wird. In der hier zur Rede stehenden Konstellation hat der Arzt aber nicht über die Zulassungsvoraussetzungen getäuscht, so dass dieser Ansatz von vornherein ausscheidet. Zudem wird in dieser Arbeit die Täuschungshandlung erst in dem Einreichen der Abrechnungsunterlagen gesehen, so dass für das Grund-Rechtsverhältnis nicht auf die Zulassung abgestellt werden kann (dies gilt auch für die Betrugskonstellation der erschlichenen Zulassung); Stein, Betrug durch vertragsärztliche Tätigkeit in unzulässigem Beschäftigungsverhältnis, MedR 2001, 124 ff. (129).

437 Grunst, Zum Abrechnungsbetrug bei fehlender ordnungsgemäßer Zulassung zum Vertragsarzt, NStZ 2004, 533 ff. (536).

438 Grunst, Zum Abrechnungsbetrug bei fehlender ordnungsgemäßer Zulassung zum Vertragsarzt, NStZ 2004, 533 ff. (536).

439 Stein, Betrug durch vertragsärztliche Tätigkeit in unzulässigem Beschäftigungsverhältnis, MedR 2001, 124 ff. (129).

welche aufgrund der einheitlichen Betrachtung mit in die Saldierung einbezogen wird.

Die Übertragung der Grundsätze zum Erfüllungsbetrug ist aus Gerechtigkeitsgründen erforderlich, da nur so die Besonderheiten des Vertragsarztsystems berücksichtigt werden können.[440] Denn der Vertragsarzt erbringt seine Behandlungsleistungen, um seiner Verpflichtung zur vertragsärztlichen Versorgung nachzukommen, welche durch seine Zulassung begründet wird (§ 95 III S. 1 SGB V). Ohne seine Leistung wäre der Behandlungsanspruch des Versicherten gegenüber der Krankenkasse nicht erfüllt worden. Gerade aufgrund der vertragsärztlichen Leistung ist der Behandlungsanspruch daher erloschen.[441] Dass die Gegenleistung für diese Behandlung und damit auch die Vermögensverfügung erst zu einem späteren Zeitpunkt stattfindet, ist Bestandteil des Systems und kann dem Unmittelbarkeitszusammenhang daher nicht entgegenstehen. Dies widerspricht auch nicht der Betrugsdogmatik, denn nach dieser muss nur die nachträgliche Reparatur des Schadens außer Betracht bleiben.[442] Das Unmittelbarkeitserfordernis ist folglich gegeben, so dass eine Kompensation durch Erfüllung grundsätzlich in Betracht kommt.[443]

(b.) Erfüllung des Behandlungsanspruchs des Versicherten

Fraglich ist jedoch, ob der Behandlungsanspruch in der Betrugskonstellation der unzulässigen Leistungsdelegation erfüllt wurde oder aufgrund eines außerhalb des Versicherungsverhältnisses liegenden Grundes weggefallen ist.[444] Denn eine Erfüllung kann nur angenommen werden, wenn der Wert der Leistung auch

---

440 Grunst, Zum Abrechnungsbetrug bei fehlender ordnungsgemäßer Zulassung zum Vertragsarzt, NStZ 2004, 533 ff. (536).
441 So auch: Hancok, Abrechnungsbetrug durch Vertragsärzte, S. 202.
442 Mit weiteren Nachweisen: Hellmann/Herffs, Der ärztliche Abrechnungsbetrug, Rn. 208.
443 Im Ergebnis z.B. auch: LG Lübeck, Beschluss vom 25.08.2005 – 6 KLs 22/04 (GesR, 4/2006, S. 176–178); Hellmann/Herffs, Der ärztliche Abrechnungsbetrug, Rn. 262–266; Hancok, Abrechnungsbetrug durch Vertragsärzte, S. 202; Stein, Betrug durch vertragsärztliche Tätigkeit in unzulässigem Beschäftigungsverhältnis, MedR 2001, 124 ff. (127); Grunst, Zum Abrechnungsbetrug bei fehlender ordnungsgemäßer Zulassung zum Vertragsarzt, NStZ 2004, 533 ff. (536).
444 So z.B.: Hellmann/Herffs, Der ärztliche Abrechnungsbetrug, Rn. 209. Sie vertreten diese Ansicht (entgegen der Auffassung von Freitag, welche an dieser Stelle pauschalisiert (Freitag, S. 137)) allerdings nur bezüglich der unzulässigen Delegation von Leistungen. Grundsätzlich nehmen sie durchaus eine Kompensationsfähigkeit durch Erfüllung an (Hellmann/Herffs, Der ärztliche Abrechnungsbetrug, Rn. 262–273).

dem geschuldeten Wert entspricht.[445] Wann eine Leistung als minderwertig anzusehen ist, ist umstritten.

Eine Auffassung geht davon aus, dass die Leistung – soweit sie erfolgreich war – im Rahmen der Kompensation zu berücksichtigen sei.[446] Nur wenn die Leistung nachgeholt werden muss, liege keine Kompensation und damit ein Schaden vor.[447]

Eine andere Auffassung stellt auf die Qualität der Leistung ab. Ist diese aus fachlicher Sicht minderwertig, etwa weil die erforderliche Qualifikation des Behandelnden fehlt oder die Verträglichkeit für den Versicherten nicht gewährleistet ist, sei sie bei der Kompensation nicht zu berücksichtigen. Ob sich die Behandlung nachträglich zufällig als richtig erweist, sei im Ergebnis unerheblich.[448]

Der zweiten Meinung ist zu folgen. Die Annahme eines Schadens – und damit die Strafbarkeit eines Verhaltens – kann nicht davon abhängen, ob sich die Leistung im Nachhinein als richtig erweist. Vielmehr kommt es auf die Qualität der Leistung und nicht auf den Erfolg an.[449] Ansonsten müsste man auch allen zufällig erfolgreichen Behandlungen einen Wert zusprechen.[450] Die Qualifikation des Leistenden hat hierbei einen starken Einfluss auf die Qualität der Leistung.[451] Oft wird in diesem Zusammenhang auch eine Übertragung der von der Rechtsprechung entwickelten Grundsätze zum Anstellungsbetrug vorgeschlagen.[452] Obwohl eine gewisse Ähnlichkeit des Anstellungsbetruges mit dem

---

445 Nähere Ausführungen zum Wert der ärztlichen Leistung unter C. III. 3.
446 Ellbogen/Wichmann, Zu Problemen des ärztlichen Abrechnungsbetrugs, MedR 2007, S. 14; Schneider in Wienke/Janke/Kramer, Plädoyer für die Abkehr von der „streng formalen Betrachtungsweise" im Bereich des Abrechnungsbetruges, S. 69.
447 Schneider in Wienke/Janke/Kramer, Plädoyer für die Abkehr von der „streng formalen Betrachtungsweise" im Bereich des Abrechnungsbetruges, S. 69.
448 Hancok, Abrechnungsbetrug durch Vertragsärzte, S. 206; Stein, Betrug durch vertragsärztliche Tätigkeit in unzulässigem Beschäftigungsverhältnis, MedR 2001, 124 ff. (127); Dann, Privatärztlicher Abrechnungsbetrug und verfassungswidriger Schadensbegriff; NJW 2012, 2001 ff. (2002).
449 Stellvertretend für viele: Volk, Zum Schaden beim Abrechnungsbetrug, NJW 2000, 3385 ff. (3386).
450 Stein, Betrug durch vertragsärztliche Tätigkeit in unzulässigem Beschäftigungsverhältnis, MedR 2001, 124 ff. (127); Singelnstein, Vermögensschaden trotz fachgerechter Leistung?, Wistra 11/2012, 417 ff. (421); Volk, Zum Schaden beim Abrechnungsbetrug, NJW 2000, 3385 ff. (3386).
451 Dann, Privatärztlicher Abrechnungsbetrug und verfassungswidriger Schadensbegriff; NJW 2012, 2001 ff. (2002).
452 So z.B. Stein, Betrug durch vertragsärztliche Tätigkeit in unzulässigem Beschäftigungsverhältnis, MedR 2001, 124 ff. (126–127); Grunst, Zum Abrechnungsbetrug bei fehlender ordnungsgemäßer Zulassung zum Vertragsarzt, NStZ 2004, 533 ff. (537).

Abrechnungsbetrug durchaus auch vom BGH anerkannt wird, lehnt er eine Übertragung in seiner Rechtsprechung ab.[453] Dies begründet er damit, dass bei dem Abrechnungsbetrug zum Zeitpunkt der Zulassung – welche mit einer Anstellung verglichen werden könne – Art und Umfang der Leistungserbringung noch nicht feststünden, sondern erst zum späteren Abrechnungszeitpunkt. Beim Anstellungsbetrug erwerbe der Angestellte hingegen unmittelbar den Anspruch auf Vergütungszahlung.[454] Dem ist zwar grundsätzlich zuzustimmen; der ärztliche Abrechnungsbetrug ist kein Fall des Anstellungsbetruges. Trotzdem spricht aufgrund der Ähnlichkeit der beiden Konstellationen nichts dagegen, die zur Wertbestimmung der Arbeitsleistung entwickelten Grundsätze zur Orientierung heranzuziehen.[455] Sofern also über die für die Ausübung der Tätigkeit rechtlich unerlässlichen Anforderungen an die fachliche Qualifikation getäuscht wird, liegt jedenfalls wie beim Anstellungsbetrug ein Vermögensschaden vor.[456] Denn hier fehlt es dann an einer Gleichwertigkeit von Leistung und Gegenleistung,[457] so dass eine Kompensation ausscheidet.

In § 15 I S. 1 SGB V ist normiert, dass die ärztliche Behandlung von einem Arzt erbracht werden muss, soweit keine Ausnahmeregelungen hierzu getroffen wurden. Um als Arzt praktizieren zu dürfen, ist eine langjährige Ausbildung, welche ein mindestens 6-jähriges Studium umfasst, erforderlich (§ 1 II ÄApproO). Hierdurch soll gewährleistet werden, dass der Arzt die erforderliche Qualifikation für die ärztliche Leistungserbringung hat und die geforderte Qualität der ärztlichen Behandlung erreicht wird.[458] Bei einer fehlerhaften Leistungsdelegation an das nichtärztliche Hilfspersonal – welches eine nur eingeschränkte medizinische Ausbildung genossen hat – ist daher die Verträglichkeit für den Patienten nur in einem geringeren Maße gewährleistet als bei einer persönlichen Leistungserbringung durch den Arzt (diese ist wie oben unter C. II. 1. a. aa. gezeigt auch im Rahmen einer korrekten Delegation möglich).[459] Zudem ist für den Versicherten

---

453 BGH, Urteil vom 06.07.1993 – 1 StR 280/93 (wistra 1993, 337–339).
454 BGH, Urteil vom 06.07.1993 – 1 StR 280/93 (wistra 1993, 337–339).
455 Singelnstein, Vermögensschaden trotz fachgerechter Leistung?, Wistra 11/2012, 417 ff. (421).
456 Vgl. zum Anstellungsbetrug in öffentlich-rechtlichen Anstellungsverhältnissen z.B. BGH, Beschluss vom 18.09.1999 – 5 StR 193/98 (NJW 1999, 1485–1489).
457 BGH, Beschluss vom 18.09.1999 – 5 StR 193/98 (NJW 1999, 1485–1489).
458 Hancok, Abrechnungsbetrug durch Vertragsärzte, S. 206.
459 So z.B. auch: Stein, Betrug durch vertragsärztliche Tätigkeit in unzulässigem Beschäftigungsverhältnis, MedR 2001, 124 ff. (127); Freitag, Abrechnungsbetrug im deutschen Gesundheitswesen, S. 138.

bei der ärztlichen Heilbehandlung in der Regel die Person des Leistenden wichtig. Denn diesem bringt er ein besonderes Maß an Vertrauen entgegen.[460] Der Status als Arzt ist daher für den Wert der ärztlichen Behandlung maßgeblich.

Der Behandlungsanspruch des Versicherten ist in dieser Konstellation somit nicht durch Erfüllung, sondern in „sonstiger" Weise entfallen, so dass eine Kompensation nicht in Betracht kommt. Ein Schaden liegt folglich vor.

cc. Kompensation durch die Ersparnis von Aufwendungen

Angedacht werden könnte auch eine Kompensation durch die Ersparnis von Aufwendungen, die bei der Vornahme der Behandlungsleistung durch einen anderen Arzt – oder in dieser Konstellation auch bei der persönlichen Vornahme durch den falschabrechnenden Arzt – entstanden wären.[461]

Diese Annahme scheitert jedoch bereits daran, dass sie auf einem hypothetischen Geschehensablauf beruht.[462] Es ist ungewiss, ob der Patient tatsächlich einen anderen Arzt aufgesucht und ob dieser die gleichen Behandlungsleistungen vorgenommen hätte.[463]

Desweiteren stellen die ersparten Aufwendungen gerade kein sich unmittelbar aus der Vermögensverfügung ergebendes Äquivalent dar.[464] Denn der Vorteil der Aufwendungsersparnis steht nur in einem äußeren Zusammenhang zu dem vermögensmindernden Verhalten und stellt somit keine Gegenleistung für die Vermögensminderung dar.[465]

Eine Kompensation durch die Ersparnis von Aufwendungen scheidet mithin aus.

---

460 Ebenso: Hancok, Abrechnungsbetrug durch Vertragsärzte, S. 205–206.
461 Hancok, Abrechnungsbetrug durch Vertragsärzte, S. 207; Freitag, Abrechnungsbetrug im deutschen Gesundheitswesen, S. 139.
462 BGH, Beschluss vom 25.01.2012 – 1 StR 45/11 (BGHSt 57, 95–122); Grunst, Zum Abrechnungsbetrug bei fehlender ordnungsgemäßer Zulassung zum Vertragsarzt, NStZ 2004, 533 ff. (535).
463 Hancok, Abrechnungsbetrug durch Vertragsärzte, S. 207; Freitag, Abrechnungsbetrug im deutschen Gesundheitswesen, S. 139.
464 BGH, Beschluss vom 25.01.2012 – 1 StR 45/11 (BGHSt 57, 95–122); Grunst, Zum Abrechnungsbetrug bei fehlender ordnungsgemäßer Zulassung zum Vertragsarzt, NStZ 2004, 533 ff. (535); Luig, Vertragsärztlicher Abrechnungsbetrug, S. 139; Hancok, Abrechnungsbetrug durch Vertragsärzte, S. 207; Freitag, Abrechnungsbetrug im deutschen Gesundheitswesen, S. 139.
465 Hancok, Abrechnungsbetrug durch Vertragsärzte, S. 207; Freitag, Abrechnungsbetrug im deutschen Gesundheitswesen, S. 139.

b. Abrechnung unter Verstoß gegen den Grundsatz der Freiberuflichkeit des Arztes (verdecktes Anstellungsverhältnis)

Bei einer Falschabrechnung in der Konstellation des verdeckten Anstellungsverhältnisses könnte eine Kompensation durch die Behandlungsleistung des laut Gesellschaftsvertrages angestellten Arztes vorliegen. Denn durch die Leistung des Arztes könnte der Behandlungsanspruch des Versicherten erfüllt worden sein, so dass die Krankenkasse von einer Verbindlichkeit befreit wurde.[466]

Dazu müsste der Wert der erbrachten Behandlungsleistung der geschuldeten Leistung entsprechen. Der Versicherte hat gegen die Krankenkasse einen Anspruch auf die Behandlung durch einen Arzt.[467] Auch wenn die Zulassung des Arztes, welche einen Verwaltungsakt darstellt, wegen der fehlenden Freiberuflichkeit rechtswidrig war, so ist sie weiterhin wirksam.[468] Die Rechtswidrigkeit der Zulassung steht der Werthaltigkeit des Behandlungsanspruches daher nicht entgegen. Fraglich ist indes, ob die Leistung durch das gesellschaftsvertraglich geregelte Anstellungsverhältnis im Vergleich zur freiberuflich erbrachten Leistung minderwertig ist. Hiergegen spricht, dass Leistungen, die in einem Anstellungsverhältnis erbracht werden, von den sozialversicherungsrechtlichen Regelungen grundsätzlich als werthaltig anerkannt werden und genauso wie freiberufliche erbrachte Leistungen vergütet werden.[469] So ist beispielsweise in § 95 IX SGB V, § 32b Ärzte-ZV die Anstellung von Ärzten in Arztpraxen, in § 95 IV SGB V, § 31a Ärzte-ZV die Ermächtigung von Krankenhausärzten und in § 95 Ia SGB V die Zulassung von medizinischen Versorgungszentren geregelt. Mithin besteht kein Unterschied bezüglich der Leistungsqualität des freiberuflichen und des angestellten Arztes. Beide Ärzte absolvieren die gleiche Ausbildung, können die Leistungen fachgerecht erbringen und sind in der Lage, ein besonderes Vertrauensverhältnis zu ihren Patienten aufzubauen.[470] Der Unterschied zwischen den Ärzten besteht also nur bezüglich der wirtschaftlichen Unabhängigkeit. Die fachliche Unabhängigkeit – die für den Wert der ärztlichen

---

466 Mehr hierzu unter C. II. 3. a. bb. (2).
467 Hellmann/Herffs, Der ärztliche Abrechnungsbetrug, Rn. 263.
468 Hellmann/Herffs, Der ärztliche Abrechnungsbetrug, Rn. 265.
469 So auch: Stein, Betrug durch vertragsärztliche Tätigkeit in unzulässigem Beschäftigungsverhältnis, MedR 2001, 124 ff. (127); Hellmann/Herffs, Der ärztliche Abrechnungsbetrug, Rn. 269, 271, Hancok, Abrechnungsbetrug durch Vertragsärzte, S. 221–222.
470 Beispielhaft für viele: Hancok, Abrechnungsbetrug durch Vertragsärzte, S. 220–221.

Leistung maßgeblich ist –[471] liegt bei beiden Ärzten vor.[472] Zudem sei angemerkt, dass gerade der angestellte Arzt aufgrund der wirtschaftlichen Abhängigkeit seine Entscheidungen frei von wirtschaftlichen Zwängen treffen kann. Denn er hat keinen Vorteil, wenn er medizinisch nicht notwendige Leistungen erbringt, und kann sich aufgrund seiner eigenen finanziellen Sicherheit vollkommen auf die Behandlung konzentrieren.[473]

Der Verstoß gegen den Grundsatz der Freiberuflichkeit weist daher keinen Leistungsbezug auf und betrifft die Qualität der ärztlichen Leistung nicht. Diese kann im Rahmen der Kompensation daher mit ihrem vollen Wert in Ansatz gebracht werden. Die Krankenkasse wurde somit durch die ärztliche Leistung von einer Verbindlichkeit befreit und hat keinen Schaden erlitten. Ein Betrug liegt in dieser Konstellation folglich nicht vor.[474]

c. Abrechnung mittels erschlichener oder ohne Zulassung

Auch in dieser Konstellation kommt eine Kompensation in Betracht, soweit die Krankenkasse gegenüber den Versicherten von einer Verbindlichkeit befreit wurde.

Hierfür müsste die erbrachte Behandlungsleistung wertmäßig der geschuldeten Behandlungsleistung entsprechen. Der Wert der Behandlungsleistung hängt – wie oben bereits festgestellt – maßgeblich von der Qualität der Leistung ab. Nur wenn der Arzt gegen sozialversicherungsrechtliche Regelungen mit Leistungsbezug verstoßen hat, sind seine erbrachten Leistungen minderwertig.[475]

Ein Indikator für die Qualität der ärztlichen Leistung ist die Approbation des Arztes (vgl. ÄApproO). Soweit diese dem Arzt erteilt wird, ist davon auszugehen,

---

471 Luig, Vertragsärztlicher Abrechnungsbetrug, S. 150–151.
472 Ist im Innenverhältnis zusätzlich zu dem verdeckten Anstellungsverhältnis auch eine fachliche Weisungsgebundenheit des angestellten Arztes geregelt, so betrifft dies durchaus die Qualität der Leistung. In der hier behandelten Konstellation geht es aber nur um diejenige Fälle, bei denen lediglich die wirtschaftliche Unabhängigkeit fehlt.
473 Hellmann/Herffs, Der ärztliche Abrechnungsbetrug, Rn. 272.
474 Ebenso: Schneider in Wienke/Janke/Kramer, Plädoyer für die Abkehr von der „streng formalen Betrachtungsweise" im Bereich des Abrechnungsbetruges, S. 69; Stein, Betrug durch vertragsärztliche Tätigkeit in unzulässigem Beschäftigungsverhältnis, MedR 2001, 124 ff. (131); Hellmann/Herffs, Der ärztliche Abrechnungsbetrug, Rn. 263, 273; Hancok, Abrechnungsbetrug durch Vertragsärzte, S. 223; Volk, Zum Schaden beim Abrechnungsbetrug, NJW 2000, 3385 ff. (3388).
475 Mehr hierzu unter C. II. 3. a. bb. (2.).

dass er die medizinische Ausbildung erfolgreich absolviert hat, denn diese ist gem. § 39 I Nr. 7 ÄApproO Voraussetzung für die Beantragung der Approbation. Er ist durch seine Ausbildung in der Lage, selbstständig vollwertige Behandlungsleistungen zu erbringen (vgl. § 1 I S. 1 ÄApproO). Erbringt ein approbierter Arzt also eine fachgerechte Behandlungsleistung, so ist seine Leistung – unabhängig vom dem Vorliegen einer (rechtmäßigen)[476] Zulassung – vollwertig. Die Leistung stellt ein Äquivalent für die erlittene Vermögensminderung der Krankenkassen dar und verhindert somit sowohl bei der Abrechnung mittels einer erschlichenen Zulassung als auch bei der Abrechnung über einen Strohmann einen Schadenseintritt.[477]

Fraglich ist aber, ob auch noch von einer Kompensation auszugehen ist, wenn der Arzt keine Approbation hat, da diese wegen Unzuverlässigkeit gem. § 5 II, § 3 I S. 1 Nr. 2 BÄO widerrufen wurde oder von Anfang an gem. § 3 I S. 1 Nr. 2 BÄO nicht erteilt wurde. Denn auch in diesen Fällen hat der Arzt seine medizinische Ausbildung erfolgreich absolviert und verfügt über das notwendige Fachwissen für die ärztliche Heilbehandlung. Da er sich eines bestimmten Verhaltens schuldig gemacht hat, mangelt es ihm jedoch an der nötigen Zuverlässigkeit oder er wird als unwürdig zur ärztlichen Berufsausübung angesehen. Teilweise wird hierzu vertreten, dass hier kein leistungsbezogener Mangel vorliegt, so dass die ärztliche Leistung – auch ohne die Approbation – als vollwertig zu betrachten ist.[478] Dem ist jedoch nicht zuzustimmen, da bei einer genaueren Betrachtung sehr wohl ein leistungsbezogener Mangel vorliegt.[479] Denn die Vorschriften dienen gerade dazu, die Qualität der ärztlichen Leistungserbringung zu sichern. Für die Qualität der ärztlichen Leistung ist die Eignung zum Arztberuf jedoch eine wesentliche Voraussetzung.[480] Liegt diese nicht vor, so ist im Vorfeld einer Behandlung die Behandlungsqualität nicht zwingend gewährleistet.[481] Wird eine Leistung ohne Approbation erbracht, ist diese daher als minderwertig anzusehen. Eine Kompensation liegt dann nicht vor, so dass ein Schaden gegeben ist.

---

476 Ist die Zulassung erschlichen, so ist sie weiterhin wirksam, aber rechtswidrig.
477 Hancok, Abrechnungsbetrug durch Vertragsärzte, S. 228, Singelnstein, Vermögensschaden trotz fachgerechter Leistung?, Wistra 11/2012, 417 ff. (422); Grunst, Zum Abrechnungsbetrug bei fehlender ordnungsgemäßer Zulassung zum Vertragsarzt, NStZ 2004, 533 ff. (537).
478 Schneider in Wienke/Janke/Kramer, Plädoyer für die Abkehr von der „streng formalen Betrachtungsweise" im Bereich des Abrechnungsbetruges, S. 68.
479 Ebenso: Hancok, Abrechnungsbetrug durch Vertragsärzte, S. 226.
480 Hancok, Abrechnungsbetrug durch Vertragsärzte, S. 227.
481 Hancok, Abrechnungsbetrug durch Vertragsärzte, S. 227.

D. Abrechnungsbetrug im ambulanten Pflegedienstbereich

Dieses Kapitel der Arbeit befasst sich mit den Besonderheiten des Abrechnungsbetruges im ambulanten Pflegedienstbereich. Hierzu werden zunächst die strukturellen Probleme erläutert, welche sich insbesondere im Rahmen der Strafverfolgung stellen. Anschließend wird untersucht, durch welche Abrechnungsmanipulationen der Tatbestand des § 263 I StGB erfüllt wird.

I. Strukturelle Probleme

Im Folgenden werden die strukturellen Probleme im Zusammenhang mit dem Abrechnungsbetrug der ambulanten Pflegedienste erläutert.[482]

1. Strafverfolgung

Findet ein Abrechnungsbetrug eines ambulanten Pflegedienstes statt, erfahren die Ermittlungsbehörden meist nur über einen Hinweis aus dem Umfeld des Pflegedienstes bzw. der Klienten oder durch eine Abrechnungsprüfung gem. § 114 SGB V von dem Fehlverhalten.[483] Bei den Abrechnungsprüfungen wird der MDK allerdings oft nur eine Unregelmäßigkeit in der Abrechnung feststellen, wenn der Pflegedienst seinen Abrechnungsbetrug nicht gut genug verschleiert hat. Sorgt er hingegen im Vorfeld dafür, dass Leistungsnachweise bzw. Durchführungskontrollblätter und Pflegedokumentationen sich nicht widersprechen und die abgerechneten Leistungen plausibel wirken, so wird die Abrechnungsprüfung zu keinem Ergebnis führen. Dies gilt insbesondere vor dem Hintergrund, dass die Abrechnungsprüfungen im Vergleich zur ärztlichen Abrechnungsprüfung aufgrund der nur händischen Verwertungsmöglichkeiten erschwert werden. Auch von den Mitarbeitern und Klienten des Pflegedienstes wird man solange keine Anzeige erwarten dürfen, wie der Pflegedienst vernünftig mit ihnen umgeht. Denn aufgrund der entwickelten Vertrauensverhältnisse werden sie sich in der Regel mit einer Anzeige schwer tun, solange

---

482 Einige der Informationen, welche ich in diesen Abschnitt eingebaut habe, stammen aus einem Gespräch mit der hessischen Zentralstelle zu Bekämpfung von Vermögensstraftaten und Korruption im Gesundheitswesen und der Kanzlei Iffland/Wischnewski. Sie werden nicht extra als Fußnote gekennzeichnet.
483 Welke, Betrugsstrafbarkeit in Pflegeeinrichtungen, GuP 2011, S. 139ff. (140).

sie keinen Groll gegen den Pflegedienst hegen. Die Wahrscheinlichkeit, dass es überhaupt zu einer Strafverfolgung kommt, ist dementsprechend eher gering.

Kommt es dennoch zu einer Anzeige und in der Folge zu einem Anfangsverdacht gem. § 152 II StPO, so stellen sich im Rahmen der Vernehmung und der Auswertung der bei einer Durchsuchung erlangten Unterlagen noch weitere Probleme.

Bei der Vernehmung muss beachtet werden, dass von den Mitarbeitern vielfach keine vernünftige Aussage erlangt werden kann. Denn diese haben ein Interesse an dem Erhalt ihres Arbeitsplatzes und häufig auch Angst vor einer eigenen Strafverfolgung.[484] Im Zweifel haben sie sogar ein Zeugnisverweigerungsrecht.[485]

Auch die Vernehmung der Klienten gestaltet sich durch ihr oftmals hohes Alter als schwierig.[486] Gerade im Alter nimmt das Erinnerungsvermögen in der Regel ab, daher ist es für sie häufig unmöglich, sich daran zu erinnern, ob und wenn ja wann eine konkrete Leistung in der Vergangenheit erbracht wurde. Zudem haben sie meistens ein Vertrauensverhältnis zu dem Pflegedienst und wollen diesem deswegen nicht schaden.[487]

Aber selbst wenn die Mitarbeiter oder die Klienten gegen den Pflegedienst aussagen, steht meist Aussage gegen Aussage und es ist schwer nachzuweisen, dass eine konkrete Leistung, die oft weit zurückliegt, tatsächlich nicht erbracht wurde.[488]

Kommt es im Rahmen einer Durchsuchung des ambulanten Pflegedienstes zu einer Beschlagnahme von Unterlagen, so gestaltet sich deren Auswertung als problematisch.

Zunächst stellt sich hierbei die Frage, durch wen die Auswertung vorgenommen werden kann.[489] Grundsätzlich werden solche Untersuchungen im Ermittlungsverfahren von der Polizei übernommen (§ 163 I StPO). Dies ist aber bei einem Verfahren wegen Abrechnungsbetruges problematisch, weil der Polizei regelmäßig die sozialversicherungsrechtlichen Kenntnisse fehlen werden, welche für eine Auswertung unbedingt erforderlich sind.[490] Zudem ist es den Polizeibehörden aufgrund der sowieso schon bestehenden Kapazitätsprobleme

---

484 Welke, Betrugsstrafbarkeit in Pflegeeinrichtungen, GuP 2011, S. 139ff. (140).
485 Welke, Betrugsstrafbarkeit in Pflegeeinrichtungen, GuP 2011, S. 139ff. (140).
486 Welke, Betrugsstrafbarkeit in Pflegeeinrichtungen, GuP 2011, S. 139ff. (140).
487 Welke, Betrugsstrafbarkeit in Pflegeeinrichtungen, GuP 2011, S. 139ff. (140).
488 FAZ, Artikel von 10.03.2012, Trügerische Pflege.
489 Welke, Betrugsstrafbarkeit in Pflegeeinrichtungen, GuP 2011, S. 139ff. (140).
490 Welke, Betrugsstrafbarkeit in Pflegeeinrichtungen, GuP 2011, S. 139ff. (141).

kaum zuzumuten, die äußerst zeitaufwendige Auswertung zu übernehmen.[491] Auch die Krankenkassen können trotz ihrer sozialversicherungsrechtlichen Kenntnisse nicht mit der Auswertung betraut werden, da ihnen die notwendige Neutralität fehlt.[492] Gelöst werden kann dieses Problem allerdings mit der Beauftragung von externen Sachverständigen, welche sich auf den Pflegedienstbereich spezialisiert haben.[493] Die Hinzuziehung solcher Sachverständigen wurde auch ausdrücklich vom BVerfG gebilligt.[494]

Aber selbst bei der Beauftragung von Sachverständigen bleibt die Auswertung der Unterlagen problematisch. Diese kann nämlich nur händisch erfolgen, da die Dokumentation nicht EDV-gestützt vorgenommen wird.[495] Die Auswertung ist daher sehr zeitintensiv und aufwendig. Daher ist es zumindest in Hessen gängige Praxis, dass nur die Unterlagen von 2–4 Klienten über einen auch nur begrenzten Zeitraum ausgewertet werden.[496] Anhand der Ergebnisse dieser Auswertung wird dann ein konkreter Tatnachweis geführt.[497]

Gelöst werden könnte dieses Problem, indem die Dokumentation der Pflegeleistungen mittels elektronischer Programme durchgeführt würde. Solche Programme sind bereits auf dem Markt erhältlich.[498] Allerdings wird die Anwendung solcher Programme gesetzlich nicht gefordert. Auch in den meisten Verträgen wird sie noch nicht vorgeschrieben. Sie funktionieren dergestalt, dass der Pflegedienstmitarbeiter den Anfang und das Ende des Pflegeeinsatzes einloggt. Zudem

---

491 Welke, Betrugsstrafbarkeit in Pflegeeinrichtungen, GuP 2011, S. 139ff. (141).
492 Welke, Betrugsstrafbarkeit in Pflegeeinrichtungen, GuP 2011, S. 139ff. (141).
493 Welke, Betrugsstrafbarkeit in Pflegeeinrichtungen, GuP 2011, S. 139ff. (141); die hessische Zentralstelle zu Bekämpfung von Vermögensstraftaten und Korruption im Gesundheitswesen greift regelmäßig auf solche Sachverständige zurück.
494 BVerfG, Beschluss vom 31.08.2007 – 2 BvR 168/07 (BeckRS 2007, 26565).
495 Welke, Betrugsstrafbarkeit in Pflegeeinrichtungen, GuP 2011, S. 139ff. (141); im Bereich der häuslichen Krankenpflege müssen die Abrechnungsunterlagen zwar (im Gegensatz zur SPV) maschinell verwertbar sein, dies schließt die Pflegedokumentation allerdings nicht mit ein. Denn diese gehört in der Regel (vertragsabhängig) nicht mit zu den Abrechnungsunterlagen dazu.
496 Welke, Betrugsstrafbarkeit in Pflegeeinrichtungen, GuP 2011, S. 139ff. (141).
497 Welke, Betrugsstrafbarkeit in Pflegeeinrichtungen, GuP 2011, S. 139ff. (141); die sich heraus ergebene Fragestellung, ob im Strafverfahren Hochrechnungen zulässig wären, wird an entsprechender Stelle beim Schaden (D. II. 1. d.) beantwortet.
498 Beispielhaft für viele: http://www.dmrz.de/pflegedokumentation-edv-erfassung-durch-smartphone-und-tablet-pc.html (Zuletzt abgerufen am 13.12.2014); http://www.godo-systems.de/software/altenhilfe/produkte/software/go-on-touch-pflegedokumentation (zuletzt abgerufen am 13.12.2014).

scannt er alle in diesem Zeitraum erbrachten Leistungen in das Gerät ein.[499] Eine gesetzlich oder zumindest vertragliche Vorschrift, die Dokumentation mithilfe dieser EDV-Programme durchzuführen, würde zu einer größeren Transparenz führen und die Auswertung erleichtern. Auch eine Umstellung der Abrechnungsübermittlung wäre sinnvoll. Wären die Abrechnungsunterlagen einschließlich der Leistungsnachweise bzw. der Durchführungskontrollblätter maschinell verwertbar (im Bereich der häuslichen Krankenpflege ist dies schon vorgeschrieben, gilt allerdings nicht für die Durchführungskontrollblätter), so könnten sie bei der Abrechnungsprüfung durch ein EDV-Programm, wie dem Regelwerk, überprüft werden.

Weiterhin stellt sich im Rahmen der Strafverfolgung das Problem, dass vielen Ermittlern das erforderliche Spezialwissen fehlt. Die vielerorts überlasteten Staatsanwaltschaften haben selten jemanden, der sich auf den Abrechnungsbetrug der Pflegedienste spezialisiert hat, und es fehlt an der notwendigen Zeit, sich in diese komplexe Materie einzuarbeiten.[500] Diesem Problem könnte man allerdings entgegentreten, wenn man in den einzelnen Bundesländern vermehrt Zentralstellen bei den Generalstaatsanwaltschaften schaffen würde, welche sich landesweit ausschließlich mit dem Abrechnungsbetrug beschäftigen. Außerdem ist es sinnvoll, dass sich Arbeitskreise aus Staatsanwälten, Polizisten und Kassenmitarbeitern zusammensetzen, um ihr Wissen über die Pflegedienste auszutauschen.[501]

2. Abschluss des Strafverfahrens

Besteht ein Anfangsverdacht und nehmen die Behörden die Ermittlungen auf, so kommt es in den wenigsten Fällen zu einer Anklage. Dies liegt meistens nicht – wie man vermuten könnte – daran, dass sich der Anfangsverdacht nicht zu einem hinreichenden Tatverdacht verdichtet hätte. Vielmehr kommt es in ca. 90 % der

---

499 Ein ambulanter Pflegedienst in Essen arbeitet mit einem solchen Scannsystem und erläutert es in dem folgenden Beitrag: http://www.stern.de/tv/sterntv/abzocke-bei-pflegediensten-das-skrupellose-geschaeft-mit-hilfsbeduerftigen-menschen-2122209.html (zuletzt abgerufen am 13.12.2014).
500 FAZ, Artikel von 10.03.2012, Trügerische Pflege.
501 FAZ, Artikel von 10.03.2012, Trügerische Pflege; In Hessen gibt es z.B. die „Arbeitsgemeinschaft Abrechnungsmanipulation", welche durch die Landesverbände der Kranken- und Pflegekassen geschlossen wurde. Ihre Aufgabe ist die Bekämpfung von Abrechnungsmanipulation im Bereich der Pflege nach dem SGB XI und der häuslichen Krankenpflege nach dem SGB V.

Fälle zu einer Einstellung nach §§ 153, 153a StPO.[502] Die übliche Einstellungsquote der Staatsanwaltschaften nach den §§ 153, 153a StPO liegt hingegen bei ca. 30 %.[503] In den Ermittlungsverfahren zu den Abrechnungsverstößen der Pflegedienste werden also ca. 3-mal so viele Einstellungen nach §§ 153, 153a StPO vorgenommen wie in anderen Ermittlungsverfahren.

Für diese Besonderheit gibt es verschiedene Gründe. Eine Ursache hierfür sind wiederum die schlechten Auswertungsmöglichkeiten der Unterlagen. Es ist zwar auch mit einer händischen Auswertung möglich, in einigen wenigen Fällen einen konkreten Tatnachweis zu führen und damit einen hinreichenden Tatverdacht zu begründen. Eine Auswertung aller Unterlagen wäre aber zu kosten- und zeitintensiv. Aus den wenigen gutachterlich ausgewerteten und nachgewiesenen Betrugsfällen ergibt sich meistens nur ein geringer Schaden. Bei einem solchen geringen Schaden lohnt sich aber oft die Anklage nicht. Dies gilt vor allem vor dem Hintergrund, dass aufgrund des geringen Schadens die Schuld des Täters als gering anzusehen ist und eine Einstellungsmöglichkeit somit meist vorliegt. Eine weitere Ursache ist auch hier wieder die mangelnde Spezialisierung einiger Staatsanwaltschaften. Diese scheuen teilweise die Auseinandersetzung mit Detailfragen und streben eher eine schnelle Verfahrensbeendigung an, anstatt in die Prüfung der einzelnen Abrechnungspositionen einzusteigen, zumal diese aufgrund der unterschiedlichen Verträge ziemlich zeitintensiv wäre, da eine genaue Einarbeitung in die Verträge für die Bestimmung der Abrechenbarkeit der Leistungen unerlässlich ist.

Auch hier liegt die Lösung in einer Umstellung auf eine EDV-gestützte Abrechnung. Dann könnte mittels bestimmter Programme ein umfangreicher Tatnachweis geführt werden. Stellt sich bei einer solchen Prüfung ein schweres Vergehen des ambulanten Pflegedienstes heraus, so lohnt sich auch die Anklageerhebung. Hierdurch wären die Staatsanwaltschaften dann auch mittelbar gezwungen, sich detaillierter mit dem Thema auseinanderzusetzen, da sie aufgrund der Schwere der Schuld nicht mehr den leichteren Weg der Einstellung wählen könnten.

---

502 Die hessische Zentralstelle stellt z.B. 90 % aller Verfahren nach §§ 153, 153a StPO ein. Auch die bundesweit tätige und auf den Pflegebereich spezialisierte Kanzlei Iffland/Wischnewski hat eine Einstellungsquote von ca. 90 %.
503 Statistisches Bundesamt, Staatsanwaltschaften - Fachserie 10 Reihe 2.6 – 2012, S. 34; im Internet abrufbar unter: https://www.destatis.de/DE/Publikationen/Thematisch/Rechtspflege/GerichtePersonal/Staatsanwaltschaften2100260127004.pdf?__blob=publicationFile (Zuletzt abgerufen am 13.12.2014).

Zuletzt sei angemerkt, dass eine Einstellung durchaus auch im Interesse der betroffenen Pflegedienste liegt. Diese Zahlen – selbst wenn sie unschuldig in das Ermittlungsverfahren gekommen sind – lieber die Auflage, als dass sie sich dem gerichtlichen Verfahren aussetzen. Kommt es bei einem solchen nämlich zu einer Verurteilung, könnte den Pflegediensten in der Folge die Zulassung entzogen werden. Dies würde für viele den finanziellen Ruin bedeuten. Für einige Pflegedienste hat die Einstellung gegen Auflage nach § 153a StPO somit den Charakter eines Freikaufens.

3. Verlagerung ins Strafrecht/Instrumentalisierung

Problematisch erscheint auch der Trend, sozialrechtliche Probleme ins Strafrecht zu verlagern.[504]

Eine solche Verlagerung hat für die Kranken- bzw. Pflegekassen den Vorteil, dass die Ermittlungsarbeit für die spätere Durchsetzung etwaiger Ansprüche gegen die Pflegedienste von den Staatsanwaltschaften übernommen wird. Diese haben im Vergleich zu den Kassen mehr Befugnisse und können die Sachverhalte so besser aufklären. Auch ist es für die Kassen durch das strafrechtliche Verfahren leichter, ihre Forderungen gegen die Pflegedienste durchzusetzen, da diese aufgrund der Angst vor einer strafrechtlichen Verurteilung eher zur Zahlung geneigt sind.[505] Die derzeit noch vorherrschenden Einstellungen helfen den Kassen oftmals jedoch nicht bei der Durchsetzung ihrer Ansprüche. Denn ohne rechtskräftiges Urteil bleibt die Beweislast im sozialversicherungsrechtlichen Verfahren bei ihnen. Teilweise wird daher von den Kassen versucht, in Zusammenarbeit mit den Staatsanwaltschaften die Zahlung der sozialrechtlichen Rückforderung zur Auflage nach § 153a StPO zu machen. Dies ist aber bedenklich. Zwar ist dem Strafrecht ein Täter-Opfer-Ausgleich nicht fremd, jedoch sollte das strafgerichtliche Verfahren nicht zur Durchsetzung von sozialrechtlichen Forderungen instrumentalisiert werden.

Zudem haben die Kassen nach § 197a IV SGB V die Pflicht, Tatsachen, welche einen strafrechtlichen Anfangsverdacht begründen, an die Staatsanwaltschaften weiterzuleiten. Tun sie dies nicht, können sie sich gegebenenfalls sogar der Strafvereitelung strafbar machen.[506] Diese Regelung ist grundsätzlich sinnvoll, da den Pflegediensten so nicht mehr in Aussicht gestellt werden kann, dass ihr Verfahren gegen die Zahlung einer gewissen Geldsumme nicht an die Staatsanwaltschaft

---

504 Wischnewski/Jahn, Pönalisierung ambulanter Pflegedienste, GuP 2011, S. 212 ff. (213).
505 Wischnewski/Jahn, Pönalisierung ambulanter Pflegedienste, GuP 2011, S. 212 ff. (213).
506 Wischnewski/Jahn, Pönalisierung ambulanter Pflegedienste, GuP 2011, S. 212 ff. (213).

weitergegeben wird. Sie führt aber auch dazu, dass viele Fälle, in denen kein strafrechtlicher Anfangsverdacht vorliegt, erst einmal „vorsichtshalber" den Staatsanwaltschaften gemeldet werden. Für die Staatsanwaltschaften bedeutet dies in der Folge eine noch höhere Belastung.

4. Geringe Zulassungsvoraussetzungen

Ein weiteres strukturelles Problem besteht darin, dass die ambulanten Pflegedienste grundsätzlich einen Rechtsanspruch auf Zulassung haben.[507] Die Leiter des Pflegedienstes müssen selber keine besonderen Voraussetzungen erfüllen. Es ist lediglich gem. §§ 72 III, 71 III SGB XI erforderlich, dass eine verantwortliche Pflegefachkraft eine Ausbildung im Pflegebereich absolviert hat, eine zweijährige Berufserfahrung mitbringt und erfolgreich an bestimmten Weiterbildungsmaßnahmen teilgenommen hat. Hieraus ergibt sich das Problem, dass derjenige, der letztlich die Entscheidungen trifft – nämlich der Leiter des Pflegedienstes –, im Zweifel keine tiefergehenden Kenntnisse über die Pflege hat. Trotzdem sind die Kassen verpflichtet, den Pflegedienst unter einer solchen Leitung zuzulassen. Dies könnte z.B. zu Folgeproblemen führen, wenn der Pflegedienstleiter bestenfalls kaufmännische Kenntnisse hat, aber kaum etwas über die Pflegemethoden und die notwendige Betreuung weiß. Zudem wird er in der Regel keine Kenntnisse über das Sozialversicherungsrecht mitbringen und gegebenenfalls sogar Schwierigkeiten haben, die geschlossenen Verträge zu verstehen. Dies kann dann im Zweifel dazu führen, dass Vertragsregelungen nicht eingehalten werden, weil der Leiter des Pflegedienstes nicht weiß, wann seine Mitarbeiter die vertraglich geforderten Qualifikationen tatsächlich aufweisen.[508]

Eine Lösung für dieses Problem wäre die Verschärfung der Zulassungsvoraussetzungen. Dies würde gleichzeitig auch zu einer Erhöhung der Qualität im Pflegebereich führen. Es sollte nur den Personen gestattet werden, einen Pflegedienst zu eröffnen, die selber eine Ausbildung in diesem Bereich absolviert haben. Hierdurch würde zugleich auch der pflegerische Ausbildungsberuf wieder attraktiver, da nur noch so die Möglichkeit bestände, sich mit einem Pflegedienst selbstständig zu machen. Außerdem sollte eine Teilnahme an regelmäßigen sozialversicherungsrechtlichen Schulungen zur Voraussetzung für die Leitung eines ambulanten Pflegedienstes gemacht werden. Zudem sollte es auch bei Pflegediensten – ähnlich wie bei den Ärzten – Zulassungsbeschränkungen geben. Dies

---

507 So auch: FAZ, Artikel von 10.03.2012, Trügerische Pflege.
508 Mehr hierzu im Rahmen des Vorsatzes bei dem Einsatz von nicht qualifiziertem Pflegepersonal unter D. II. 2. a. aa. (3.).

würde den Wettbewerb zwischen den Pflegediensten entzerren, welcher rein tatsächlich aufgrund von ähnlichen Preisen für die Pflege aufgrund der Vergütungsvereinbarungen sowieso kaum existiert. Eine geringere Anzahl an Pflegediensten hätte mithin den Vorteil, dass in diesen Pflegediensten eine vermehrte Kontrolle möglich wäre. Außerdem würden sich die seriösen Pflegedienste eher durchsetzen können, da es zu jedem Pflegedienst mehr Erfahrungsberichte (z.B. im Internet) gäbe. Auch der finanzielle Druck wäre für die einzelnen Pflegedienste aufgrund einer durchschnittlich höheren Anzahl an Klienten für die Pflegedienste nicht mehr so hoch. Gerade ein solcher Druck kann Pflegedienste zu einem betrügerischen Handeln motivieren. Denn reicht seine Anzahl an Klienten zur Existenzsicherung nicht aus, so wird er im Zweifel eher dazu motiviert sein, nicht erbrachte Leistungen abzurechnen.

II. Abrechnungsbetrug durch den Inhaber des Pflegedienstes

In diesem Teil der Arbeit wird zunächst der Ausgangsfall des Abrechnungsbetruges der ambulanten Pflegedienste erläutert, in welchem nicht oder nicht vollständig erbrachte Leistungen abgerechnet werden. Im Anschluss daran werden die verschiedenen Betrugskonstellationen untersucht, in welchen die streng formale Betrachtungsweise in der Zukunft zur strafrechtlichen Schadensbestimmung angewendet werden könnte.

1. Abrechnung von nicht/nicht vollständig erbrachten Leistungen

Der Ausgangsfall des Abrechnungsbetruges besteht – auch im Bereich der ambulanten Pflege – in der Abrechnung von nicht oder nicht vollständig erbrachten Leistungen.

Hierbei manipuliert der ambulante Pflegedienst die für die Abrechnung maßgeblichen Leistungsnachweise (SGB XI) oder Durchführungskontrollblätter (SGB V) so, dass sie mehr als die tatsächlich erbrachten Leistungen enthalten. Häufig werden auch andere als die erbrachten Leistungen aufgeführt, da diese mehr Geld einbringen. Auch möglich ist es, soweit vom Versicherten eine Abrechnung nach Zeitaufwand gewählt wurde,[509] einen höheren (als den tatsächlich gebrauchten) Zeitaufwand in Rechnung zu stellen.

Auch ein kollusives Zusammenwirken mit den „Pflegebedürftigen" ist in der SPV möglich. Hierzu täuschen die „Pflegebedürftigen" bei der Begutachtung über das Vorliegen einer Pflegebedürftigkeit (teilweise wird auch nur über die

---

509 Mehr hierzu unter B. II. 1. c. bb.

benötigte Pflegestufe getäuscht). Im Anschluss können die Pflegedienste dann Leistungen für sie abrechnen, die nicht erbracht wurden. Die Vergütungszahlungen der Pflegekassen werden dann zwischen dem „Pflegebedürftigen" und dem ambulanten Pflegedienst aufgeteilt.[510]

Im Rahmen der häuslichen Krankenpflege ist ein solches Zusammenwirken durch eine Täuschung des Arztes möglich. Dieser stellt dann aufgrund der Täuschung eine Verordnung für die Sicherungspflege oder die Krankenhausvermeidungspflege aus.[511] Die ambulanten Pflegedienste können im Anschluss aufgrund der Verordnung nicht erbrachte Leistungen abrechnen und sich das erhaltene Geld mit dem Klienten teilen. Ebenfalls vorstellbar ist, dass der Arzt gar nicht getäuscht wird, sondern freiwillig gegen eine Geldzahlung an dem Betrug mitwirkt und dem „Patienten" ein nicht notwendiges Rezept ausstellt.

a. Täuschung über Tatsachen

Für die Verwirklichung eines Betruges müsste der Inhaber des ambulanten Pflegedienstes zunächst über Tatsachen getäuscht haben.[512]

Als maßgebliche Täuschungshandlung kommen die falsche Aufzeichnung der Pflegeleistungen in den Leistungsnachweisen bzw. den Durchführungsnachweisen[513], die Abrechnungserstellung und die Übermittlung der Abrechnung in Betracht.

Der ambulante Pflegedienst ist gem. § 13 II Empf. apV dazu verpflichtet, die erbrachten Leistungen täglich in den Leistungsnachweis einzutragen und sowohl von der zuständigen Pflegekraft als auch vom Klienten unterzeichnen zu lassen.[514] Dieser Leistungsnachweis bildet die maßgebliche Abrechnungsgrundlage.[515] Die gleiche Verpflichtung wird für den SGB V-Bereich für den Leistungsnachweis bzw. den Durchführungsnachweis in den Rahmenverträgen geregelt.[516] Werden von dem Inhaber des ambulanten Pflegedienstes nicht oder nicht vollständig erbrachte Leistungen in den Leistungsnachweis bzw. den Durchführungsnachweis

---

510 FAZ, Artikel von 04.03.2012, Die gepflegte Abzocke.
511 Mehr zur Sicherungs- bzw. Krankenhausvermeidungspflege unter B. II. 2. a.
512 Mehr zu dem Tatbestandsmerkmal der Täuschung über Tatsachen unter C. I. 1.
513 Einer falschen Aufzeichnung in den Durchführungsnachweisen im Bereich der häuslichen Krankenpflege kommt nur dann überhaupt als Täuschungshandlung in Betracht, wenn dieser nach den rahmenvertraglichen Regelungen des jeweiligen Bundeslandes ausdrücklich zu den Abrechnungsunterlagen zählt.
514 Mehr hierzu unter B. II. 1. c. cc.
515 SG Dortmund, Urteil vom 28.01.2005 – S 12 KN 31/03 P (PflR 2005, 519–523).
516 Mehr hierzu unter B. II. 2. c. bb.

eingetragen, so kommt diesem Verhalten noch kein Erklärungswert zu, da diese erst am Ende des Monats übermittelt werden. Gleiches gilt auch für die Abrechnungserstellung. Beide Handlungen sind nur straflose Vorbereitungshandlungen für eine spätere Täuschungshandlung.

Der Übermittlung der Abrechnungsunterlagen an die Kranken- bzw. Pflegekasse und/oder den betreuten Klienten bzw. dem Sozialhilfeträger kommt hingegen ein Erklärungswert zu. Hierdurch erklärt der Inhaber des ambulanten Pflegedienstes zumindest konkludent, dass er die im Leistungsnachweis/Durchführungsnachweis und in den Abrechnungsunterlagen aufgeführten Leistungen auch wirklich erbracht hat. Eine Täuschungshandlung liegt somit vor.

Diese Täuschungshandlung bezieht sich auch auf Tatsachen. Denn die (teilweise) Nichterbringung von Pflegeleistungen ist ein äußerer Umstand, welcher dem Beweis zugänglich ist.

Eine Täuschung über Tatsachen ist somit gegeben.

b. Irrtum

Durch die Täuschung über die Leistungserbringung müsste ein Irrtum erregt worden sein.

Die Besonderheit im System der ambulanten Pflege liegt darin, dass mehrere Adressaten für die Abrechnung in Betracht kommen. Erbringt der Pflegedienst Leistungen im Bereich der SPV, so wird die Abrechnung an die Pflegekasse – und bei einem Überschreiten der für die einzelnen Pflegestufen vorgesehenen Höchstbeträge – auch an den Klienten oder, soweit dieser Sozialhilfe empfängt, an den zuständigen Sozialhilfeträger übermittelt. Werden hingegen Leistungen im Rahmen der häuslichen Krankenpflege gem. § 37 SGB V erbracht, rechnet der Pflegedienst diese Leistungen mit der Krankenkasse separat ab.

aa. Irrtum der Pflegekasse (SPV)

Im Rahmen der SPV ist die Pflegekasse der Adressat für die monatliche Abrechnung des ambulanten Pflegedienstes. Bei dieser müsste es daher aufgrund der Täuschung des ambulanten Pflegedienstes zu einem Irrtum gekommen sein. Die Pflegekassen sind gem. § 46 II S. 1 SGB X Körperschaften des öffentlichen Rechts und können daher selbst keinem Irrtum unterliegen. Da beim Betrug der Irrende und der Verfügende identisch sein müssen, muss untersucht werden, wer für die Pflegekasse die Verfügung trifft.[517]

---

517 Dieser Abschnitt ist stark an die ähnliche Problemstellung bei dem Irrtum der KV angelehnt: C. I. 2. a. bb.

Die gerichtliche und außergerichtliche Vertretung der Pflegekassen obliegt gem. § 46 II S. 2 SGB XI i.V.m. § 34a I S. 1 SGB IV dem Vorstand oder einzelnen Vorstandsmitgliedern, soweit die Satzung dies bestimmt. Grundsätzlich ist daher der Vorstand verfügungsbefugt. Dieser wird allerdings in der Regel die Vermögensverfügung nicht selber vornehmen, sondern auf die dafür vorgesehenen Sachbearbeiter delegieren.

Der Irrtum muss folglich bei dem für die Verfügung verantwortlichen Sachbearbeiter vorliegen.

(1.) Ausprägung der Fehlvorstellung (sachgedankliches Mitbewusstsein)

Fraglich ist, inwieweit sich der verfügende Sachbearbeiter der Pflegekasse Vorstellungen über die Richtigkeit der Abrechnung macht. Fehlt es an einer Vorstellung, da er sich gar keine Gedanken macht, liegt auch kein Irrtum vor (sog. Ignorantia facti).[518] Umstritten ist aber, ob ein Irrtum vorliegt, wenn unreflektiert im Rahmen eines sog. „sachgedanklichen Mitbewusstseins" von dem Vorliegen von bestimmten Gegebenheiten ausgegangen wird.[519]

Der Streit muss allerdings nur entschieden werden, wenn der verfügende Sachbearbeiter aufgrund eines arbeitsteiligen Zusammenwirkens im Rahmen der Pflegekasse nicht selbst mit der Abrechnungsprüfung betraut ist. Er trifft dann die Verfügung grundsätzlich mit der Vorstellung, mit der Abrechnung sei alles in Ordnung. Im Zweifel fehlt es aber bei ihm an tiefergehenden Gedanken über die Korrektheit der Abrechnung mangels eigener Prüfungsmöglichkeit.[520]

Eine Prüfung von Abrechnungen der ambulanten Pflegedienste ist gesetzlich nur im Rahmen der Qualitätsprüfungen gem. § 114 SGB XI vorgesehen. Diese Prüfungen werden in der Regel einmal jährlich vom MDK oder hierfür bestellten

---

518 Lackner in Lackner/Kühl, StGB, § 263, Rn. 18.
519 Die Rechtsprechung und überwiegende Literatur geht davon aus, dass die unreflektierte Vorstellung es sei alles „in Ordnung" für die Bejahung eines Irrtums ausreichend ist: BGH, Beschluss vom 25.01.2012 – 1 StR 45/11 (BGHSt 57, 95–122); BGH, Urteil vom 22.08-2006 – 1 StR 547/05 (MedR 2006, 721–725); MüKo/Hefendehl, StGB, § 263, Rn. 231; Perron in Schönke/Schröder, StGB, § 263, Rn. 39; SK-StGB/Hoyer, § 263, Rn. 65; a.A. Lackner (m.w.N.), nach welchem sich die Vorstellung zumindest auf das Vorliegen von konkreten Umständen und Verhältnissen beziehen muss (Lackner in Lackner/Kühl, StGB, § 263, Rn. 18).
520 Siehe zum Parallelproblem im Rahmen des vertragsärztlichen Systems bei der KV: Hancok, Abrechnungsbetrug durch Vertragsärzte, S. 140–144.

Sachverständigen durchgeführt.[521] Die Abrechnungen der ambulanten Pflegedienste werden hingegen monatlich an die Pflegekassen übermittelt.[522]

Erhält der verfügende Sachbearbeiter der Pflegekasse die Abrechnungsunterlagen, wird er sich daher darüber bewusst sein, dass eine Abrechnungsprüfung bislang nicht oder nur eingeschränkt durch Kollegen stattgefunden hat.[523] Er wird wissen, dass die jährliche Abrechnungsprüfung durch den MDK oder die Sachverständigen im Rahmen der Qualitätsprüfungen erst nach seiner Verfügung stattfinden wird. Daher ist davon auszugehen, dass er sich grundsätzlich vor der Vornahme der Verfügung eine Vorstellung über die Richtigkeit der Abrechnung machen wird, da er seinen Arbeitgeber vor einem Vermögensverlust bewahren will. Der Streit kann somit dahinstehen, da die Intensität der Fehlvorstellung bei dem verfügenden Sachbearbeiter nach allen Auffassungen ausreichend ist.

(2.) Zweifel des verfügenden Sachbearbeiters

Abzugrenzen ist die obige Konstellation von der Konstellation, in welcher der verfügende Sachbearbeiter zwar an der Richtigkeit der Abrechnungsunterlagen zweifelt, sie aber für möglich hält und daher trotz der Zweifel auch verfügt. Solche Zweifel können bei dem verfügenden Sachbearbeiter schon deswegen bestehen, da er von dem Kontrolldefizit in der SPV weiß und sich bewusst ist, dass Abrechnungsmanipulationen sozusagen systemimmanent sind. Zudem weiß er, dass eine Abrechnungsprüfung von dem MDK/den Sachverständigen in der Regel erst nach seiner Verfügung durchgeführt wird (da diese nur jährlich stattfindet). Seine Zweifel können aber auch auf einen konkreten Verdacht zurückzuführen sein. Fraglich ist daher, ob ein Irrtum des verfügenden Sachbearbeiters auch bei Zweifeln angenommen werden kann.[524]

---

521 Dies stellt einen wesentlichen Unterschied zum vertragsärztlichen System dar. Hier finden die Abrechnungsprüfungen nicht pauschal einmal jährlich statt, sondern im jeden Abrechnungsquartal. Zudem wird die Prüfung von der gleichen Institution vorgenommen, welche auch die Verfügung tätigt.
522 Mehr zur Abrechnung in der SPV unter B. II. 1. c.
523 Beim vertragsärztlichen System muss der Streit hingegen entschieden werden, da vor der Verfügung bereits eine umfangreiche Abrechnungsprüfung u.a. durch das sog. Regelwerk durchgeführt wird.
524 Zum Parallelproblem bei Zweifeln des verfügenden Sachbearbeiters der KV: Hancok, Abrechnungsbetrug durch Vertragsärzte, S. 144–149; Freitag, Abrechnungsbetrug im deutschen Gesundheitswesen, S. 98–104; der Streitstand wird hier detailliert dargestellt. Da eine solche Darstellung – mangels abrechnungsspezifischer Relevanz – diese Arbeit nicht voranbringen würde, wird auf die bereits hierzu existierenden Streitdarstellungen verwiesen. Ihnen ist nichts mehr hinzuzufügen. Im weiteren Verlauf

Dies wird von der ständigen Rechtsprechung und der herrschenden Auffassung in der Literatur bejaht, denn auch derjenige, der zweifelt, zeigt durch die Vermögensverfügung, dass er die Wahrheit für möglich hält, und fällt somit der List des Täters zum Opfer.[525] Nimmt der verfügende Sachbearbeiter der Pflegekasse daher trotz Zweifel die Vermögensverfügung vor, so stehen seine Zweifel der Annahme eines Irrtums nicht entgegen.

(3.) Zurechnung der Kenntnis der Unrichtigkeit

Wie bereits erläutert, kann die Pflegekasse selbst keinem Irrtum unterliegen. Vielmehr kommt es aufgrund der arbeitsteiligen Struktur innerhalb der Pflegekasse für den Irrtum auf den verfügenden Sachbearbeiter an. Fraglich ist aber, ob ihm die Kenntnis des Sachbearbeiters des MDK oder eines Sachverständigen zugerechnet werden kann.[526] Zuerst wird bei der Beantwortung dieser Frage auf den Fall eingegangen, in welchem der MDK die Prüfung durchführt. Im Anschluss daran wird kurz der Fall erläutert, in welchem die Prüfung von Sachverständigen durchgeführt wird.[527]

(a.) Zurechnung der Kenntnis des MDK

Wird die Abrechnungsprüfung durch den MDK durchgeführt, so stellt sich die Frage, ob dem verfügenden Sachbearbeiter die Kenntnis des Sachbearbeiters des MDK von der Fehlerhaftigkeit der Abrechnung zugerechnet werden kann. Wäre dies der Fall, wäre der verfügende Sachbearbeiter so zu behandeln, als hätte er Kenntnis von der Abrechnungsmanipulation gehabt. Es läge dann kein Irrtum vor.

---

    wird daher nur die Auffassung der herrschenden Meinung und der Rechtsprechung erläutert.

525 BGH, Urteil vom 05.12.2002 – 3 StR 161/02 (NJW 2003, 1198–1200); BGH, Urteil vom 08.05.1990 – 1 StR 144/90 (wistra 1990, 305 ff.); NK-StGB-Kindhäuser § 263, Rn. 176; MüKo/Hefendehl, StGB, § 263, Rn. 252; Perron in Schönke/Schröder, StGB, § 263, Rn. 40.

526 Da auch das Problem der Wissenszurechnung in arbeitsteiligen Institutionen dem Grunde nach nicht abrechnungsbetrugsspezifisch ist, wird es mit Rücksicht auf eine vernünftige Schwerpunktsetzung abgekürzt dargestellt. Auf die Wissenszurechnung des Vorstandes wird daher nicht eingegangen. Eine umfangreiche Streitdarstellung findet sich bei Hancok, Abrechnungsbetrug durch Vertragsärzte, S. 153–158 und Freitag, Abrechnungsbetrug im deutschen Gesundheitswesen, S. 105–106. Diese ist bezüglich der Wissenszurechnung des Vorstandes der KV auf die Wissenszurechnung des Vorstandes der Pflegekasse übertragbar.

527 In Hessen ist die Durchführung von Abrechnungsprüfungen durch die Sachverständigen der Regelfall. Nur in Ausnahmefällen führt der MDK die Prüfung durch.

Die höchstrichterliche Rechtsprechung nimmt in arbeitsteiligen Unternehmen eine strafrechtlich relevante Kenntniszurechnung beim Betrug an.[528] Warum eine solche vorzunehmen ist, wird in den Urteilen allerdings offengelassen. In der Literatur gibt es zahlreiche Herleitungsversuche hierzu, die ebenfalls alle von einer strafrechtlichen Kenntniszurechnung in arbeitsteiligen Unternehmen ausgehen.[529] Diese reichen von der Übertragung der zivilrechtlichen Grundsätze zur Wissenszurechnung gem. §§ 166, 278, 831 BGB auf das Strafrecht[530] bis hin zu einer Ablehnung der objektiven Zurechnung bei Kenntnis wegen einer eigenverantwortlichen Selbstgefährdung.[531] In dieser Arbeit wird mit der Rechtsprechung und der Literatur von der grundsätzlichen Möglichkeit einer Kenntniszurechnung ausgegangen. Auf die dogmatische Herleitung wird im Rahmen einer vernünftigen Schwerpunktsetzung allerdings nicht weiter eingegangen. Vielmehr soll in diesem Zusammenhang die bislang ungeklärte Frage beantwortet werden, ob dem verfügenden Sachbearbeiter der Pflegekasse die Kenntnis des für die Abrechnungsprüfung zuständigen Mitarbeiters des MDK von der Abrechnungsmanipulation zugerechnet werden kann. Denn die Besonderheit im Pflegedienstbereich besteht im Vergleich zum vertragsärztlichen Bereich darin, dass die Prüfung nicht von der Institution vorgenommen wird, die auch die Verfügung tätigt.

Im vertragsärztlichen Bereich wird eine Kenntniszurechnung von dem prüfenden auf den verfügenden Sachbearbeiter in der KV vorgenommen.[532] Dies wird unter anderem damit begründet, dass es aufgrund der arbeitsteiligen Strukturen innerhalb der KV systemimmanent sei, dass einige Mitarbeiter von der Abrechnungsmanipulation Kenntnis erlangen und andere wiederum nicht. Dies

---

528 BGH, Urteil vom 15.12.2005 – 3 StR 239/05 (wistra 2006, 185–186); BGH, Urteil vom 05.12.2002 – 3 StR 161/02 (NJW 2003, 1198–1200).

529 Fischer, § 263, Rn. 68; MüKo/Hefendehl, StGB, § 263, Rn. 266; Freitag, Abrechnungsbetrug im deutschen Gesundheitswesen, S. 105; Hancok, Abrechnungsbetrug durch Vertragsärzte, S. 153–155; Brand/Vogt, Betrug und Wissenszurechnung bei juristischen Personen des privaten und öffentlichen Rechts, wistra 2007, 408 ff. (409, 415); Perron in Schönke/Schröder, StGB, § 263, Rn. 41a.

530 Mit weiteren Nachweisen: MüKo/Hefendehl, StGB, § 263, Rn. 266; Freitag, Abrechnungsbetrug im deutschen Gesundheitswesen, S. 105; Hancok, Abrechnungsbetrug durch Vertragsärzte, S. 153–155.

531 Mit weiteren Nachweisen: Brand/Vogt, Betrug und Wissenszurechnung bei juristischen Personen des privaten und öffentlichen Rechts, wistra 2007, 408 ff. (409, 415); Perron in Schönke/Schröder, StGB, § 263, Rn. 41a.

532 Freitag, Abrechnungsbetrug im deutschen Gesundheitswesen, S. 105–106; Hancok, Abrechnungsbetrug durch Vertragsärzte, S. 153–158.

dürfe allerdings nicht dazu genutzt werden, dass man sich durch die Einführung einer Arbeitsteilung der damit verbundenen Risiken entledigen könne. Daher müsse eine Zurechnung stattfinden.[533]

Diesem Ergebnis ist grundsätzlich zuzustimmen. Fraglich ist jedoch, ob es auch noch für Konstellationen vertretbar ist, in denen aufgrund einer Arbeitsteilung die Abrechnungsprüfung von einer außerhalb der Institution stehenden Person wahrgenommen wird.

Indem die Pflegekasse selbst keine Abrechnungsprüfungen durchführt, sondern auf die Abrechnungsprüfung des MDK vertraut, findet auch hier ein arbeitsteiliges Zusammenwirken statt. Grundsätzlich könnte daher argumentiert werden, dass kein anderes Ergebnis als bei einem arbeitsteiligen Zusammenwirken innerhalb einer Institution gelten könne. Wer bewusst eine Prüfung auslagert, muss sich auch die Kenntnisse zurechnen lassen, die aus dieser Prüfung erlangt werden. Ansonsten bestände die Möglichkeit, durch eine solche Auslagerung eine Kenntniszurechnung gezielt zu vermeiden. Hierbei ist aber zu berücksichtigen, dass die Auslagerung der Prüfung nicht auf einer freien Entscheidung der Pflegekasse beruht, sondern gesetzlich in § 114 SGB XI vorgeschrieben ist. Der Pflegekasse bleibt daher keine andere Möglichkeit, als auf die Richtigkeit der Abrechnungsprüfung des MDK zu vertrauen. Jedoch muss diesbezüglich beachtet werden, dass der MDK als keine komplett außenstehende Institution zu betrachten ist. Er ist vielmehr eine Gemeinschaftseinrichtung der in dem Bezirk ansässigen Kranken- und Pflegekassen, die als Träger Mitglieder des MDK sind.[534] Inhalt und Form der Prüfung des MDK können folglich durch die Pflegekassen mitbestimmt werden. Zudem ist die Prüfung durch den MDK für die Pflegekassen zweckmäßig im Sinne einer vernünftigen Arbeitsteilung. Denn die ambulanten Pflegedienste werden in der Regel für eine Vielzahl von Pflegekassen tätig. Würde die Abrechnungsprüfung von jeder einzelnen Pflegekasse selbstständig durchgeführt, würde eine Aufdeckung von Abrechnungsmanipulationen für die einzelnen Pflegekassen immens erschwert. Denn die einzelnen Pflegekassen hätten so keinen Überblick über etwaige Leistungen des ambulanten Pflegedienstes für die anderen Pflegekassen und könnten so z.B. keine zeitlichen Überschneidungen feststellen. Daher ist die Einbindung des MDK für eine funktionierende Abrechnungsprüfung im ambulanten Pflegedienstbereich wesentlich. Insgesamt ist diese Konstellation daher mit der oben beschriebenen

---

533 Freitag, Abrechnungsbetrug im deutschen Gesundheitswesen, S. 105–106; Hancok, Abrechnungsbetrug durch Vertragsärzte, S. 155–156.
534 http://www.mdk.de/Gliederung_Organisation.htm (Zuletzt abgerufen am 13.12.2014).

Konstellation vergleichbar, in welcher ein Sachbearbeiter derselben Institution die Abrechnungsprüfung vornimmt und Kenntnis von der Unrichtigkeit der Abrechnung hat. Dementsprechend wäre es unbillig, die Kenntniszurechnung zu verneinen. Eine solche findet daher statt, so dass die Kenntnis des prüfenden Sachbearbeiters des MDK von der Unrichtigkeit der Abrechnung dem verfügenden Sachbearbeiter der Pflegekasse zuzurechnen ist.[535]

(b.) Zurechnung der Kenntnis der Sachverständigen

Teilweise werden die Abrechnungsprüfungen auch von den vom Landesverband bestellten Sachverständigen vorgenommen.[536] Bei diesen Sachverständigen handelt es sich aber ebenfalls nicht um eine von den Pflegekassen gänzlich unabhängige Institution. Vielmehr bestehen die Sachverständigenteams aus Mitarbeitern der Pflegekassen und haben somit sogar einen noch engeren Bezug zu den Pflegekassen als der MDK. Eine Zurechnung ihrer Kenntnis an den verfügenden Sachbearbeiter muss daher auch in dieser Konstellation bejaht werden.

bb. Irrtum der Krankenkasse (häusliche Krankenpflege)

Im Bereich der häuslichen Krankenpflege müsste es aufgrund der Täuschung des Inhabers des Pflegedienstes zu einem Irrtum der Krankenkassen gekommen sein. Selber können die Krankenkassen nicht irren, da sie gem. § 4 I SGB V Körperschaften des öffentlichen Rechts sind. Da beim Betrug der Getäuschte und der Verfügende identisch sein müssen, muss festgestellt werden, wer bei der Krankenkasse die Verfügung vornimmt.

Die gerichtliche und außergerichtliche Vertretung der Krankenkassen obliegt gem. § 34a I S. 1 SGB IV dem Vorstand oder – falls die Satzung dies bestimmt – einzelnen Vorstandsmitgliedern. Der Vorstand ist daher grundsätzlich verfügungsbefugt.

---

535 Diese Zurechnung wird allerdings nur äußerst selten eintreten, da hierfür die jährlich durchgeführte Abrechnungsprüfung mit der monatlichen Bearbeitung der Abrechnungsunterlagen in der Pflegekasse zusammenfallen müsste! Eine spätere Kenntnis des Mitarbeiters des MDK würde nämlich nach der schon vorgenommenen Vermögensverfügung des verfügenden Sachbearbeiters seinen Irrtum nicht mehr nachträglich entfallen lassen.
536 Mehr hierzu unter B. II. 1. c. dd. (1.).

Da der Vorstand allerdings aus zeitlichen Gründen nicht alle Aufgaben selbst durchführen kann, wird er die Verfügung in aller Regel delegieren. Dementsprechend ist für den Irrtum auf den verfügenden Sachbearbeiter abzustellen.[537]

cc. Irrtum des Klienten

Auch der Klient des Pflegedienstes kann einem Irrtum unterliegen, soweit er Adressat der Rechnung des ihn umsorgenden ambulanten Pflegedienstes ist.[538] Der Inhaber des ambulanten Pflegedienstes rechnet seine Leistungen direkt mit seinem Klienten ab, soweit dieser Leistungen beansprucht, welche die Höchstbeträge des § 36 III SGB XI überschreiten. Eine direkte Abrechnung findet zudem auch dann statt, wenn der Klient Leistungen beansprucht, ohne dass eine Pflegebedürftigkeit vorliegt, oder wenn der Patient Mitglied in der privaten Pflegeversicherung ist. Hat der Klient Anspruch auf Sozialhilfe, so rechnet der Inhaber des ambulanten Pflegedienstes direkt mit dem Sozialhilfeträger ab, so dass der Klient nicht Adressat der Täuschung ist und somit keiner Fehlvorstellung unterliegt.

dd. Irrtum des Sozialhilfeträgers

Beansprucht der Klient des ambulanten Pflegedienstes Sozialhilfe, so kann auch der Sozialhilfeträger Adressat der Abrechnung sein.[539]

Träger der Sozialhilfe sind gem. § 1 I, II SGB XII die kreisfreien Städte und die Kreise, soweit das Landesrecht nichts anderes bestimmt. Auch diese können selber keinem Irrtum unterliegen. Vertreten werden sie von ihrem Bürgermeister bzw. Oberbürgermeister und dem Rat.[540] Diese delegieren die Aufgaben der Sozialhilfe regelmäßig auf bestimmte Verwaltungseinheiten – wie beispielsweise das Sozialamt –, in welchen bestimmte Sachbearbeiter für die Verfügung zuständig sind. Diese müssen für die Annahme eines Irrtums zum Zeitpunkt der Verfügung einer Fehlvorstellung über die Richtigkeit der Abrechnung unterliegen.

c. Vermögensverfügung

Zudem müsste eine irrtumsbedingte Vermögensverfügung durch die Kassen, den Klienten oder den Sozialhilfeträgern vorliegen.[541]

---

537 Die im Rahmen der Pflegekasse erläuterten Probleme gelten entsprechend für die Krankenkassen.
538 Mehr hierzu unter B. II. 1. c. cc. (2.).
539 Mehr hierzu unter B. II. 1. c. cc. (3.).
540 Vergleich z.B. für NRW § 40 II GO NRW.
541 Mehr zum Merkmal der Vermögensverfügung unter C. I. 3.

aa. Vermögensverfügung durch die Pflegekasse (SPV)
Rechnet der Inhaber des ambulanten Pflegedienstes Leistungen für die SPV ab, so schickt er die Rechnung zu den Pflegekassen. Bei diesen gelangt die Abrechnung in bestimmte Abteilungen, in welchen sie von dem hierfür zuständigen Sachbearbeiter bearbeitet wird. Findet dieser in der Abrechnung keine offensichtlichen Unstimmigkeiten, so veranlasst er kurze Zeit nach dem Erhalt der Abrechnung die Überweisung des geforderten Betrages und nimmt somit die Verfügung vor. Durch dieses Tun kann das Vermögen der Pflegekassen unmittelbar gemindert werden.[542]

Eine Vermögensminderung bei den Pflegekassen tritt allerdings nicht zwingend bei jeder Falschabrechnung durch die ambulanten Pflegedienste ein. Dies liegt daran, dass diese aufgrund der Höchstbeträge des § 36 III SGB XI für die einzelnen Klienten nur einen bestimmten gedeckelten Betrag zahlen müssen. Rechnen die Pflegedienste durch die Abrechnungsmanipulation höhere Beträge ab, ist der Klient bzw. der Sozialhilfeträger von der Falschabrechnung betroffen und gerade nicht die Pflegekasse. Diese erleidet nur dann eine Vermögensminderung, wenn der Wert der erbrachten Leistungen ohne die Falschabrechnung unter den Höchstbeträgen liegen würde. Zudem ist eine Vermögensminderung immer dann anzunehmen, wenn der Pflegedienst mit dem Patienten zusammenwirkt, um eine Einstufung in einer höheren Pflegestufe zu erreichen, und diese dann zur Mehrabrechnung von Leistungen nutzt, die tatsächlich nicht erbracht wurden.

bb. Vermögensverfügung durch die Krankenkasse (häusliche Krankenpflege)
Ist die Krankenkasse Adressat der Abrechnung, so muss auch diese eine irrtumsbedingte Vermögensverfügung vornehmen. Diese wird von dem zuständigen Sachbearbeiter dadurch vorgenommen, dass er nach einer kurzen Prüfung der Abrechnung die Zahlung des geforderten Betrages veranlasst. In diesem Verhalten ist die maßgebliche Verfügungshandlung zu sehen. Hierdurch wird das Vermögen der Krankenkasse unmittelbar gemindert, so dass eine Vermögensverfügung vorliegt.[543]

---

542 Im Vergleich zum vertragsärztlichen Abrechnungssystem, ist dieser Ablauf sehr einfach. Als Verfügungshandlung kommen aufgrund des einfachen Vergütungssystems nicht mehrere Handlungen in Betracht, sondern nur die Überweisung der Vergütung. Denn die Pflegekasse muss im Vergleich zu der KV nicht erst den konkreten Vergütungsanspruch berechnen. Der zu überweisende Betrag wird schon durch die Rechnung des ambulanten Pflegedienstes deutlich.
543 Auch wenn es sich bei der häuslichen Krankenpflege um eine Leistung aus dem SGB V Bereich handelt, ist das Vergütungssystem im Vergleich zur vertragsärztlichen

cc. Vermögensverfügung durch den Klienten

Erhält der Klient die Abrechnung und ist er somit Adressat der Täuschung, so muss auch bei ihm eine irrtumsbedingte Vermögensverfügung vorliegen. Indem er die Zahlung bei seiner Bank durch eine Überweisung veranlasst oder dem Pflegedienst das Geld in bar überreicht, wird sein Vermögen unmittelbar gemindert. Eine Vermögensverfügung liegt daher vor.

dd. Vermögensverfügung durch den Sozialhilfeträger

Schließlich kann auch der Sozialhilfeträger die Abrechnung vom Inhaber des ambulanten Pflegedienstes erhalten. Auch hier wird der zuständige Sachbearbeiter nach einer kurzen Prüfung die Zahlung der Vergütung veranlassen. Hierdurch wird das Vermögen der Träger der Sozialhilfe unmittelbar gemindert. Eine Verfügungsverfügung liegt daher durch die Zahlungsveranlassung vor.

d. Schaden (inklusive Hochrechnungen)

Durch die obigen Vermögensverfügungen müsste der wirtschaftliche Gesamtwert des Vermögens der Betroffenen verringert worden sein, sie dürften also im Ausgleich für die erlittene Vermögensminderung keinen Vermögenszuwachs erlangt haben.[544] Bei der Abrechnung von nicht oder nicht vollständig erbrachten Leistungen fließt den Betroffenen kein Vermögenswert zu, welcher die Vermögensminderung ausgleichen könnte. Es ergibt sich daher im Rahmen einer Gesamtsaldierung ein negativer Saldo. Ein Vermögensschaden liegt daher, je nach Adressat der Täuschung, bei der Pflegekasse, der Krankenkasse, dem Klienten oder dem Träger der Sozialhilfe vor.

Fraglich ist aber die Zulässigkeit von Hochrechnungen bei der Ermittlung der Schadenshöhe. Aufgrund der mit der Auswertung der Unterlagen verbundenen hohen Kosten und der fehlenden Ressourcen bei den Sachverständigen wäre eine Hochrechnung durchaus zweckmäßig. Sozialversicherungsrechtlich wird sie teilweise im Rahmen der Rückforderungen durch die Kassen auch praktiziert.[545]

Für die Schadensberechnung bei den Vertragsärzten hat der BGH Hochrechnungen unter bestimmten Bedingungen für zulässig erachtet.[546] Voraussetzung sei, dass die Abrechnungsmanipulationen nicht nur aufgrund von einzelnen

---

Vergütung sehr durchsichtig. Daher bereitet die Feststellung, durch welche Handlung über wessen Vermögen verfügt wird, hier keine Schwierigkeiten.
544 Mehr zum Merkmal des Schadens unter C. I. 4.
545 Welke, Betrugsstrafbarkeit in Pflegeeinrichtungen, GuP 2011, S. 139 ff. (141).
546 BGH, Urteil vom 14.12.1989 – 4 StR 419/89 (BGHSt 36, 320–328).

Willensentscheidungen geschehen, die sich individuell voneinander unterscheiden. Vielmehr müssten die Abrechnungsmanipulationen auf ein typisiertes Verhaltensmuster zurückzuführen und somit auf eine massenhafte Wiederholung angelegt sein. Wenn feststeht, dass der Täter sein Verhalten über den in Rede stehenden Zeitraum konstant beibehalten hat, sei das Verhalten für Zwecke der Schadensberechnung quantitativ erfassbar.[547] Außerdem müsse die Stichprobe für die Hochrechnung hinreichend groß bemessen sein.[548]

Unabhängig von der Frage, ob diese Rechtsprechung inhaltlich so haltbar ist,[549] wird im Folgenden untersucht, ob die Voraussetzungen für eine Hochrechnung hier vorliegen.

Regelmäßig wird der Abrechnungsbetrug der ambulanten Pflegedienste, genau wie der Abrechnungsbetrug der Vertragsärzte, auf eine massenhafte Wiederholung angelegt sein. Denn nur so sind die Abrechnungsmanipulationen gewinnbringend. Bei dem Betrug werden oft für bestimmte erbrachte Leistungen andere berechnet, welche eine höhere Vergütung bringen. Diese Änderungen werden auf ein typisiertes Verhaltensmuster zurückzuführen sein und regelmäßig so durchgeführt werden. Dies kann z.B. so aussehen, dass der Pflegedienst eine „kleine" Pflege (z.B. An- und Auskleiden, Toilettengang, Mund- und Zahnpflege) erbringt, da der Klient sich selbst schon gewaschen hat, hierfür aber eine „große" Pflege (Waschen/Duschen) abrechnet, da diese eine höhere Vergütung einbringt. Auch das Hinzufügen von nicht erbrachten Leistungen wird in der Regel konstant nach einem bestimmten Muster erfolgen.

Probleme bereitet allerdings die Anzahl der untersuchten Stichproben. Nach den Vorgaben des BGH muss die Stichprobe ausreichend groß bemessen sein, wobei das Urteil keine Angaben dazu enthält, wann eine Stichprobe groß genug ist. In der Regel werden im Rahmen des Ermittlungsverfahrens Stichproben von

---

547 BGH, Urteil vom 14.12.1989 – 4 StR 419/89 (BGHSt 36, 320–328).
548 BGH, Urteil vom 14.12.1989 – 4 StR 419/89 (BGHSt 36, 320–328).
549 Kritisch hierzu Hancok, Abrechnungsbetrug durch Vertragsärzte, S. 186–195; Bestätigt wird die Rechtsprechung aber zu Recht sowohl vom BVerfG (BVerfG, Beschluss vom 07.12.2011 – 2 BvR 2500/09, 2 BvR 1857/10 (BVerfGE 130, 1–51); Zur Untreue zuvor: BVerfG, Beschluss vom 23.06.2010 – 2 BvR 2559/08, 2 BvR 105/09, 2 BvR 491/09 (BVerfGE 126, 170–233)) als auch von Freitag (Freitag, Abrechnungsbetrug im deutschen Gesundheitswesen, S. 124–128).

2–4 Klienten ausgewertet.[550] Nach Angaben des statistischen Bundesamtes hatte jeder Pflegedienst im Jahre 2011 durchschnittlich 47 Klienten.[551]

Bedient man sich der gängigen Formel zur Berechnung des notwendigen Stichprobenumfangs,[552] und lässt man die gängige Sicherheitswahrscheinlichkeit von 95 % zu, so kommt bei der durchschnittlichen Pflegedienstgröße von 47 Klienten ein benötigter Stichprobenumfang von aufgerundet 42 Klienten heraus.

Eine Stichprobe von 2–4 Klienten wird daher in der Regel nicht ausreichend sein.

Solange also eine Auswertung von mehr Klienten aufgrund der strukturellen Probleme nicht umsetzbar ist, ist eine Hochrechnung zur Schadensermittlung nicht zulässig, da sie gegen § 261 StPO verstoßen würde.

e. Vorsatz und Absicht rechtswidriger und stoffgleicher Bereicherung

Neben dem objektiven Tatbestand muss der ambulante Pflegedienstleiter für eine Betrugsstrafbarkeit auch den subjektiven Tatbestand verwirklichen. Er müsste hierfür zumindest dolus eventualis bezüglich der Verwirklichung aller Merkmale des objektiven Tatbestands und dolus directus 1. Grades bezüglich der Verschaffung eines rechtswidrigen Vermögensvorteils für sich oder einen Dritten haben. Zudem muss auch Stoffgleichheit zwischen der Vorteil und dem Schaden bestehen.[553]

Ob der Pflegedienstinhaber vorsätzlich und mit Bereicherungsabsicht handelt, ist eine Frage des Einzelfalls. Eine Stoffgleichheit liegt vor, da die höhere Vergütung des Pflegedienstes die Kehrseite der Vermögensminderung bei dem Betroffenen bildet.

2. Anwendungsfälle der streng formalen Betrachtungsweise

In diesem Kapitel werden die Fallgruppen erläutert, in denen eine Anwendung der streng formalen Betrachtungsweise im ambulanten Pflegedienstbereich diskutiert

---

550 Welke, Betrugsstrafbarkeit in Pflegeeinrichtungen, GuP 2011, S. 139ff. (141).
551 Statistisches Bundesamt, Pflegestatistik 2011, S. 12; im Internet abrufbar unter: https://www.destatis.de/DE/Publikationen/Thematisch/Gesundheit/Pflege/Pflege-Deutschlandergebnisse5224001119004.pdf?__blob=publicationFile (Zuletzt abgerufen am 13.12.2014).
552 Formel kann im Internet eingesehen werden unter: http://www.fassis.net/images/Pdf/stichprobengrxsse-formel_swc.pdf (zuletzt abgerufen am 13.12.2014).
553 Mehr hierzu unter C. I. 5.

wird oder möglich erscheint. Die Übertragung der streng formalen Betrachtungsweise des Sozialversicherungsrechts auf die strafrechtliche Schadensbestimmung wird in dieser Arbeit zwar abgelehnt.[554] Die höchstrichterliche Rechtsprechung wendet diese jedoch in ständiger Rechtsprechung für den ärztlichen Abrechnungsbetrug[555] und neuerdings auch für den Abrechnungsbetrug der ambulanten Pflegedienste an.[556]

Daher werden in diesem Kapitel zunächst die Konstellationen des Abrechnungsbetruges dargestellt, bei denen eine Übertragung der streng formalen Betrachtungsweise zur strafrechtlichen Schadensbestimmung vorgenommen werden könnte. Im Anschluss daran wird die grundsätzliche Möglichkeit der Anwendung der streng formalen Betrachtungsweise zur Schadensbestimmung bei einer Falschabrechnung der ambulanten Pflegedienste untersucht. Schließlich findet dann noch eine Schadensbestimmung mittels der Saldierungslehre statt.

a. Konstellationen des Abrechnungsbetruges

Dieser Teil der Arbeit befasst sich mit den verschiedenen Betrugskonstellationen des ambulanten Pflegedienstbereiches, in denen aufgrund der streng formalen Betrachtungsweise ein Schaden angenommen werden könnte.

aa. Abrechnung von Leistungen durch nicht qualifiziertes Pflegepersonal

Eine Konstellation des Abrechnungsbetruges könnte in der Abrechnung von Leistungen liegen, die durch vertraglich nicht qualifiziertes Pflegepersonal erbracht wurden. Eine solche besondere Qualifikation des Pflegepersonals wird regelmäßig nur für die häusliche Krankenpflege (SGB V) vorgeschrieben. Selten kommt diese Konstellation aber auch in der SPV (SGB XI) in Betracht.

(1.) Qualifiziertes Personal

Die Kassen können den Abschluss der Verträge zur Leistungserbringung von der Einhaltung einer bestimmten Qualifikation der Pflegekräfte abhängig machen.[557]

---

554 Mehr hierzu unter C. II. 2. b. dd.
555 BGH, Beschluss vom 28.09.1994 – 4 StR 280/94 (NStZ 1995, 85–86); OLG Koblenz, Beschluss vom 02.03.2000 – 2 Ws 92/00 (MedR 2001, 144–146); BGH, Urteil vom 05.12.2002 – 3 StR 161/02 (NJW 2003, 1198–1200); BGH, Beschluss vom 25.01.2012 – 1 StR 45/11 (BGHSt 57, 95–122).
556 BGH, Beschluss vom 16.06.2014 – 4 StR 21/14 (juris).
557 BSG, Urteil vom 21.11.2002 – B 3 KR 14/02 R (BSGE 90, 150–157); BGH, Beschluss vom 16.06.2014 – 4 StR 21/14 (juris).

Wann eine Pflegekraft für die Vornahme einer bestimmten Leistung hinreichend qualifiziert ist, ist gesetzlich weder im SGB V noch im SGB XI näher geregelt und bestimmt sich daher nach den Verträgen.[558]

(a.) Häusliche Krankenpflege

In den Rahmenverträgen nach § 132a SGB V wird von den Vertragspartnern geregelt, wer dazu qualifiziert ist, Maßnahmen der Behandlungspflege zu erbringen. Die hierzu existierenden Regelungen unterscheiden sich je nach Bundesland.[559]

Einige Bundesländer haben eine Vertragsklausel, nach der die Leistungen nur dann abrechenbar sind, wenn sie von einer qualifizierten Pflegefachkraft erbracht wurden.

In NRW wird diese Abrechnungsvoraussetzung z.B. in § 18 IV des Rahmenvertrages zur häuslichen Krankenpflege geregelt.[560] Für die Qualifikation wird auf § 17 des Vertrages verwiesen. In § 17 II des Vertrages ist normiert, durch welche Personen die Behandlungspflege erbracht werden darf. In NRW ist der Personenkreis, der zur Leistungserbringung berechtigt ist, recht groß. Es dürfen sogar „sonstige geeignete Personen" (vgl. § 17 II f des Vertrages) Leistungen zur Behandlungspflege erbringen, obwohl sie keine geregelte Berufsausbildung im Kranken-, Alten- oder Pflegebereich genossen haben. Dies gilt allerdings nur unter der Voraussetzung, dass sie über eine zweijährige Berufserfahrung in der Pflege verfügen, ein mindestens dreimonatiges Praktikum im Bereich der Behandlungspflege absolviert haben, einen dokumentierten Schulungsnachweis über eine sach- und fachgerechte theoretische Schulung von mindestens 140 Stunden durch ein Fort- bzw. Weiterbildungsinstitut mitbringen und die zuständige Stelle den Einsatz bestätigt hat.

In anderen Bundesländern unterscheidet sich der Personenkreis, der die Behandlungspflege erbringen darf, möglicherweise von dem in NRW.[561] Zudem kann es in den Verträgen vorkommen, dass die mangelnde Erstattungsfähigkeit

---

558 BGH, Beschluss vom 16.06.2014 – 4 StR 21/14 (juris); BSG, Beschluss vom 17.05.2000 – B 3 KR 19/99 B (juris); BSG, Urteil vom 07. 12.2006 – B 3 KR 5/06 R (BSGE 98, 12–20).
559 Nach § 132a I S. 4 Nr. 2 SGB V soll die Eignung der Leistungserbringer in den Rahmenempfehlungen geregelt werden. Trotz des Fristablaufes nach S. 5 (01.07.2013) ist eine solche Regelung allerdings noch nicht zustande gekommen.
560 Im Internet abrufbar unter: http://www.lfk-online.de/downloads/existenzgruender/infossgbv.html (zuletzt abgerufen am 13.12.2014).
561 Vgl. z.B. § 7 des Rahmenvertrages zur häuslichen Krankenpflege aus Niedersachsen; im Internet abrufbar unter: http://www.aok-gesundheitspartner.de/imperia/md/gpp/

der Leistungen bei dem Einsatz von nach dem Vertrag nicht qualifiziertem Pflegepersonal nicht geregelt ist.[562]

Fraglich ist, ob das Fehlen einer vertraglichen Regelung zur Erstattungsfähigkeit der Leistung dazu führt, dass diese trotz des Verstoßes abrechenbar ist. Nach der sozialgerichtlichen Rechtsprechung des sächsischen Landessozialgerichtes vom 18.12.2009 ist eine Leistung, die von Pflegepersonal erbracht wird, das nicht den vertraglich gestellten Anforderungen genügt, als eine vertragsfremde Leistung zu qualifizieren.[563] Der Vertrag stelle für die erbrachte Leistung somit keine Vergütungsgrundlage dar. Bei seiner Entscheidung beruft sich das Gericht auch auf die streng formale Betrachtungsweise und führt aus, dass es der Rechtsprechung des BSG entspreche, dass eine Leistung nur erstattungsfähig sei, soweit sie den gesetzlichen oder vertraglich vorgeschriebenen formalen und inhaltlichen Voraussetzungen genüge. Zudem kann es für die sozialrechtliche Erstattungsfähigkeit dahinstehen, ob die Pflegekraft tatsächlich für die bestimmte Leistung qualifiziert ist.[564] Denn nur über das Vorliegen einer formalen Qualifikation durch eine Aus- oder Weiterbildung der Pflegekraft ist den Krankenkassen eine den praktischen Erfordernissen entsprechende Qualitätskontrolle möglich.[565] Diesem Ergebnis ist sozialrechtlich zuzustimmen.[566] Eine mangelnde Abrechnungsfähigkeit der Leistung liegt also bei einem Einsatz von vertraglich nicht qualifiziertem Pflegepersonal auch dann vor, wenn die fehlende Erstattungsfähigkeit nicht ausdrücklich vertraglich festgelegt ist.

(b.) SPV

Für die Pflegesachleistung wird in § 36 I S. 3 SGB XI der Einsatz von „geeigneten Pflegekräften" verlangt. Es stellt sich daher die Frage, wann eine Person geeignet ist. Die Pflegesachleistung umfasst gem. § 36 I, II SGB XI die Grundpflege und hauswirtschaftliche Versorgung. Hierunter sind gem. § 14 I, IV SGB XI einfachere Tätigkeiten wie beispielsweise Waschen, Zubereiten von mundgerechter

---

nds/pflege/hkp/2014_01_01_hkp_rahmenvereinbarung_nach_%C2%A7_132a_abs_2_sgb_v_mit_anlagen.pdf (zuletzt abgerufen am 13.12.2014).
562 Z.B. im Rahmenvertrag zur häuslichen Krankenpflege aus Niedersachen befindet sich keine solche Regelung.
563 Sächsisches LSG, Urteil vom 18.12.2009 – L 1 KR 89/06 (juris).
564 Mit weiteren Nachweisen: BSG, Urteil vom 07. Dezember 2006 – B 3 KR 5/06 R (BSGE 98, 12–20).
565 Mit weiteren Nachweisen: BSG, Urteil vom 07. Dezember 2006 – B 3 KR 5/06 R (BSGE 98, 12–20).
566 Ebenso: BGH, Beschluss vom 16.06.2014 – 4 StR 21/14 (juris).

Nahrung, An- und Auskleiden sowie Einkaufen zu verstehen. In der Regel wird für die Vornahme solcher Tätigkeiten keine besondere Qualifikation erforderlich sein,[567] so dass in den Verträgen (mit Ausnahme der verantwortlichen Pflegefachkraft) keine besonderen Anforderungen an die Pflegekräfte gestellt werden. Auch Pflegekräfte ohne eine spezielle pflegerische Ausbildung sind daher grundsätzlich für die Leistungserbringung geeignet.

Aufgrund von speziellen Umständen kann aber ausnahmsweise auch einmal bei der Durchführung der Grundpflege eine besondere Qualifikation des pflegenden Personals erforderlich sein. Befindet sich ein Pflegebedürftiger z.B. im Wachkoma, so kommt für seine Pflege nur eine Person in Betracht, die eine entsprechende Weiterbildung für den Bereich der Intensivpflege besucht hat, damit in plötzlichen Notfallsituationen eine schnelle Reaktion und Hilfe möglich ist.[568] Die Pflegekassen können dann mit den Leistungserbringern entsprechende Ergänzungsvereinbarungen treffen, um die Pflege durch bestimmtes qualifiziertes Personal sicherzustellen. Wird dann entgegen dieser Vereinbarung vertraglich unqualifiziertes Pflegepersonal eingesetzt, so führt dies zu einer mangelnden sozialrechtlichen Erstattungsfähigkeit der Leistung.[569]

(2.) Täuschung, Irrtum und Vermögensverfügung

Fraglich ist, ob die Betrugsmerkmale der Täuschung, des Irrtums und der Vermögensverfügung in dieser Konstellation des Abrechnungsbetruges vorliegen.

(a.) Häusliche Krankenpflege

Damit die Abrechnung von Leistungen, die von nicht qualifiziertem Pflegepersonal erbracht wurden, den Betrugstatbestand erfüllt, müsste der Inhaber des Pflegedienstes durch die Einreichung der Abrechnungsunterlagen bei der Krankenkasse über Tatsachen getäuscht haben.

Fraglich ist, ob eine Täuschungshandlung vorliegt. Dies wird teilweise mit der Begründung abgelehnt, dass in solchen Konstellationen weder über die leistenden Personen noch über deren Qualifikation getäuscht wird.[570] Denn aus den Handzeichen in den Leistungs- bzw. Durchführungsnachweisen ergebe sich der

---

567 Ebenso: Leitherer, Kasseler Kommentar, SGB XI, § 36, Rn. 32.
568 So war es in dem BGH-Beschluss vom 16.06.2014 – 4 StR 21/14 (juris).
569 BGH, Beschluss vom 16.06.2014 – 4 StR 21/14 (juris).
570 AG Hanau, Beschluss vom 12.05.2005 – 54 Ls 1600 Js 6503/04 (nicht veröffentlicht); zustimmend: Jahn, Abrechnungsbetrug trotz tatsächlicher Leistungserbringung, PflR 2011, S. 223 ff. (225).

Leistungserbringer.⁵⁷¹ Diese Auffassung ist aber abzulehnen, da durch die Einreichung der Abrechnungsunterlagen schlüssig erklärt wird, dass die vertraglich geforderten Voraussetzungen erfüllt wurden und die abgerechneten Leistungen erstattungsfähig sind.⁵⁷²

Der zuständige Sachbearbeiter der Krankenkasse unterliegt durch die Täuschung einem Irrtum, da er davon ausgeht, dass die Vertragsbedingungen eingehalten wurden und die Leistungen abrechenbar sind.⁵⁷³ Darauf, dass dieser Irrtum durch eine Kontrolle der Handzeichen vermeidbar gewesen wäre, kommt es nicht an.⁵⁷⁴ Der Einwand des AG Hanaus, „die Krankenkasse konnte davon ausgehen, dass die in den Pflegedokumentationen niedergelegten Leistungen auch wirklich erbracht worden waren",⁵⁷⁵ kann hier nicht durchgreifen. Denn für den Irrtum des zuständigen Sachbearbeiters der Krankenkasse kommt es nicht darauf an, ob die Leistung tatsächlich erbracht wurde, sondern darauf, dass sie vertragsgemäß und erstattungsfähig war.⁵⁷⁶

Aufgrund des Irrtums mindert der zuständige Sachbearbeiter der Krankenkasse das Vermögen der Krankenkasse, indem er durch die Überweisung des Geldes eine Vermögensverfügung vornimmt.

(b.) SPV

Dadurch, dass der Inhaber des ambulanten Pflegedienstes die Abrechnungsunterlagen bei der Pflegekasse einreicht, spiegelt er konkludent vor, dass er die

---

571 AG Hanau, Beschluss vom 12.05.2005 – 54 Ls 1600 Js 6503/04 (nicht veröffentlicht); Welke, Betrugsstrafbarkeit in Pflegeeinrichtungen, GuP 2011, S. 139ff. (148), Welke weist in seinem Aufsatz nur auf diesen Argumentationsansatz hin, vertritt ihn aber nicht selbst.

572 Ebenso: BGH, Beschluss vom 16.06.2014 – 4 StR 21/14 (juris); Welke, Betrugsstrafbarkeit in Pflegeeinrichtungen, GuP 2011, S. 139ff. (148); SG Potsdam, Urteil vom 08.02.2008 – S 7 KR 40/07 (PflR 2009, 40–45); siehe auch bezüglich einer ähnlichen Konstellation: OLG Rostock, Beschluss vom 19.12.2013 – Ws 320/13 (PflR 2014, 191–199).

573 BGH, Beschluss vom 16.06.2014 – 4 StR 21/14 (juris); SG Potsdam, Urteil vom 08.02.2008 – S 7 KR 40/07 (PflR 2009, 40–45), Welke, Betrugsstrafbarkeit in Pflegeeinrichtungen, GuP 2011, S. 139ff. (148); ablehnend: AG Hanau, Beschluss vom 12.05.2005 – 54 Ls 1600 Js 6503/04 (nicht veröffentlicht).

574 Welke, Betrugsstrafbarkeit in Pflegeeinrichtungen, GuP 2011, S. 139ff. (148).

575 AG Hanau, Beschluss vom 12.05.2005 – 54 Ls 1600 Js 6503/04 (nicht veröffentlicht).

576 Der vom AG Hanau im Rahmen des Irrtums angeführte Einwand der tatsächlichen Leistungserbringung ist eigentlich nicht Bestandteil des Irrtumsmerkmals sondern des Schadens.

vertraglichen Vorgaben bezüglich der Qualifikation des zur Pflege eingesetzten Personals eingehalten hat.[577]

Hierdurch wird bei dem zuständigen Sachbearbeiter der Pflegekasse die Fehlvorstellung erregt, dass die Leistungen gemäß der vertraglichen Vereinbarung erbracht wurden.[578]

Aufgrund dieser Fehlvorstellung überweist der zuständige Sachbearbeiter der Pflegekasse dem ambulanten Pflegedienst die vereinbarte Vergütung und mindert damit das Vermögen der Pflegekasse.[579]

(3.) Vorsatz

In dieser Konstellation des Abrechnungsbetruges ist der Vorsatz öfters problematisch, da der Täter einem Tatbestandsirrtum gem. § 16 I S. 1 StGB unterliegen kann. Dieser lässt seinen Vorsatz entfallen, so dass nur noch eine Strafbarkeit wegen einer fahrlässigen Begehungsweise in Betracht kommt, welche für den Betrug nicht unter Strafe gestellt wird.

Der Tatbestandsirrtum kommt dadurch zustande, dass der ambulante Pflegedienstleiter sich vorstellt, er habe einen Anspruch auf die Vergütung der eingereichten Leistungen.[580] Diese Fehlvorstellung beruht oft auf Organisationsmängeln innerhalb der Pflegedienste, aus welchen eine Unkenntnis der genauen Vertragsvoraussetzungen resultiert.[581] Das SG Potsdam hat beispielsweise den Täuschungsvorsatz eines Pflegedienstinhabers in seinem Urteil vom 08.02.2008 abgelehnt.[582] Dieser fehle, weil der Pflegedienstinhaber eine Arzthelferin für eine Pflegefachkraft im Sinne des Vertrages hielt. Nach diesem zählten aber nur Krankenschwestern/-pfleger, Kinderkrankenschwestern-/pfleger und Altenpfleger(innen) zu den Pflegefachkräften.[583] Dem SG Potsdam ist zuzustimmen. Ein Täuschungsvorsatz liegt bei einem solchen Missverständnis der Verträge nicht vor. Allerdings kann sich der Pflegedienstinhaber auf eine solche Unkenntnis nur berufen, solange in den Pflegediensten noch Unkenntnis über die Problematik der Abrechnung von Leistungen von nicht qualifiziertem Pflegepersonal herrscht.[584] Sobald dieses

---

577 BGH, Beschluss vom 16.06.2014 – 4 StR 21/14 (juris).
578 BGH, Beschluss vom 16.06.2014 – 4 StR 21/14 (juris).
579 BGH, Beschluss vom 16.06.2014 – 4 StR 21/14 (juris).
580 Welke, Betrugsstrafbarkeit in Pflegeeinrichtungen, GuP 2011, S. 139ff. (148).
581 Welke, Betrugsstrafbarkeit in Pflegeeinrichtungen, GuP 2011, S. 139 ff. (148-149).
582 SG Potsdam, Urteil vom 08.02.2008 – S 7 KR 40/07 (PflR 2009, 40-45).
583 SG Potsdam, Urteil vom 08.02.2008 – S 7 KR 40/07 (PflR 2009, 40-45).
584 Welke, Betrugsstrafbarkeit in Pflegeeinrichtungen, GuP 2011, S. 139 ff. (148-149).

Thema mehr in der Öffentlichkeit diskutiert wird, wird eine Unkenntnis des Pflegedienstinhabers von den tatsächlichen Voraussetzungen unwahrscheinlicher.[585]

bb. Abrechnung von Pflegekursen durch nicht qualifiziertes Pflegepersonal

Eine weitere Konstellation des Abrechnungsbetruges könnte in der Abrechnung von Pflegekursen liegen, die durch vertraglich nicht qualifiziertes Personal erbracht wurden. Diese Konstellation ähnelt der vorherigen Konstellation und wurde vom OLG Rostock in einem Beschluss erörtert.[586] Der Inhaber des ambulanten Pflegedienstes hatte hier gegenüber der Pflegekasse die Durchführung von Pflegekursen abgerechnet, die von Dozenten durchgeführt worden waren, die teilweise nicht die vertraglich erforderliche Qualifikation vorweisen konnten.[587]

Diese Betrugskonstellation kommt nur in der SPV gegenüber den Pflegekassen in Betracht, da nur hier die Verpflichtung der Kasse besteht, Pflegekurse abzuhalten.

(1.) Pflegekurse

In § 45 I SGB XI wird geregelt, dass die Pflegekasse unentgeltliche Pflegekurse für Angehörige von Pflegebedürftigen oder ehrenamtliche interessierte Pfleger anbieten soll. Sie kann dies nach § 45 II SGB XI selber tun oder geeignete Einrichtungen hiermit beauftragen. Entscheidet sich die Pflegekasse für eine Beauftragung von geeigneten Einrichtungen wie ambulanten Pflegediensten, so kann sie über ihre Landesverbände mit den Einrichtungen über die Durchführung und die inhaltliche Ausgestaltung der Kurse gem. § 45 III SGB XI Rahmenvereinbarungen schließen.

Diese Rahmenvereinbarungen werden in der Regel Klauseln zur Qualifikation des Schulungspersonals enthalten. So regelt z.B. § 5 I und II der Rahmenvereinbarung zu § 45 SGB XI aus Bayern, dass ausschließlich examinierte Pflegefachkräfte mit einer mindestens zweijährigen Berufserfahrung in der häuslichen Krankenpflege die Schulungsveranstaltung und den Pflegekurs abhalten dürfen.[588]

Sind die Dozenten nach dem Vertrag nicht ausreichend qualifiziert, ist von einer mangelnden Erstattungsfähigkeit auszugehen.[589]

---

585 Welke, Betrugsstrafbarkeit in Pflegeeinrichtungen, GuP 2011, S. 139 ff. (149).
586 OLG Rostock, Beschluss vom 19.12.2013 – Ws 320/13 (PflR 2014, 191–199).
587 OLG Rostock, Beschluss vom 19.12.2013 – Ws 320/13 (PflR 2014, 191–199).
588 Rahmenvereinbarung im Internet abrufbar unter: https://www.aok-gesundheitspartner. de/imperia/md/gpp/by/pflege/kurse/by_pflege_kurse_rahmenvereinb_privat.pdf (Zuletzt abgerufen am 13.12.2014).
589 OLG Rostock, Beschluss vom 19.12.2013 – Ws 320/13 (PflR 2014, 191–199).

(2.) Täuschung, Irrtum und Vermögensverfügung

Der Inhaber des ambulanten Pflegedienstes täuscht durch die Einreichung der Abrechnungsunterlagen und der damit verbundenen Einforderung des Honorars bei den Pflegekassen konkludent darüber, dass die in Rechnung gestellten Kurse vertragsgemäß von qualifizierten Pflegefachkräften durchgeführt wurden.[590] Die konkludente Täuschung ergibt sich daraus, dass der Inhaber aufgrund der mangelnden Kontrollmöglichkeiten der Pflegekasse und der Vielzahl der Abrechnungen solcher Kurse (auch von anderen Anbietern) davon ausgehen kann, dass nur eine grobe Stichprobenprüfung stattfinden wird. Er weiß daher, dass die Pflegekasse als Empfänger nicht damit rechnet, dass die Abrechnung manipuliert ist. Daher erklärt er konkludent mit der Einreichung der Abrechnungsunterlagen das Vorliegen der Erstattungsfähigkeit der in Rechnung gestellten Leistungen.[591]

Der zuständige Sachbearbeiter der Pflegekasse unterliegt einer Fehlvorstellung über die Einhaltung der Vertragsvoraussetzungen und somit über die Erstattungsfähigkeit der Leistungen.[592] Auch wenn die Abrechnung in dieser Konstellation (wenn überhaupt) nur stichprobenartig überprüft wird, der Sachbearbeiter sich also nicht hinsichtlich jeder einzelnen Abrechnung eine konkrete Vorstellung über deren Richtigkeit macht, kann ein Irrtum bejaht werden. Der zuständige Sachbearbeiter hat nämlich die allgemein gehaltene Vorstellung, dass die Abrechnung unter Berücksichtigung der Vertragsvoraussetzungen erfolgt und deswegen in Ordnung sei. Dieses sachgedankliche Mitbewusstsein genügt.[593]

Durch die irrtumsbedingte Überweisung des in Rechnung gestellten Geldes durch den zuständigen Sachbearbeiter der Pflegekasse wird das Vermögen der Pflegekasse unmittelbar gemindert. Auch eine Vermögensverfügung liegt daher vor.

---

590 So auch OLG Rostock, Beschluss vom 19.12.2013 – Ws 320/13 (PflR 2014, 191–199).
591 So auch OLG Rostock, Beschluss vom 19.12.2013 – Ws 320/13 (PflR 2014, 191–199).
592 Ebenso OLG Rostock, Beschluss vom 19.12.2013 – Ws 320/13 (PflR 2014, 191–199).
593 OLG Rostock, Beschluss vom 19.12.2013 – Ws 320/13 (PflR 2014, 191–199); der Streit zum sachgedanklichen Mitbewusstsein wird an dieser Stelle nicht dargestellt, auch wenn er hier relevant ist. Ihm fehlt aber die abrechnungsbetrugsspezifische Relevanz, daher wird zusammen mit dem OLG Rostock (Beschluss enthält weitere Nachweise) der herrschenden Auffassung gefolgt.

cc. Abrechnung von Leistungen unter Verstoß gegen die Dokumentationspflicht

Rechnet der Inhaber des ambulanten Pflegedienstes Leistungen ab, obwohl diese nicht dokumentiert wurden, so könnte es sich um einen Anwendungsfall der streng formalen Betrachtungsweise handeln.

(1.) Pflegedokumentation

Sowohl im Bereich der häuslichen Krankenpflege als auch im Bereich der SPV ist der Pflegedienst zum Führen eines Pflegedokumentationssystems verpflichtet.

(a.) Häusliche Krankenpflege

Die Dokumentationspflicht wird im Bereich der häuslichen Krankenpflege gem. § 132a I S. 4 Nr. 3 SGB V in den Rahmenvereinbarungen festgelegt.

Auch im Rahmen der Dokumentation gibt es unterschiedliche vertragliche Regelungen. Einige Verträge regeln die mangelnde Erstattungsfähigkeit der Leistungen bei einer fehlerhaften Dokumentation. Andere Verträge enthalten hingegen zwar Regelungen zur Dokumentation, allerdings keine spezielle Regelung zur Erstattungsfähigkeit der Leistungen bei einer fehlerhaften Dokumentation.

(aa.) Bestehende Regelungen zur Erstattungsfähigkeit bei Dokumentationsmängeln

Ein Teil der Bundesländer, wie beispielsweise NRW oder Hessen, hat Regelungen zur fehlenden Erstattungsfähigkeit von Leistungen bei Dokumentationsmängeln.

In NRW ist die Pflegedokumentation in § 11 des Rahmenvertrages NRW geregelt.[594] Die Dokumentation muss mindestens die folgenden Inhalte enthalten: Stammdaten, Pflegeanamnese, Pflegeplanung, Evaluation, Pflegebericht und Durchführungsnachweis.

In § 18 IV des Rahmenvertrages NRW wird in Bezug auf die Vergütung geregelt, dass die Leistungen nur abrechnungsfähig sind, wenn sie ordnungsgemäß im Durchführungsnachweis eingetragen wurden und der Versicherte sie gegengezeichnet hat.[595]

---

[594] Im Internet abrufbar unter: http://www.lfk-online.de/downloads/existenzgruender/infossgbv.html (zuletzt abgerufen am 13.12.2014).
[595] Der Leistungsnachweis, der auch in § 18 IV erwähnt wird, gehört nicht zur Pflegedokumentation, da er nicht in. § 11 I des Rahmenvertrages zur häuslichen Krankenpflege NRW, sondern separat in § 14 des obigen Vertrages normiert ist.

Auch im hessischen Rahmenvertrag befindet sich eine ähnliche Regelung. Hier ist in § 27 II des Rahmenvertrages Hessen geregelt, dass die Pflegedokumentation die Grundlage für die Vergütung darstellt und, unvollständige oder nicht nachvollziehbar dokumentierte Leistungen nicht erstattungsfähig sind. Der hessische Rahmenvertrag knüpft somit für die Erstattungsfähigkeit der Leistung nicht nur an den Durchführungsnachweis (als Bestandteil der Dokumentation) an, sondern an die gesamte Dokumentation.

Fraglich ist, ob bei bestehenden Regelungen zur fehlenden Erstattungsfähigkeit der Leistungen bei bestimmten Dokumentationsfehlern (wie der Regelung in NRW) auch die übrigen Dokumentationsfehler (wie beispielsweise lückenhafte Dienst- und Tourenpläne oder gar nicht vorhandene Pflegeberichte) die Erstattungsfähigkeit der Leistungen berühren.

Eine Meinung neigt dazu, auch solche Dokumentationsfehler mit zu erfassen.[596] Es wird argumentiert, eine transparente Dokumentation sei nur schwer zu erreichen, wenn die Leistungen trotz der Dokumentationsfehler abrechenbar seien. Dies ist aber bei einer existierenden Regelung zur Erstattungsfähigkeit bei Dokumentationsmängeln abzulehnen. Wollten die Vertragspartner jegliche Dokumentationsfehler zu einem Ausschluss der Erstattungsfähigkeit führen lassen, so hätten sie dies vertraglich regeln können. Die konkrete Regelung zur mangelnden Abrechenbarkeit der Leistung bei einer fehlerhaften Dokumentation im Durchführungsnachweis zeigt vielmehr, dass nur dieser Dokumentationsfehler die Erstattungsfähigkeit der Leistung betreffen soll. Dies ergibt auch insofern Sinn, als nur der Durchführungsnachweis (als Teil der Dokumentation) den Abrechnungen beigefügt wird und eben nicht die gesamte Dokumentation. Die übrigen Dokumentationsfehler bleiben zudem nicht „unbestraft", sondern führen zu Sanktionsmaßnahmen der Krankenkassen, so dass das Risiko einer lückenhaften Dokumentation abgemildert wird. Nach § 26 des Rahmenvertrages NRW ist beispielsweise eine Verwarnung, die Verhängung einer Vertragsstrafe und sogar – bei mehrmaligem Verstoß gegen die Dokumentationsvorgaben – die Kündigung des Vertrages möglich.

Es kann somit als Ergebnis festgehalten werden, dass wenn eine vertragliche Regelung zur Abrechenbarkeit bei Dokumentationsmängeln existiert, nur die genannten Dokumentationsmängel die Erstattungsfähigkeit ausschließen.

---

596 So Welke, Betrugsstrafbarkeit in Pflegeeinrichtungen, GuP 2011, S. 139 ff. (145); Er lässt die Frage aber später mit der Begründung offen, dass selbst bei einer mangelnden Erstattungsfähigkeit der Leistungen eine strafrechtliche Schadensbestimmung aufgrund der streng formalen Betrachtungsweise abzulehnen sei.

(bb.) Fehlende Regelung zur Erstattungsfähigkeit bei
Dokumentationsmängeln

In einigen Bundesländern existieren in den Rahmenverträgen zwar ebenfalls Regelungen zur Dokumentationspflicht. Allerdings enthalten diese Verträge keine zusätzliche Regelung, welche die Erstattungsfähigkeit der Leistungen von der Dokumentation bzw. dem ordnungsgemäß geführten Durchführungsnachweis als Teil der Dokumentation abhängig macht.[597]

Es stellt sich daher die Frage, ob bei einer fehlenden Regelung zur Erstattungsfähigkeit der Leistungen bei Dokumentationsmängeln die Leistungen trotz der Mängel abrechenbar sind.

Hiergegen spricht schon die sozialgerichtliche Rechtsprechung, die – solange vertraglich nichts geregelt ist – bezüglich der Erstattungsfähigkeit der Leistung auf den Leistungsnachweis und nicht auf die Pflegedokumentation – einschließlich des Durchführungsnachweises – abstellt.[598] Dieses Ergebnis widerspricht auch nicht dem obigen Ergebnis bezüglich der Qualifikation des Pflegepersonals. Denn das sächsische LSG bezieht sich auf die Leistung.[599] Diese wird aber nicht dadurch vertragsfremd, dass eine Nebenleistungspflicht wie die Dokumentation, die keinerlei Leistungsbezug hat, nicht eingehalten wird. Folglich sind die erbrachten Leistungen auch bei einer fehlerhaften Dokumentation zu erstatten.

Im Ergebnis kann eine fehlerhafte Dokumentation daher nur im Rahmen des Betruges insoweit relevant sein, als die mangelnde Erstattungsfähigkeit bei Dokumentationsmängeln vertraglich geregelt ist. Denn sind die erbrachten Leistungen erstattungsfähig, so ist auch ein Abrechnungsbetrug ausgeschlossen.

(b.) SPV

Die ambulanten Pflegedienste sind im Bereich der SPV zur Führung einer Pflegedokumentation verpflichtet. Dies geht aus den Maßstäben und Grundsätzen zur Pflegequalität hervor, welche alle auf der Bundesebene beteiligten Parteien nach § 113 I S. 1 SGB XI aufstellen müssen. Gem. § 113 I S. 4 Nr. 1 SGB XI muss die Pflegedokumentation die Pflegequalität fördern, praxistauglich sein und den Pflegeprozess unterstützen. Die in den Qualitätsvereinbarungen aufgestellten

---

597 Vgl. z.B. § 8 IV des Rahmenvertrages zur häuslichen Krankenpflege aus Niedersachsen.
598 SG Dortmund, Urteil vom 28.01.2005 – S 12 KN 31/03 P (PflR 2005, 519–523); in dem zugrunde liegenden Fall hat auch der Durchführungsnachweis (als Bestandteil der Dokumentation) im Gegensatz zu der vertraglichen Regelung in NRW keine Abrechnungsunterlage dargestellt.
599 Sächsisches LSG, Urteil vom 18.12.2009 – L 1 KR 89/06 (juris).

Grundsätze sind für alle Pflegekassen, Verbände der Pflegekassen und ambulanten Pflegedienste verbindlich (§ 113 I S. 3 SGB XI) und sind daher bei allen anderen Vereinbarungen nach den SGB XI zu beachten. Nach Punkt 3.2.1.2. der Qualitätsvereinbarungen[600] enthält das Dokumentationssystem die folgenden fünf Bereiche: Stammdaten, Pflegeanamnese, Pflegeplanung, Pflegebericht und den Leistungsnachweis. Es ist in der Regel bei dem Klienten aufzubewahren. Auf der Grundlage der Qualitätsvereinbarungen werden dann in den Verträgen die genaueren Anforderungen an die Pflegedokumentation festgelegt.[601]

Die Nichtbeachtung der Dokumentationsregelungen führt in der Regel nicht zu einem Verlust des Vergütungsanspruches.[602] Allerdings wird in den Versorgungsverträgen nach § 72 SGB XI geregelt, dass ein Pflichtverstoß gegen gesetzliche und vertragliche Bestimmungen zu bestimmten Maßnahmen wie einer Verwarnung oder einer Geldbuße führen kann.[603] Die Dokumentationspflicht zählt – wie oben gezeigt – sowohl zu den gesetzlichen als auch zu den vertraglichen Verpflichtungen. Ihre Nichtbeachtung kann daher zu einer solchen Rechtsfolge führen.

Enthalten die Vergütungsvereinbarungen gem. § 89 SGB XI allerdings einen Hinweis darauf, dass die Leistungen ohne Dokumentation nicht abrechenbar

---

600 Abrufbar im Internet unter: http://www.gkv-spitzenverband.de/media/dokumente/pflegeversicherung/richtlinien__vereinbarungen__formulare/richtlinien_und_grundsaetze_zur_qualitaetssicherung/2011_06_09_MuG_ambulant_Fassung_nach_Schiedsspruch.pdf (zuletzt abgerufen am 13.12.2014).

601 So ist es zumindest in § 113 I S. 3 SGB XI festgelegt. Sowohl die auf Bundesebene existierenden Empfehlungen zum Inhalt der Rahmenverträge als auch der im Internet auffindbare Rahmenvertrag aus NRW sind zeitlich vor den Qualitätsvereinbarungen geschlossen wurden und beziehen sich noch auf den alten § 80 SGB XI, der inzwischen weggefallen ist. Empfehlung für die Rahmenverträge im Internet abrufbar unter: http://www.gkv-spitzenverband.de/media/dokumente/pflegeversicherung/richtlinien__vereinbarungen__formulare/rahmenvertraege__richlinien_und_bundesempfehlungen/75AMB.pdf (zuletzt abgerufen am 13.12.2014); Rahmenvertrag aus NRW im Internet abrufbar unter: http://www.lfk-online.de/downloads/existenzgruender/infossgbv0.html (zuletzt abgerufen am 13.12.2014).

602 Vgl. die obigen Ausführungen zur häuslichen Krankenpflege; Welke, Betrugsstrafbarkeit in Pflegeeinrichtungen, GuP 2011, S. 139 ff. (146).

603 Vgl. z.B. § 13 des Musters für einen Versorgungsvertrag, im Internet abrufbar unter: http://www.lfk-online.de/downloads/existenzgruender/infossgbv0.html (zuletzt abgerufen am 13.12.2014).

sind,[604] so gilt auch hier, dass sie sozialversicherungsrechtlich nicht erstattungsfähig sind.

(2.) Täuschung, Irrtum und Vermögensverfügung

Fraglich ist, ob in dieser Konstellation im Rahmen der häuslichen Krankenpflege und der SPV die Betrugsmerkmale der Täuschung, des Irrtums und der Vermögensverfügung vorliegen.

(a.) Häusliche Krankenpflege

Reicht der Inhaber des ambulanten Pflegedienstes eine Abrechnung ein, bei der bestimmte Leistungen nicht oder nur lückenhaft dokumentiert wurden, so könnte er sich wegen eines Betruges strafbar machen. Dies gilt allerdings bei der Schadensermittlung durch die streng formale Betrachtungsweise nur unter der Voraussetzung, dass der Vertrag die Erstattungsfähigkeit der Leistungen an die Dokumentation knüpft.

Mit dem Einreichen der fehlerhaften Dokumentation täuscht der Pflegedienstinhaber konkludent über das tatsächliche Vorliegen aller vertraglich geforderten Abrechnungsvoraussetzungen. Denn er erklärt mit dem Einreichen schlüssig, dass die abgerechneten Leistungen ordnungsgemäß dokumentiert wurden und die vertraglich festgelegte Erstattungsfähigkeit somit vorliegt.

Der zuständige Sachbearbeiter der Krankenkasse unterliegt dadurch der Fehlvorstellung, dass eine ordnungsgemäße Leistungsdokumentation stattgefunden hat und die Erstattungsfähigkeit der Leistungen somit vorliegt.

Aufgrund des Irrtums über die vorliegende Erstattungsfähigkeit verfügt der zuständige Sachbearbeiter über das Vermögen der Krankenkasse.

Die Betrugsmerkmale der Täuschung, des Irrtums und der Vermögensverfügung liegen somit vor.

(b.) SPV

Auch im Rahmen der SPV liegen – bei einer mangelnden Erstattungsfähigkeit der Leistungen – die Betrugsmerkmale der Täuschung, des Irrtums und der Vermögensverfügung vor. Es wird hierzu auf die vorstehenden Ausführungen zur häuslichen Krankenpflege verwiesen, die für den Bereich der SPV mit dem Unterschied gelten, dass die Täuschung gegenüber verschiedenen Adressaten

---

604 Eine Vergütungsvereinbarung aus Hessen enthält z.B. in ihrer Anlage eine Regelung hierzu: http://www.mkk.de/cms/media/pdf/aemter_1/sozialamt_1/aeltere_buerger_1/Leistungsbeschreibung_-_Punkte_Modell_M4.pdf (zuletzt abgerufen am 13.12.2014).

vorgenommen werden kann. Zunächst kann der zuständige Sachbearbeiter in der Pflegekasse über die Korrektheit der Abrechnung getäuscht werden und aufgrund einer Fehlvorstellung das Vermögen der Pflegekasse unmittelbar mindern. Bei einem Überschreiten der Höchstbeträge richtet sich die Täuschungshandlung hingegen an die zuständigen Sachbearbeiter der Sozialämter oder die Klienten selber. Diese irren dann über die Einhaltung der vertraglichen Dokumentationsvoraussetzungen in den Vergütungsvereinbarungen und nehmen die Verfügung vor.

dd. Abrechnung aufgrund rechtswidrigen Zulassungsvertrags

Auch die Abrechnung des Inhabers des ambulanten Pflegedienstes aufgrund eines erschlichenen Versorgungsvertrages könnte eine Fallgruppe der streng formalen Betrachtungsweise darstellen. Bislang wurde diese Konstellation zwar noch nicht als eine Fallgruppe der streng formalen Betrachtungsweise diskutiert, allerdings könnte sie das Pendant zur erschlichenen Zulassung im vertragsärztlichen Bereich darstellen. Zudem hat das LG Passau in einem solchen Fall einen Betrug angenommen.[605] Diese Konstellation kommt sowohl in der SPV als auch in der häuslichen Krankenpflege in Betracht.

(1.) Zulassungsvertrag

Die Zulassung der ambulanten Pflegedienste zur Versorgung erfolgt über den Abschluss eines Versorgungsvertrages zwischen den Kassen und ambulanten Pflegediensten. In der Regel haben die Pflegedienste für die SPV und für die häusliche Krankenpflege einen Zulassungsvertrag abgeschlossen.[606]

(a.) SPV

Durch den Abschluss des Versorgungsvertrages werden die Pflegedienste zur Teilnahme an der SPV zugelassen (§ 72 I S. 1 SGB XI). Ihm kommt daher eine statusbegründende Funktion zu.[607]

Die Voraussetzungen für den Abschluss des Versorgungsvertrages sind in § 72 III S. 1 SGB XI geregelt. Der Pflegedienst muss hiernach die Anforderungen des § 71 SGB XI erfüllen (Nr. 1), d.h. insbesondere eine verantwortliche

---

605 LG Passau, Urteil vom 30.11.2005 – KLs 104 Js 3408/03 (RDG 2006, 120–122); mehr hierzu unten unter D. II. 2. b. aa.
606 Statistisches Bundesamt, Pflegestatistik 2011, S. 10.
607 Mehr hierzu unter B. II. 1. b. bb.

Pflegefachkraft im Sinne des § 71 III SGB XI[608] vorweisen. Zudem muss er die Gewähr für eine leistungsfähige und wirtschaftliche pflegerische Versorgung bieten sowie eine in Pflegeeinrichtungen ortsübliche Arbeitsvergütung zahlen (Nr. 2). Schließlich ist für die Zulassung erforderlich, dass nach Maßgabe der Vereinbarungen gem. § 113 SGB XI einrichtungsintern ein Qualitätsmanagement besteht (Nr. 3) und die Expertenstandards nach § 113a SGB XI angewandt werden (Nr. 4). Liegen diese Voraussetzungen vor, so sind die Pflegekassen verpflichtet, den Versorgungsvertrag mit den ambulanten Pflegediensten abzuschließen.

Erwirkt der Inhaber des Pflegedienstes trotz des Nichtvorliegens der Voraussetzungen eine Zulassung durch den Versorgungsvertrag, so erschleicht er sich diese, falls ihm das Nichtvorliegen der Voraussetzungen bewusst ist. In der Regel wird es bei einem Nichtvorliegen der Voraussetzungen an einer den Anforderungen entsprechenden verantwortlichen Pflegefachkraft fehlen. Neben einem Erschleichen ist auch die Konstellation denkbar, in welcher die verantwortliche Pflegefachkraft wegfällt und der Pflegedienstinhaber den Pflegedienst mangels Ersatzes erst einmal ohne sie weiterführt. Da diesen die Verpflichtung trifft, für Ersatz zu sorgen, liegen ab diesem Zeitpunkt die Voraussetzungen für die Zulassung nicht mehr vor.[609] Aufgrund der Vergleichbarkeit der beiden Konstellationen können sie zusammen behandelt werden.

(b.) Häusliche Krankenpflege

In der GKV erfolgt die Zulassung der ambulanten Pflegedienste zur häuslichen Krankenpflege durch den Abschluss eines Rahmenvertrages gem. § 132a II SGB V.

Die genauen Zulassungsvoraussetzungen unterscheiden sich je nach geschlossenem Vertrag. Voraussetzung für die Zulassung ist aber auch hier jedenfalls das Vorhandensein einer verantwortlichen Pflegefachkraft. In § 1 der Rahmenempfehlungen zu § 132a I SGB V sind die näheren Voraussetzungen festgelegt, die an die verantwortliche Pflegefachkraft gestellt werden. Erforderlich für die

---

[608] Erforderlich ist nach § 71 III SGB XI der Abschluss einer bestimmten Ausbildung im Pflegebereich, eine zweijährige Berufserfahrung und eine erfolgreich durchgeführte Weiterbildungsmaßnahme.

[609] In den Versorgungsverträgen gem. § 72 SGB XI befindet sich i.d.R. eine Klausel, dass der Pflegedienst sicherstellen muss, dass die Pflege unter ständiger Verantwortung einer leitenden Pflegefachkraft erfolgt. Vgl. hierzu z.B. § 3 des Versorgungsvertrages NRW; abrufbar im Internet unter: https://www.aok-gesundheitspartner.de/imperia/md/gpp/wl/pflege/ambulant/wl_pflege_ambulant_pv_mustervertrag_72.pdf (Zuletzt abgerufen am 13.12.2014).

Anerkennung als verantwortliche Pflegefachkraft ist beispielsweise eine pflegerische Ausbildung, eine gewisse praktische Erfahrung und die Teilnahme an Weiterbildungsmaßnahmen.

(2.) Erstattungsfähigkeit der Leistungen

Soweit diese Voraussetzungen bei Abschluss des Zulassungsvertrages nicht vorliegen oder später entfallen, stellt sich die Frage, ob die Leistungen sozialversicherungsrechtlich erstattungsfähig sind.[610]

Die Verträge enthalten hierzu keine Angaben. Daher ist zu untersuchen, welche Auswirkungen ein Nichtvorliegen der Voraussetzungen auf die Zulassung hat. Diese erfolgt im ambulanten Pflegedienstbereich aufgrund eines öffentlich-rechtlichen Vertrages im Sinne des § 53 I S. 1 SGB X.[611] Im Vergleich zur vertragsärztlichen Zulassung erfolgt die Zulassung daher nicht aufgrund eines Verwaltungsaktes.[612] Fraglich ist, ob der Vertrag trotz des Nichtvorliegens der Voraussetzungen wirksam ist. Denn nur bei einer Wirksamkeit des Vertrages und damit einer wirksamen Zulassung kann der Pflegedienst Leistungen für die soziale Pflegeversicherung erbringen. Bei einer Unwirksamkeit sind seine erbrachten Leistungen hingegen von vorneherein – mangels Zulassung – nicht erstattungsfähig.

Die Nichtigkeit des Vertrages ist in § 58 SGB X geregelt. Zunächst kommt eine Nichtigkeit nach Abs. 2 in Betracht, da die Zulassung auch (wie im vertragsärztlichen System) über einen Verwaltungsakt möglich gewesen wäre. In diesem ist in Nr. 1 zunächst geregelt, dass der Vertrag dann nichtig ist, wenn es ein Verwaltungsakt mit entsprechendem Inhalt wäre. Eine Nichtigkeitsgrund nach § 40 SGB X liegt im vorliegenden Fall aber nicht vor. Nach Nr. 2 ist ein Vertrag ferner nichtig, soweit ein Verwaltungsakt nicht nur wegen eines Verfahrens- oder Formfehlers rechtswidrig wäre und den Vertragsschließenden dies bekannt ist. Zwar wird der Pflegedienst regelmäßig Kenntnis von der Rechtswidrigkeit haben, an einer Kenntnis der Pflegekassen wird es aber in der Regel fehlen. Eine Nichtigkeit nach Abs. 2 liegt daher nicht vor. Eine Nichtigkeit könnte sich desweiteren aus Abs. 1 ergeben. Hiernach ist der Vertrag dann nichtig, wenn sich

---

610 Da die Zulassung zur häuslichen Krankenpflege mit der zur Teilnahme an der SPV vergleichbar ist, kann die Erstattungsfähigkeit der Leistungen gemeinsam untersucht werden.
611 BSG, Urteil vom 25.11.2010 – B 3 KR 1/10 R (BSGE 107, 123–140); Schütze in Udsching, SGB XI, § 72, Rn. 13.
612 BSG, Urteil vom 25.11.2010 – B 3 KR 1/10 R (BSGE 107, 123–140); mehr zur vertragsärztlichen Zulassung durch Verwaltungsakt unter C. II. 3. b.

eine Nichtigkeit aus der Anwendung der Vorschriften des BGB ergibt. Allerdings ergibt sich auch hieraus im vorliegenden Fall kein Nichtigkeitsgrund. Der Vertrag ist daher wirksam.

Fraglich ist, ob die Erstattungsfähigkeit der Leistung trotz des wirksamen Vertrages bzw. einer wirksamen Zulassung berührt ist. Hierzu gibt es zwar noch keine auffindbare Entscheidung, bei einer erschlichenen Zulassung ist aber von einer mangelnden Erstattungsfähigkeit auszugehen. Dies ergibt sich daraus, dass das Erschleichen des Zulassungsvertrages wohl den schwerwiegendsten Verstoß gegen die gesetzlichen und vertraglichen Voraussetzungen darstellt und schon geringere Verstöße zu einer mangelnden Erstattungsfähigkeit führen.[613] Eine Leistung, die ohne das Vorliegen der Voraussetzungen für die Zulassung erbracht wird, wird daher sozialversicherungsrechtlich – trotz der Wirksamkeit der Zulassung – nicht erstattungsfähig sein. Aufgrund dieser mangelnden sozialrechtlichen Erstattungsfähigkeit stellt diese Konstellation einen möglichen Anwendungsfall für die streng formale Betrachtungsweise dar.

(3.) Täuschung, Irrtum und Vermögensverfügung

Für die Verwirklichung des Betrugstatbestandes müsste der Inhaber des Pflegedienstes über Tatsachen getäuscht haben.

Es stellt sich die Frage, worin die maßgebliche Täuschungshandlung zu sehen ist. Das LG Passau stellt in seinem Urteil für die Täuschungshandlung auf den Zeitpunkt des Abschlusses des Versorgungsvertrages ab.[614] Es ist aber auch möglich, die maßgebliche Täuschungshandlung erst in der Einreichung der Abrechnungsunterlagen zu sehen. In diesem Fall täuscht der Pflegedienst darüber, dass die Zulassungsvoraussetzungen, die zur Abrechnung berechtigen, vorliegen. Durch beide Handlungen hat der Inhaber des Pflegedienstes getäuscht. Um herauszufinden, welche Täuschungshandlung die maßgebliche ist, muss das Vorliegen der weiteren Tatbestandsmerkmale des Betruges untersucht werden.

Stellt man auf den Abschluss des Versorgungsvertrages als maßgebliche Täuschungshandlung ab, so liegt der Irrtum beim zuständigen Sachbearbeiter der

---

613 Auch die Rechtsprechung des sächsischen Landessozialgerichts (sächsisches LSG, Urteil vom 18.12.2009 – L 1 KR 89/06 (juris)) deutet hierauf hin. In der Entscheidung wird argumentiert, dass eine Leistung, die von nicht qualifiziertem Pflegepersonal erbracht wird, vertragsfremd ist. Der Vertrag sei daher keine Grundlage für die Vergütung. Der Vertrag kann aber erst Recht keine Vergütungsgrundlage darstellen, wenn seine Voraussetzungen gar nicht erst vorliegen.
614 LG Passau, Urteil vom 30.11.2005 – KLs 104 Js 3408/03 (RDG 2006, 120–122).

Pflege- oder Krankenkasse bzw. dem Klienten oder Sozialhilfeträger in der Fehlvorstellung, dass die gesetzlichen Zulassungsvoraussetzungen erfüllt seien.

Sieht man hingegen die Einreichung der Abrechnungsunterlagen als maßgebliche Täuschungshandlung an, so unterliegt der zuständige Sachbearbeiter der Pflege- oder Krankenkasse bzw. dem Klienten oder Sozialhilfeträger durch die Täuschung der Fehlvorstellung, dass die abgerechneten Leistungen auch erstattungsfähig seien, weil die gesetzlichen und vertraglichen Voraussetzungen eingehalten wurden.

Fraglich ist aber, ob in beiden Konstellationen auch eine Vermögensverfügung vorliegt. Folgt man der Auffassung des LG Passau, müsste man die Vermögensverfügung in dem Abschluss des Versorgungsvertrages und der damit verbundenen Zulassung des Pflegedienstes sehen. Zu diesem Zeitpunkt ist das Vermögen allerdings noch nicht gefährdet, da weder die Anzahl der möglichen Klienten des Pflegedienstes noch deren Pflegestufen feststehen. Stellt man hingegen auf die Einreichung der Abrechnungsunterlagen als maßgebliche Täuschungshandlung ab, so liegt die Vermögensverfügung – wie auch bei den anderen Konstellationen – in der Zahlung des Geldes, denn hierdurch wird das Vermögen der Pflegekasse, der Krankenkasse, des Klienten oder des Sozialhilfeträgers unmittelbar gemindert.[615]

Die maßgebliche Täuschungshandlung ist daher – entgegen der Auffassung des LG Passau – in der Einreichung der Abrechnungsunterlagen zu sehen. Das Erschleichen der Zulassung ist daher strafrechtlich nicht relevant.

ee. Abrechnung bei sonstigen Vertragsverstößen

Neben den oben bereits genannten Vertragsverstößen, wie einer fehlerhaften Dokumentation oder dem Einsatz von vertraglich nicht qualifiziertem Personal, gibt es noch zahlreiche weitere Vertragsklauseln, gegen die ein Verstoß möglich ist. Einige Verträge regeln z.B. die Sozialversicherungspflicht des Pflegepersonals oder enthalten eine Klausel über ein Verbot des Einsatzes von freien Mitarbeitern (sog. Vermittlungsverbot).[616]

---

615 Das Abstellen auf die Einreichung der Abrechnungsunterlagen als maßgebliche Täuschungshandlung hat zudem den Vorteil, dass auch die Fälle erfasst werden, bei denen die Zulassungsvoraussetzungen erst später (z.B. durch einen Verlust der verantwortlichen Pflegefachkraft) weggefallen sind.

616 Ein aktuelles Verfahren wegen Abrechnungsbetruges (um welches es sich handelt, kann an dieser Stelle aufgrund der Vertraulichkeit der Information nicht offengelegt werden) zeigt, dass selbst die Strafbarkeit wegen Abrechnungsbetruges bei solchen Vertragsverstößen angedacht wird. In diesem Verfahren wird ein Abrechnungsbetrug u.a. aufgrund einer fehlenden Sozialversicherungsanmeldung und eines Verstoßes

Fraglich ist, wie mit solchen Verstößen umzugehen ist. Es ist davon auszugehen, dass Verstöße ohne jeglichen Leistungsbezug – ähnlich wie Fehler im Rahmen der Dokumentation – die Erstattungsfähigkeit der erbrachten Leistungen nicht berühren. Es handelt sich hierbei um lediglich organisatorische Mängel, welche die Qualität der Leistung nicht betreffen.[617] Etwas anderes gilt nur dann, wenn der Verstoß gegen diese Regelungen nach einer eindeutigen vertraglichen Regelung zu einem Verlust des Vergütungsanspruches führt. In allen anderen Fällen scheidet ein Betrug schon von vorneherein aus.

b. Schadensbestimmung mittels der streng formalen Betrachtungsweise

Wie oben bereits gezeigt, gibt es auch im ambulanten Pflegedienstbereich verschiedene Konstellationen, in denen tatsächlich erbrachte Leistungen wegen eines Verstoßes gegen sozialrechtliche Bestimmungen nicht erstattungsfähig sind.

Es stellt sich daher die Frage, ob die streng formale Betrachtungsweise zur strafrechtlichen Schadensbestimmung auf den ambulanten Pflegedienstbereich übertragen werden kann mit der Folge, dass in den Fällen der mangelnden Erstattungsfähigkeit der Leistung ein strafrechtlicher Schaden vorliegt.

Zur Beantwortung dieser Frage wird zunächst die bisherige Rechtsprechung zum Abrechnungsbetrug im ambulanten Pflegedienstbereich ausgewertet. Im Anschluss daran wird untersucht, ob eine Übertragung der streng formalen Betrachtungsweise auf den ambulanten Pflegedienstbereich möglich ist. Abschließend findet eine inhaltliche Besprechung des neuen BGH Beschlusses vom 16.06.2014 statt.

aa. Rechtsprechungsübersicht

Bislang gibt es nur wenige Entscheidungen zum Abrechnungsbetrug im ambulanten Pflegedienstbereich. Dies ist unter anderem darauf zurückzuführen, dass die meisten Verfahren eingestellt werden.[618] Neben zwei AG-Entscheidungen gibt es eine Entscheidung des LG Passau, eine Entscheidung des OLG Rostock und neuerdings auch eine BGH-Entscheidung zu diesem Thema. Der Beschluss

---

gegen das Vermittlungsverbot angenommen. Da diese nach den vertraglichen Vorgaben vorliegen müsse, liege eine mangelnde sozialversicherungsrechtliche Erstattungsfähigkeit vor. Die Leistungen seien daher nicht abrechenbar gewesen, was einen Schaden begründe.

617 So auch: Welke, Betrugsstrafbarkeit in Pflegeeinrichtungen, GuP 2011, S. 139 ff. (146).
618 Mehr hierzu unter D. I. 2.

des BGH wird separat unter dem Punkt D. II. 2. b. bb. (3.) behandelt, um eine detaillierte Entscheidungsbesprechung zu ermöglichen. Dies hat auch den Vorteil, dass sich auf die vorherigen Ausführungen zur Übertragbarkeit der streng formalen Betrachtungsweise bezogen werden kann.

Am 17.11.2004 hat das AG Bensheim entschieden, dass Pflegeleistungen, die von nicht examiniertem Pflegepersonal eines ambulanten Pflegedienstes erbracht werden, nicht abrechnungsfähig seien und ein Betrug somit vorliege.[619] Der Einsatz solchen Personals zur Behandlungspflege verursache eine Gesundheitsgefährdung des Patienten. Zudem werde die Behandlungspflege höher vergütet, da die höheren Lohnkosten für examiniertes Personal berücksichtigt seien.

Genauere Angaben zu den vertraglichen Vorgaben und der Ausbildung des nicht examinierten Personals enthält das Urteil allerdings ebenso wenig wie eine Auseinandersetzung mit dem Vorliegen der einzelnen Betrugsmerkmale oder der Anwendbarkeit der streng formalen Betrachtungsweise. In dem zugrundeliegenden Sachverhalt stellte die Inhaberin des ambulanten Pflegedienstes den Krankenkassen, Pflegekassen, Selbstzahlern und Sozialhilfeträgern nicht oder nicht vertragsgerecht erbrachte Leistungen in Rechnung. Sie machte sich dadurch wegen gewerbsmäßigen Betruges strafbar.

Das AG Hanau hat in seinem Beschluss vom 12.05.2005 entschieden, dass die Abrechnung von Leistungen, die durch nicht examiniertes Pflegepersonal erbracht wurden, zu keiner Betrugsstrafbarkeit des Inhabers des ambulanten Pflegedienstes führe.[620] Nach der Auffassung des Gerichtes liegt schon keine Täuschung vor. Auch die übrigen Betrugsmerkmale seien nicht erfüllt. Insbesondere ein Schaden läge nicht vor. Zum einen könne sich die Krankenkasse nicht darauf berufen, dass die Vergütung nur wegen des Einsatzes von examiniertem Personal so hoch bemessen sei. Denn die der Krankenkasse geschuldete Behandlungspflege sei tatsächlich erbracht worden und die Krankenkasse habe daher das erlangt, was ihr zustehe. Zum anderen sei die Krankenkasse durch die Leistung von ihren eigenen Verpflichtungen gegenüber den Patienten befreit worden.

Auch in diesem Beschluss zum Abrechnungsbetrug von ambulanten Pflegediensten wird nicht auf die streng formale Betrachtungsweise eingegangen. In dem entschiedenen Fall hatte der Inhaber eines ambulanten Pflegedienstes statt des vertraglich vereinbarten examinierten Personals wiederholt Hilfskräfte eingesetzt. Er wurde im Unterschied zur vorherigen Entscheidung – trotz vergleichbarer Sachlage – freigesprochen.

---

619 AG Bensheim, Urteil vom 17.11.2004 – 22 Js 13439/99 - 5 Ls VII (NStZ-RR 2005, 173).
620 AG Hanau, Beschluss vom 12.05.2005 – 54 Ls 1600 Js 6503/04 (nicht veröffentlicht).

Das LG Passau hat in seinem Urteil vom 30.11.2005 bei einem erschlichenen Versorgungsvertrag gem. § 72 I SGB XI einen vollendeten Betrug angenommen.[621] Die Täuschungshandlung sieht das Gericht in dem Urteil schon in dem Erschleichen der Zulassung und nicht erst in der Einreichung der Abrechnungsunterlagen. Zudem geht das Urteil weder auf die streng formale Betrachtungsweise noch auf eine mögliche Kompensation ein.[622] Die verurteilte Pflegedienstinhaberin hat in dem zugrundeliegenden Fall den Abschluss des Versorgungsvertrages zunächst durch falsche Angaben über vorhandene Vorstrafen erwirkt. Zudem hat sie dann später die Stellung der verantwortlichen Pflegefachkraft übernommen, obwohl ihr hierzu die nach § 71 SGB XI erforderliche Berufserfahrung fehlte.

Auch das OLG Rostock hat sich in seinem Beschluss vom 19.12.2013 zu einer Konstellation des Abrechnungsbetruges von ambulanten Pflegediensten geäußert. Es hat entschieden, dass die Abrechnung von nicht vertragsgemäßen Leistungen (in diesem Fall Pflegekursen) den Betrugstatbestand erfülle.

Das Gericht erwähnt in seinem Beschluss zwar die streng formale Betrachtungsweise nicht direkt, aber es beruft sich bei der Prüfung der Täuschung auf das BGH-Urteil zum privatärztlichen Abrechnungsbetrug.[623] Hierdurch zeigt es, dass ihm die BGH-Rechtsprechung zum ärztlichen Abrechnungsbetrug und damit auch die streng formale Betrachtungsweise bekannt ist. Bei der Schadensermittlung erwähnt es diese allerdings nicht mehr und lehnt eine Kompensation der Vermögensminderung ohne weitere Begründung ab. Da das OLG aber die Urteile zur streng formalen Betrachtungsweise zu kennen scheint und sich sogar im Rahmen der Täuschung hierauf beruft, ist davon auszugehen, dass es die Schadensbestimmung mittels der streng formalen Betrachtungsweise vorgenommen hat. Anderenfalls hätte es im Rahmen der Schadensermittlung zumindest über die Möglichkeit einer Kompensation nachdenken müssen.

In dem zugrundeliegenden Fall hatte die Inhaberin des Pflegedienstes – entgegen den vertraglichen Vorgaben – Pflegekurse abgerechnet, welche von Dozenten erbracht wurden, welche nicht die vertraglich geforderte Qualifikation erfüllten.[624]

---

621 LG Passau, Urteil vom 30.11.2005 – KLs 104 Js 3408/03 (RDG 2006, 120–122).
622 LG Passau, Urteil vom 30.11.2005 – KLs 104 Js 3408/03 (RDG 2006, 120–122).
623 BGH, Beschluss vom 25.01.2012 – 1 StR 45/11 (BGHSt 57, 95–122); mehr hierzu unter C. II. 2. a.
624 Mehr zu dieser Konstellation unter D. II. 2. a. bb.

bb. Übertragung der streng formalen Betrachtungsweise auf den ambulanten Pflegedienstbereich

Die Urteile des BGH[625] und des OLG Rostock[626] zeigen, dass die Rechtsprechung dazu tendiert, die streng formale Betrachtungsweise zur Schadensbestimmung auf den Abrechnungsbetrug der ambulanten Pflegedienste zu übertragen.

Trotzdem wird im Folgenden untersucht, ob eine solche Übertragung insbesondere aufgrund einer Vereinbarkeit mit Art. 103 II GG überhaupt möglich ist.

(1.) Formale Vorgaben

Nach der strafgerichtlichen Rechtsprechung zu den Ärzten führt jeder Verstoß gegen formale Vorgaben, der zu einer mangelnden Erstattungsfähigkeit der Leistung führt, gleichzeitig zu einem strafrechtlichen Schaden.[627] Es stellt sich daher die Frage, welche Anforderungen an die formalen Vorgaben zu stellen sind.

Bei den Vertragsärzten sind die formalen Vorgaben, die durch die Anwendung der streng formalen Betrachtungsweise bei der Schadensermittlung bislang zu einer Betrugsstrafbarkeit geführt haben, im SGB V und der Ärzte-ZV normiert. Sie werden durch vertragliche Regelungen wie dem BMV-Ä oder der MBO-Ärzte lediglich ergänzt. Wurde also eine mangelnde Kompensationsmöglichkeit der Vermögensminderung aufgrund eines Verstoßes gegen formale Vorgaben des Sozialversicherungsrechts bislang angenommen, so handelte es sich bei dem Verstoß immer auch um einen Verstoß gegen gesetzliche Vorgaben.

Bei den ambulanten Pflegediensten können die formalen Vorgaben hingegen nicht unmittelbar aus einem Gesetz hergeleitet werden. Sie beruhen auf Verträgen, welche aufgrund der gesetzlichen Vorschriften geschlossen werden.[628] Bei diesen Verträgen handelt es sich nicht um einen bundesweit geltenden Vertrag, sondern um eine Vielzahl an unterschiedlichen Verträgen in den einzelnen Bundesländern, deren Inhalt variieren kann.[629] Sozialversicherungsrechtlich können auch Verstöße gegen vertragliche Vorgaben – trotz erbrachter Leistungen – zu einer mangelnden Erstattungsfähigkeit führen.[630] Dies entspricht der streng formalen Betrachtungsweise des Sozialversicherungsrechts, die auch im ambulanten Pflegedienstbereich gilt. Die getroffenen Vereinbarungen bilden daher neben den

---

625 BGH, Beschluss vom 16.06.2014 – 4 StR 21/14 (juris).
626 OLG Rostock, Urteil vom 18.12.2009 – L 1 KR 89/06 (juris).
627 Mehr hierzu unter C. II. 2.
628 So auch: BGH, Beschluss vom 16.06.2014 – 4 StR 21/14 (juris).
629 Wischnewski/Jahn, Pönalisierung ambulanter Pflegedienste, GuP 2011, S. 212 ff. (213).
630 So z.B. Sächsisches LSG, Urteil vom 18.12.2009 – L 1 KR 89/06 (juris).

gesetzlichen Vorgaben die Grundlage für den Leistungsaustausch.[631] Sozialversicherungsrechtlich zählen daher auch vertragliche Regelungen zu den formalen Vorgaben.

Bei der Anwendung der streng formalen Betrachtungsweise bei der strafrechtlichen Schadensbestimmung wäre die Erstattung von Leistungen, die sozialversicherungsrechtlich nicht erstattungsfähig sind, auch als strafrechtlicher Schaden zu erfassen. Die vertraglichen Regelungen wären bei der Anwendung der streng formalen Betrachtungsweise daher auch strafrechtlich relevant.

(2.) Strafbarkeit eines Verstoßes gegen vertragliche Regelungen

Ein Verstoß gegen vertragliche Regelungen führt wie oben festgestellt bei einer Anwendung der streng formalen Betrachtungsweise zu einem Vermögensschaden. Fraglich ist aber, ob es vertretbar ist, die streng formale Betrachtungsweise zur Schadensbestimmung auch bei lediglich vertraglichen Verstößen anzuwenden.

Welke geht, zusammen mit der Rechtsprechung des BGH, davon aus, dass neben den gesetzlichen auch die vertraglichen Bestimmungen zu den formalen Vorgaben zählen, die einen strafrechtlichen Vermögensschaden begründen können.[632] Er bejaht in seinem Aufsatz daher eine Übertragung.[633]

Dies wird von Wischnewski und Jahn in ihrem Aufsatz mit der Begründung abgelehnt, dass es einen wesentlichen Unterschied machen müsse, dass es sich bei den Ärzten um Verstöße gegen gesetzliche und nicht gegen vertragliche Vorgaben handele.[634]

Dem ist zuzustimmen, da gegen die Übertragung der streng formalen Betrachtungsweise auf den ambulanten Pflegedienstbereich folgende Überlegungen sprechen:

Werden die vertraglichen Regelungen in den Anwendungsbereich der streng formalen Betrachtungsweise mit einbezogen, so wird die Anzahl der möglichen Abrechnungsbetrugsfälle durch die Anwendung der streng formalen Betrachtungsweise enorm gesteigert. Denn die Kassen haben einen großen Gestaltungsspielraum bei der Vertragsgestaltung. Es liegt also letztlich in den Händen der Kassen, Regelungen aufzustellen, deren Missachtung zu einer mangelnden Erstattungsfähigkeit der Leistungen führt. Sollte sich hierbei die mangelnde Erstattungsfähigkeit nicht direkt aus dem Leistungsbezug ergeben, so steht es den Kassen frei, diese

---

631 BGH, Beschluss vom 16.06.2014 – 4 StR 21/14 (juris).
632 Welke, Betrugsstrafbarkeit in Pflegeeinrichtungen, GuP 2011, S. 139 ff. (142); BGH, Beschluss vom 16.06.2014 – 4 StR 21/14 (juris).
633 Welke, Betrugsstrafbarkeit in Pflegeeinrichtungen, GuP 2011, S. 139 ff. (143).
634 Wischnewski/Jahn, Pönalisierung ambulanter Pflegedienste, GuP 2011, S. 212 ff. (216).

eindeutig über eine vertragliche Regelung zur Erstattungsfähigkeit festzulegen.[635] Sie können die Erstattungsfähigkeit z.B. an eine absolut einwandfreie Dokumentation koppeln oder an das Vorliegen einer Sozialversicherung des Pflegepersonals. Die mangelnde Erstattungsfähigkeit der Leistung führt unter Anwendung der streng formalen Betrachtungsweise zwingend zu einem betrugsrechtlichen Schaden.[636] Dieser „Schaden" wäre allerdings je nach Fallkonstellation künstlich konstruiert und weit entfernt von einem tatsächlichen wirtschaftlichen Schaden. Der Wortlaut der Norm wäre somit überschritten. Die verfassungsrechtlichen Bedenken wegen eines Verstoßes gegen Art. 103 II GG gelten im ambulanten Pflegedienstbereich daher in einem noch stärkeren Maße als beim ärztlichen Abrechnungsbetrug.[637]

Zudem soll der Gesetzgeber selbst über die Strafbarkeit eines Verhaltens entscheiden.[638] Das BVerfG führt hierzu aus: „Insoweit enthält Art. 103 II GG einen strengen Gesetzesvorbehalt, der es der vollziehenden und der rechtsprechenden Gewalt verwehrt, die normativen Voraussetzungen einer Bestrafung festzulegen".[639] Der Gesetzgeber hat aber nach der derzeitigen Gesetzeslage keinen direkten Einfluss auf die formalen Vorgaben in den Verträgen und somit auf die Strafbarkeit eines Verhaltens. Die Strafbarkeit wird vielmehr durch das Einfallstor der streng formalen Betrachtungsweise innerhalb der strafgerichtlichen Rechtsprechung durch die Kassen und die Verbände der Pflegedienste festgelegt.

Zudem ergeben sich durch die Anwendung der streng formalen Betrachtungsweise zur Schadensbestimmung bundesweit erhebliche Unterschiede bezüglich der Strafbarkeit eines Verhaltens. Je nach den formalen Vorgaben eines Vertrages kann ein Verhalten in dem einen Bundesland strafbar sein und in einem anderen Bundesland hingegen nicht. Dies ist bedenklich, da der Bund durch die Regelung des Betrugstatbestandes im StGB deutlich gemacht hat, dass es sich um eine bundesweite Regelung handeln soll (Art. 72 I, 74 I Nr.1 GG). Ein

---

635 So wird es beispielsweise schon bei Dokumentationsmängeln in einigen Bundesländern gemacht. Mehr hierzu unter D. II. 2. a. cc. (1.) (a.).
636 Wie oben bereits festgestellt (C. II. 2. b. cc.), ist eine nur teilweise Anwendung der streng formalen Betrachtungsweise zur strafrechtlichen Schadensbestimmung nicht möglich; a.A. Welke, Betrugsstrafbarkeit in Pflegeeinrichtungen, GuP 2011, S. 139 ff. (145).
637 Mehr hierzu unter C. II. 2. b. bb.
638 BVerfG, Beschluss vom 22.06.1988 – 2 BvR 234/87, 2 BvR 1154/86 (BVerfGE 78, 374–390).
639 BVerfG, Beschluss vom 22.06.1988 – 2 BvR 234/87, 2 BvR 1154/86 (BVerfGE 78, 374–390).

eigenes Betrugsstrafrecht der Länder ist daher grds. unzulässig.[640] Zwar stellen hier die Krankenkassen und Landesverbände der Pflegekassen die gesetzlichen Regelungen auf, so dass nicht in die Gesetzgebungskompetenz des Bundes eingegriffen wird und es sich nicht tatsächlich um Landesrecht handelt. Faktisch führt die Anwendung der streng formalen Betrachtungsweise aber dennoch zu einer unterschiedlichen Betrugsstrafbarkeit eines bestimmten Verhaltens in den einzelnen Ländern, welche zu vermeiden ist.

Die Übertragung der streng formalen Betrachtungsweise auf den ambulanten Pflegedienstbereich ist daher – direkt aus mehreren Gründen – verfassungsrechtlich bedenklich. Die Anwendung der streng formalen Betrachtungsweise zur Schadensbestimmung ist im ambulanten Pflegedienstbereich daher abzulehnen.

(3.) Entscheidung des BGH zur Übertragbarkeit der streng formalen Betrachtungsweise

Mit Beschluss vom 16.06.2014 hat der BGH zur Strafbarkeit eines ambulanten Pflegedienstes entschieden, dass die Abrechnung von Leistungen, die durch vertraglich nicht qualifiziertes Pflegepersonal erbracht werden, einen Betrug darstellt.[641]

(a.) Sachverhalt und Entscheidung

Der Entscheidung liegt der folgende Sachverhalt zugrunde:

Der vom ambulanten Pflegedienst betreute Klient lag aufgrund eines schweren Unfalls im Wachkoma. Zur Betreuung bewilligte die Krankenkasse ihm zunächst für die Zeit vom 10.08.2008 bis zum 2.10.2008 täglich 20 Stunden und später ab dem 03.10.2008 täglich 12 Stunden häusliche Krankenpflege. Die Pflegekasse bewilligte für die gleichen Zeiträume zunächst täglich 4 Stunden und später täglich 2 Stunden Grundpflege. Einen Rahmenvertrag gem. 132a SGB V über die Durchführung von häuslicher Krankenpflege hat der ambulante Pflegedienst nicht mit der Krankenkasse geschlossen. Die Inhaberin des Pflegedienstes war aber Mitglied in einem Landesverband und ließ den Inhalt des von dem Landesverband geschlossenen Vertrages gegen sich gelten. Über den Abschluss eines Versorgungsvertrages zur SPV mit der Pflegekasse enthält der Beschluss keine näheren Angaben. Von den Parteien wurden zusätzlich zum Rahmenvertrag noch „Ergänzungsvereinbarungen zum Vertrag über die Durchführung häuslicher Krankenpflege gemäß § 37 SGB V sowie der Pflegesachleistung nach § 36 SGB XI für

---

640 Maunz in Maunz/Dürig, GG, Art. 74, Rn. 68; vgl. auch Art. 4 EGStGB.
641 BGH, Beschluss vom 16.06.2014 – 4 StR 21/14 (juris).

beatmungspflichtige Versicherte" geschlossen. Sinn und Zweck des Vertrages war nach § 1 die Sicherstellung der besonders aufwändigen Behandlungspflege des Wachkomapatienten. In § 2 dieses Vertrages wurde geregelt, dass die Vertragsleistungen nur „von dazu fachlich qualifizierten und berufsrechtlich legitimierten Pflegekräften" durchgeführt werden dürfen. Hierfür muss der ambulante Pflegedienst für die Beschäftigung von „genügend fachlich weitergebildeten Fachgesundheits- und Krankenpfleger/-innen für Intensivpflege und Anästhesie bzw. genügend Krankenpfleger/-innen und Kinderkrankenpfleger/-innen für pädiatrische Intensivpflege" sorgen. Die Leistungen wurden jedoch allesamt von Krankenschwestern, Altenpflegern und Altenpflegehelfern erbracht, welche nicht über die erforderliche Zusatzqualifikation verfügten. Es fand auch keine Überwachung durch vertraglich ausreichend qualifiziertes Personal statt. Zudem wurde nicht die verlangte tägliche Stundenanzahl erbracht (sowohl bei der häuslichen Krankenpflege als auch bei der SPV), sondern lediglich ca. 5,5–7,5 Stunden täglich. Gegenüber der Krankenkasse rechnete die Inhaberin des Pflegedienstes zusätzlich zur erbrachten Stundenanzahl weitere Stunden ab. Bei der Pflegekasse stellte sie die erbrachten Leistungen in Rechnung.

Der BGH führt zunächst zu der Abrechnung der überhöhten Stundenanzahl der Inhaberin des Pflegedienstes gegenüber der Krankenkasse aus, dass ein Betrug hierdurch „auf der Hand" liege.

Im nächsten Schritt untersucht der BGH die Abrechnung der tatsächlich erbrachten Leistungen. Er geht davon aus, dass in der Einreichung der Abrechnung eine Täuschung liege, da hierdurch konkludent erklärt werde, dass die leistenden Mitarbeiter die vereinbarte Qualifikation aufwiesen. Er führt hierzu aus, dass das SGB V zwar keine besondere Qualifikation fordere, es sei aber zulässig, vertraglich eine bestimmte formale Qualifikation zu verlangen. Grundlage der Leistungsbeziehung sei die geschlossene Zusatzvereinbarung, welche nicht eingehalten worden sei. Bezüglich der SPV führt er aus, dass sich die Leistungserbringung hier aufgrund der Zusatzvereinbarung nach denselben Maßstäben richte.

Auch das Vorliegen einer irrtumsbedingten Vermögensverfügung wird vom BGH bejaht, da die zuständigen Sachbearbeiter der Kranken- und Pflegekasse die Rechnungen nicht bezahlt hätten, hätten sie von der fehlenden Zusatzqualifikation gewusst.

Ausführlich nimmt der BGH anschließend die Prüfung eines Schadens vor. Er prüft hierbei zunächst mit Verweis auf die Rechtsprechung des BVerfG[642], ob ein wirtschaftlicher und nicht bloß normativer Schaden vorliegt. Hierbei geht

---

642 Siehe hierzu bereits C. II. 2. b. bb.

er auf die streng formale Betrachtungsweise des Sozialversicherungsrechts ein und erläutert diese. Einen Schaden nimmt der BGH dann im Ergebnis an, da die Inhaberin des Pflegedienstes keinen Anspruch auf die Vergütung für die abgerechneten Leistungen habe, weil diese nicht abrechenbar seien. Es sei daher auch ein wirtschaftlicher und nicht ein lediglich normativer Schaden entstanden. Anschließend untersucht der BGH detailliert, ob eventuell eine Kompensation für die Vermögensminderung vorliegt, verneint dies aber im Ergebnis.

(b.) Entscheidungsbesprechung

Mit seiner Entscheidung vom 16.06.2014 zum Abrechnungsbetrug von ambulanten Pflegediensten hat der BGH eine Grundsatzentscheidung getroffen. Die Entscheidung führt zu einer Klarheit für die Gerichte, Staatsanwaltschaften, Kranken- und Pflegekassen sowie Kanzleien über die Anwendbarkeit der streng formalen Betrachtungsweise im ambulanten Pflegedienstbereich. Es war dem Grunde nach zu erwarten, dass der BGH seine ständige Rechtsprechung zur streng formalen Betrachtungsweise des Sozialversicherungsrechts[643] fortsetzen wird. Wäre er für den Bereich der ambulanten Pflege hiervon abgewichen, hätte dies in der Praxis zu einer Unsicherheit über die Fortsetzung der Rechtsprechung für den Abrechnungsbetrug der Ärzte geführt. Die Entscheidung überrascht daher grundsätzlich nicht.

Der Beschluss enttäuscht ein wenig in Bezug auf die sozialrechtlichen Ausführungen. Es werden lediglich die rechtlichen Vorgaben der häuslichen Krankenpflege und nicht auch diejenigen der SPV erläutert. Dies war zwar auch nicht zwingend erforderlich, da es sich in dem zugrundeliegenden Fall um eine besondere „Ergänzungsvereinbarung" handelte, die sowohl für den Bereich der häuslichen Krankenpflege als auch für die Pflegesachleistungen nach der SPV gelten sollte. Da aber auf die häusliche Krankenpflege eingegangen wird, wäre es konsequent gewesen, auch einige Ausführungen zur SPV zu machen.

Neu an dem Beschluss ist, dass auf die verfassungsrechtlichen Bedenken zu Art. 103 II GG näher eingegangen wird. Der BGH hat also durchaus wahrgenommen, dass die Anwendung der streng formalen Betrachtungsweise in Hinsicht auf die relativ neue Rechtsprechung des BVerfG nicht unbedenklich sein könnte. Dies ist zumindest ein Fortschritt und zeigt, dass, soweit keine Minderung der

---

643 BGH, Beschluss vom 28.09.1994 – 4 StR 280/94 (NStZ 1995, 85–86); OLG Koblenz, Beschluss vom 02.03.2000 – 2 Ws 92/00 (MedR 2001, 144–146); BGH, Urteil vom 05.12.2002 – 3 StR 161/02 (NJW 2003, 1198–1200); BGH, Beschluss vom 25.01.2012 – 1 StR 45/11 (BGHSt 57, 95–122).

Leistungsqualität vorliegt, wie beispielsweise bei einer mangelnden Erstattungsfähigkeit der Leistungen aufgrund von Dokumentationsmängeln,[644] eine Abweichung von der bisherigen Rechtsprechung nicht ausgeschlossen ist.

Zudem ist erfreulich, dass der BGH – wie bei dem Beschluss zum privatärztlichen Abrechnungsbetrug[645] – detailliert auf die Möglichkeit einer Kompensation eingeht. Dies hat er in seinen früheren Entscheidungen in der Form nicht getan.

Bemerkenswert an diesem Beschluss ist außerdem der Satz des BGH: „Die von der Angeklagten erbrachten Leistungen waren daher unabhängig von dem Entfallen eines sozialversicherungsrechtlichen Vergütungsanspruchs bei wirtschaftlicher Betrachtungsweise für die B. wertlos".[646] Einer solchen Klarstellung bedurfte es eigentlich nicht, denn im vorherigen Abschnitt des Beschlusses hatte der BGH bereits festgestellt, dass ein wirtschaftlicher und nicht lediglich normativer Schaden entstanden sei. Er ergänzt und/oder überprüft hier erstmalig sein mit der streng formalen Betrachtungsweise erzieltes Ergebnis, indem er klarstellt, dass auch ohne („unabhängig") Entfallen des sozialrechtlichen Vergütungsanspruchs (streng formale Betrachtungsweise) die Leistung wirtschaftlich betrachtet wertlos sei. Er stellt hierfür auf die Qualität der Leistung ab, welche gemindert sei.[647] Zudem erwähnt der BGH hier nochmal ausdrücklich die wirtschaftliche Betrachtungsweise. Hierdurch wird der Anschein erregt, dass der BGH doch insgeheim Zweifel bezüglich der Wirtschaftlichkeit des Schadens nach der streng formalen Betrachtungsweise hegt.[648] Die Annahme von Zweifeln wird noch durch den anschließenden Satz verstärkt: „Schon aus diesem Grund steht der Annahme eines Vermögensschadens auch das Bestimmtheitsgebot des Art. 103 Abs. 2 GG, das eine Ersetzung der gebotenen wirtschaftlichen Betrachtungsweise durch eine normative Auslegung des Merkmals des Vermögensnachteils bzw. -schadens verbietet (vgl. BVerfG, NStZ 2010, 626, 629; NJW 2012, 907, 916 f.) nicht entgegen." Diese Ausführungen zeigen, dass der BGH die Urteile des BVerfG zu der Wirtschaftlichkeit des Schadensbegriffes durchaus ernst genommen hat. Es hält zwar trotzdem an seiner Rechtsprechung zur streng formalen Betrachtungsweise fest, aber hat offenbar selbst Bedenken, ob diese wirklich

---

644 Mehr zu der fehlenden Auswirkung von Dokumentationsmängeln auf die Qualität unter D. II. 2. c. cc.
645 BGH, Beschluss vom 25.01.2012 – 1 StR 45/11 (BGHSt 57, 95–122).
646 BGH, Beschluss vom 16.06.2014 – 4 StR 21/14 (juris); mit „B" ist die Kranken- bzw. Pflegekasse gemeint.
647 Dieser Ansatz wird neben den im Beschluss angegebenen Quellen auch hier in der Arbeit vertreten.
648 So auch: Piel, Abrechnungsbetrug durch Pflegedienst, NStZ 2014, 640 ff. (644).

den verfassungsrechtlichen Anforderungen des Art 103 II GG genügt. Beachtlich ist mithin, dass der BGH streng genommen die Vereinbarkeit mit Art. 103 II GG mit der nach der Saldierungslehre – also ohne die streng formale Betrachtungsweise – durchgeführten Schadensbestimmung begründet. Denn er geht auf diese erst nach seinem Zusatz ein, dass auch „unabhängig von dem Entfallen eines sozialrechtlichen Vergütungsanspruchs bei wirtschaftlicher Betrachtungsweise" ein Schaden vorläge. Und er führt dann aus, dass „schon aus diesem Grund" der „Annahme eines Vermögensschadens auch das Bestimmtheitsgebot" nicht entgegenstehe. Durch seine Formulierung deutet er zwar an, dass auch bei der Anwendung der streng formalen Betrachtungsweise zur Schadensbestimmung das Bestimmtheitsgebot nicht verletzt sei, er lässt dies aber im Ergebnis offen.

Auch bei der Strafzumessung lässt der BGH offen, ob die erbrachten Leistungen tatsächlich strafmildernd berücksichtigt werden müssen, da das LG eine solche Strafmilderung vorgenommen hat. Dies entspricht der Entscheidung zum privatärztlichen Abrechnungsbetrug, in welcher der BGH auch ausdrücklich offen gelassen hat, ob die erbrachten Leistungen im Rahmen der Strafzumessung zu berücksichtigen sind.[649] Eine Berücksichtigung der erbrachten Leistungen im Rahmen der Strafzumessung entspricht beim vertragsärztlichen Abrechnungsbetrug der ständigen Rechtsprechung.[650]

Im Ergebnis ist schließlich festzuhalten, dass die Entscheidung des BGH in Bezug auf die Strafbarkeit der Inhaberin des ambulanten Pflegedienstes richtig ist.[651] Da die Qualität der Leistung in dem konkreten Fall gemindert war, konnte die Vermögensminderung nicht kompensiert werden. Ein wirtschaftlicher Schaden lag somit vor. Einen Rückgriff auf die streng formale Betrachtungsweise hätte es aber um zu diesem Ergebnis zu gelangen nicht bedurft.[652]

c. Schadensbestimmung mittels der Saldierungslehre

Aufgrund der Ablehnung der Schadensbestimmung durch die streng formale Betrachtungsweise wird in diesem Abschnitt der Arbeit das Vorliegen eines Schadens mittels der Saldierungslehre untersucht.

---

649 BGH, Beschluss vom 25.01.2012 – 1 StR 45/11 (BGHSt 57, 95–122).
650 Vgl. hierzu: BGH, Beschluss vom 28.09.1994 – 4 StR 280/94 (NStZ 1995, 85–86); OLG Koblenz, Beschluss vom 02.03.2000 – 2 Ws 92/00 (MedR 2001, 144–146); BGH, Urteil vom 05.12.2002 – 3 StR 161/02 (NJW 2003, 1198–1200).
651 Ebenso: Piel, Abrechnungsbetrug durch Pflegedienst, NStZ 2014, 640 ff. (644).
652 So auch Schuhr, Betrug durch Pflegedienstunternehmer bei Einsatz unzureichend qualifizierten Personals, NJW 2014, 3170 ff. (3173).

Die Leistungen des ambulanten Pflegedienstes werden für die Gegenleistung einer Vergütungszahlung und somit in einem Austauschverhältnis erbracht. Bei einem Austauschverhältnis kommt es für die Schadensbestimmung auf eine Wertdifferenz an, die nur dann vorliegt, wenn die Vermögensminderung nicht durch die Gegenleistung vollständig kompensiert wird.[653]

Für die Bestimmung des Wertes der Leistungen wird grundsätzlich der Marktwert herangezogen.[654] Fraglich ist, ob es im ambulanten Pflegedienstbereich – im Vergleich zum vertragsärztlichen Bereich – einen solchen gibt.

Im Gegensatz zum vertragsärztlichen Bereich gibt es auch in derselben Region preisliche Unterschiede zwischen den ambulanten Pflegediensten. Es fehlt aber auch im ambulanten Pflegedienstbereich an einem preisbildenden Markt. Denn die verschiedenen Preise der Pflegedienste sind nicht auf Unterschiede bezüglich des Angebots und der Nachfrage, sondern auf die unterschiedlichen Vergütungsvereinbarungen zwischen den Kassen und den Verbänden der ambulanten Pflegedienste zurückzuführen. Die Vertragsparteien, also die ambulanten Pflegedienste und ihre Klienten, könnten daher die Preise nicht frei vereinbaren, so dass es an einem Markt fehlt. Bei der Wertbestimmung der Leistung kann daher – trotz der Ablehnung der streng formalen Betrachtungsweise – das Sozialversicherungsrecht nicht gänzlich außer Betracht gelassen werden. Denn dieses legt durch die Verträge fest, welchen Wert die Leistungen haben.

aa. Abrechnung von Leistungen durch nicht qualifiziertes Pflegepersonal

Werden Leistungen abgerechnet, die von nicht qualifiziertem Hilfspersonal erbracht werden, so könnte die Vermögensminderung der Kranken- oder Pflegekasse durch die Leistung des nicht qualifizierten Personals kompensiert worden sein.

(1.) Kompensation bei der Krankenkrasse

Auch beim Abrechnungsbetrug der ambulanten Pflegedienste kommt eine Kompensation der Leistung durch die Arbeitsleistung, die Befreiung vom Anspruch auf häusliche Krankenpflege gegenüber dem Versicherten und durch die Ersparnis von Aufwendungen in Betracht.[655]

---

653 Mehr hierzu unter C. II. 3.
654 Stellvertretend für viele: BGH, Beschluss vom 25.01.2012 – 1 StR 45/11 (BGHSt 57, 95–122).
655 Die bei den Vertragsärzten diskutierte Kompensationsmöglichkeit durch eine Befreiung der Krankenkasse von einem Zahlungsanspruch gegenüber der KV scheidet mangels einer mit der KV vergleichbaren Institution offensichtlich aus.

(a.) Kompensation durch die Arbeitsleistung

Auch für den Abrechnungsbetrug der ambulanten Pflegedienste gilt, dass die Arbeitsleistung als solche die eingetretene Vermögensminderung nicht kompensieren kann. Diese ist bei einem Verstoß gegen sozialrechtliche Vorgaben nicht erstattungsfähig und hat daher keinen Wert.[656]

(b.) Kompensation durch die Befreiung vom Anspruch auf häusliche Krankenpflege gegenüber den Versicherten

Eine Kompensation der Vermögensminderung der Krankenkasse könnte in der Befreiung vom Anspruch auf häusliche Krankenpflege gem. §§ 2 II, 11 I Nr. 4 II i.V.m. 37 SGB V gegenüber dem Versicherten liegen.[657] Dieser Anspruch könnte durch eine Erfüllung durch die Leistungen des ambulanten Pflegedienstes untergegangen sein.

Hierfür müsste der Krankenkasse der Wert der Leistung unmittelbar durch die Verfügung zugeflossen sein, damit der Pflegeanspruch nicht in „sonstiger" Weise erloschen wäre.[658]

Auch im ambulanten Pflegedienstbereich könnte argumentiert werden, dass es an dem Unmittelbarkeitszusammenhang zwischen der Leistung des Pflegedienstes und der Vermögensverfügung der Kasse fehlt.[659] Denn der Zeitpunkt der Leistungserbringung liegt auch hier vor der Täuschungshandlung und der Vermögensverfügung. Im Rahmen der Schadensermittlung könnten daher die Grundsätze über den „unechten Erfüllungsbetrug" herangezogen werden, damit

---

656 Mehr zur Erstattungsfähigkeit unter D. II. 2. a. aa. (a.); anders BGH (Beschluss vom 16.06.2014 – 4 StR 21/14 (juris)), der auf die mangelnde sozialrechtliche Erstattungsfähigkeit bei der Prüfung einer Kompensationsmöglichkeit nicht weiter eingeht. Er prüft an dieser Stelle die Qualität der erbrachten Arbeitsleistung. Hiermit übergeht er kommentarlos den Umstand, dass es für den Bereich der ambulanten Pflege keinen Marktwert gibt und daher die vertraglichen Vorgaben den Wert bestimmen.
657 So auch: BSG Urteil vom 13.05.2004 – B 3 KR 2/03 R (SozR 4-25000 § 132a Nr. 1); mehr zu dieser Kompensationsmöglichkeit und Literaturangaben hierzu befinden sich oben unter C. II. 3. a. bb. (2.). Es wird sich in diesem Abschnitt an der obigen Prüfung für die Vertragsärzte orientiert.
658 Literaturangaben zur Parallelproblematik der Ärzte unter C. II. 3. bb. (2).
659 So BGH, Beschluss vom 16.06.2014 – 4 StR 21/14 (juris); mehr zum Unmittelbarkeitszusammenhang und der Problemstellung unter C. II. 3. a. bb. (2).

die erbrachte Leistung bei einer wirtschaftliche Gesamtbetrachtung mit in die Saldierung einbezogen werden kann.[660]

Da die Täuschungshandlung erst in der Einreichung der Abrechnungsunterlagen zu sehen ist, kann für das Grund-Rechtsverhältnis nur auf den Zeitpunkt eines hypothetischen Verpflichtungsgeschäfts vor der Leistungserbringung – und nicht auf den Zeitpunkt der Zulassung durch Vertrag – abgestellt werden.[661] Zu diesem Zeitpunkt würde ohne die sozialversicherungsrechtlichen Besonderheiten bereits die Täuschungshandlung des Inhabers des ambulanten Pflegedienstes vorliegen. Zudem wäre das Vermögen der Krankenkassen zu diesem Zeitpunkt durch die Verpflichtung der Zahlung für eine nicht erstattungsfähige Leistung schon konkret gefährdet. Bei der späteren Durchführung der Leistung und der Abrechnung würde diese dann lediglich – wie beim Verfügungsgeschäft beim „unechten Erfüllungsbetrug" – noch fortwirken. Es läge daher bei der Außerachtlassung der sozialversicherungsrechtlichen Besonderheiten ein „unechter Erfüllungsbetrug" vor.

Die Anwendung der Grundsätze zum „unechten Erfüllungsbetrug" ist auch im ambulanten Pflegedienstbereich sinnvoll, da der ambulante Pflegedienst seine Leistungen erbringt, um seiner durch die vertragliche Zulassung begründeten Verpflichtung zur Versorgung seiner Klienten mit Pflege nachzukommen. Nur durch seine Leistungen wird daher der Pflegeanspruch des Versicherten gegenüber der Krankenkasse erfüllt. Den sozialversicherungsrechtlichen Besonderheiten wird man daher nur durch eine Anwendung der Grundsätze gerecht. Die Befreiung von dem Anspruch des Versicherten stellt daher auch aufgrund der Besonderheiten des sozialversicherungsrechtlichen Systems – entgegen der Auffassung des BGH[662] – eine Gegenleistung für die gezahlte Vergütung dar. Eine Kompensation durch Erfüllung kommt daher regelmäßig in Betracht.

Es stellt sich aber die Frage, ob der Anspruch des Versicherten durch die Leistungserfüllung durch das vertraglich nicht qualifizierte Pflegepersonal erfüllt wurde oder in „sonstiger" Weise erloschen ist. Eine Erfüllung läge nur dann vor,

---

660 Mit weiteren Nachweisen: Grunst, Zum Abrechnungsbetrug bei fehlender ordnungsgemäßer Zulassung zum Vertragsarzt, NStZ 2004, 533 ff. (536).
661 Würde die Täuschungshandlung bereits in der Erschleichung der Zulassung liegen, könnte man hier drin das Grund-Rechtsverhältnis sehen. Man müsste dann – um auf die Grundsätze des „unechten Erfüllungsbetruges" zurückzugreifen – nicht auf ein hypothetisches Grund-Rechtsverhältnis abstellen, welches ohne die sozialversicherungsrechtlichen Regelungen vor der Leistungserbringung geschlossen worden wäre.
662 BGH, Beschluss vom 16.06.2014 – 4 StR 21/14 (juris).

wenn der Wert der erbrachten Leistung dem Wert der verlangten Leistung entspricht.

Wie oben bereits unter C. II. 3. a. aa. (2). festgestellt, ist eine Leistung dann als minderwertig anzusehen, wenn sie aus fachlicher Sicht den Qualitätsanforderungen nicht genügt, etwa weil die erforderliche Qualifikation des Behandelnden fehlt oder die Verträglichkeit für den Versicherten nicht gewährleistet ist. Ebenso wie bei den Vertragsärzten steht auch im Pflegedienstbereich im Zeitpunkt der Zulassung durch Vertragsschluss weder Art noch Umfang der Leistungserbringung fest, so dass die Grundsätze des Anstellungsbetruges nicht direkt übertragen werden können.[663] Jedoch können die Grundsätze auch im ambulanten Pflegedienstbereich zumindest zur Orientierung herangezogen werden. Wird also über die für die Ausübung der Tätigkeit rechtlich unerlässlichen Anforderungen an die fachliche Qualifikation getäuscht, so liegt genau wie beim Anstellungsbetrug – mangels Gleichwertigkeit der Leistungen – ein Vermögensschaden vor.[664]

Die Anforderungen an die Qualifikation der Leistungserbringung werden im ambulanten Pflegedienstbereich vertraglich geregelt, ergeben sich also nicht direkt aus dem Gesetz. Eine besondere Qualifikation ist somit rechtlich nicht erforderlich. Umstritten ist, ob die Leistung aus fachlicher Sicht den Qualitätsanforderungen genügen kann, wenn eine vertraglich erforderliche Qualifikation nicht vorliegt.

Eine Meinung geht davon aus, dass den erbrachten Leistungen – unabhängig von der Qualifikation des Personals – kompensierende Wirkung zukomme.[665]

Eine andere Meinung geht davon aus, dass Leistungen von nicht qualifiziertem Pflegepersonal minderwertig seien und ihnen daher keine kompensatorische Wirkung zukomme.[666]

---

663 Vgl. hierzu BGH, Urteil vom 06.07.1993 – 1 StR 280/93 (wistra 1993, 337–339).

664 Vgl. zum Anstellungsbetrug in öffentlich-rechtlichen Anstellungsverhältnissen BGH, Beschluss vom 18.09.1999 – 5 StR 193/98 (NJW 1999, 1485–1489).

665 AG Hanau, Beschluss vom 12.05.2005 – 54 Ls 1600 Js 6503/04 (nicht veröffentlicht); Wischnewski/Jahn, Pönalisierung ambulanter Pflegedienste, GuP 2011, S. 212 ff. (215–217); Jahn, Abrechnungsbetrug trotz tatsächlicher Leistungserbringung, PflR 2011, S. 223 ff. (225–227); Siefarth, Abrechnungsbetrug in Krankenhäusern und Pflegeunternehmen, PKR, 2014, S. 49 ff. (51).

666 AG Bensheim, Urteil vom 17.11.2004 – 22 Js 13439/99 – 5 Ls VII (NStZ-RR 2005, 173); SG Potsdam, Urteil vom 08.02.2008 – S 7 KR 40/07 (PflR 2009, 40–45); wohl auch Welke, der den Schaden aber über die streng formale Betrachtungsweise bestimmt (Welke, Betrugsstrafbarkeit in Pflegeeinrichtungen, GuP 2011, S. 139 ff. (146–149)).

Für die erste Meinung spricht, dass die vertraglich verlangte Qualifikation je nach Vertrag variieren kann, also der erlernte Beruf an sich nichts über die Qualität der Leistung aussagt.[667] Außerdem sollen nach § 37 III SGB V bevorzugt Verwandte die häusliche Krankenpflege übernehmen. Nur soweit dies nicht möglich ist, besteht ein Anspruch auf häusliche Krankenpflege. Die Verwandten haben aber in der Regel selber keine Qualifikation für die Leistungserbringung.[668] Dagegen spricht, dass die Krankenkassen gegebenenfalls höhere Löhne für qualifiziertes Personal zahlen.[669] Zudem könnte der Einsatz von nicht examiniertem Personal zu einer Gesundheitsgefährdung des Klienten des Pflegedienstes führen.[670] Dieses Argument kann man mit dem Sinn und Zweck der häuslichen Krankenpflege untermauern. Diese wird nur aufgrund einer ärztlichen Verordnung verschrieben (vgl. § 73 II Nr. 8 SGB V) und soll die ärztliche Heilbehandlung unterstützen. Es werden hierbei oft Tätigkeiten (wie z.B. Verbandswechsel) vorgenommen, die zwar grundsätzlich auch von nicht qualifiziertem Personal (wie z.B. den Angehörigen) durchgeführt werden könnten. Jedoch würde eine solche Durchführung nicht die gleiche Gewähr für eine erfolgreiche Behandlungspflege bieten. Denn ein falsch angelegter Verband kann beispielsweise zu Hautirritationen und schlimmstenfalls, wenn er zu eng angelegt ist, zu Durchblutungsstörungen führen. Durch solche Folgen würde der Heilungsprozess aber nicht mehr gefördert, sondern sogar verzögert. Bei qualifiziertem Pflegepersonal ist hingegen davon auszugehen, dass sie bei der Ausführung ihrer durch die Ausbildung erworbenen Fähigkeiten in der Regel keine Fehler machen werden. Der Vorrang nach § 37 III SGB V, für die Behandlungspflege primär Verwandte einzusetzen, resultiert somit eher aus Erwägungen zur Kosteneinsparung als daher, dass für die Tätigkeiten keine besondere Qualifikation erforderlich wäre. Der zweiten Meinung ist daher grundsätzlich zustimmen, so dass eine Leistung, die von nicht qualifiziertem Personal erbracht wird, die Vermögensminderung nicht kompensieren kann. Dies gilt allerdings mit der Einschränkung, dass individuell entschieden werden muss, wer als qualifiziertes Personal einzuordnen ist. Denn wird vertraglich z.B. eine Arzthelferin ausgeschlossen, welche allerdings in ihrer Ausbildung (nachweislich!) die geforderten Fähigkeiten erlernt hat, so ist eine Behandlung durch sie für den

---

667 So auch: Jahn, Abrechnungsbetrug trotz tatsächlicher Leistungserbringung, PflR 2011, S. 223 ff. (224); Siefarth, Abrechnungsbetrug in Krankenhäusern und Pflegeunternehmen, PKR, 2014, S. 49 ff. (51).
668 Wischnewski/Jahn, Pönalisierung ambulanter Pflegedienste, GuP 2011, S. 212ff. (217).
669 So: AG Bensheim, Urteil vom 17.11.2004 – 22 Js 13439/99 - 5 Ls VII (NStZ-RR 2005, 173).
670 AG Bensheim, Urteil vom 17.11.2004 – 22 Js 13439/99 - 5 Ls VII (NStZ-RR 2005, 173).

betreuten Klienten nicht gefährlich. Ihrer Leistung käme daher eine kompensierende Wirkung zu.[671] Problematisch erscheint diesbezüglich der Einwand, die Gesetze über die Berufe in der Krankenpflege (KrPflG) und der Altenpflege (AltPflG) enthielten keine genauen Kriterien, die eine Abgrenzung zwischen den Mitarbeitern des Pflegedienstes ermöglichen, so dass die Leistungserbringer daher nicht wüssten, welche Mitarbeiter die erforderlichen Voraussetzungen mitbringen.[672] Es ist allerdings ein legitimes Mittel, in den Verträgen zur Abgrenzung auf die Berufsbezeichnung abzustellen. Denn Personen, die eine Ausbildung im Kranken- oder Altenpflegebereich gemacht haben, bringen auch die geforderten Kenntnisse mit. Die Leistungserbringer können zudem durch die Überprüfung der Ausbildungszeugnisse nachvollziehen, welcher Mitarbeiter hinreichend qualifiziert ist. Setzt der Pflegedienst z.B. entgegen den vertraglichen Vorschriften einen Arzthelfer ein, den er aber für die entsprechende Tätigkeit für qualifiziert hält, so muss er sich vor dem Einsatz entsprechend durch Zeugnisse oder die Einarbeitung in die Ausbildungsinhalte über die Qualifikation vergewissern.[673] Nur wenn die durchgeführte Leistung tatsächlich während der Ausbildung erlernt wurde, kommt eine Kompensation in Betracht. Anders sieht der Fall hingegen bei einer Pflegekraft aus, die die geforderte Tätigkeit zwar schon öfters ausgeführt hat, allerdings keine berufliche Ausbildung hierzu genossen hat. In diesem Fall kommt keine Kompensation in Betracht.

Es ist daher als Ergebnis festzuhalten, dass der Anspruch des Versicherten in dieser Konstellation regelmäßig nicht erfüllt wird, sondern in „sonstiger" Weise untergeht. An einer Kompensation der Vermögensminderung fehlt es daher in der Regel.

(c.) Kompensation durch die Ersparnis von Aufwendungen

Als weitere Kompensationsmöglichkeit kommt eine Ersparnis von Aufwendungen in Betracht, welche bei der Vornahme der Behandlungspflege von qualifiziertem Pflegepersonal entstanden wären.

---

671 Der unter D. II. 2. a. aa (1). (a). erwähnte Umstand, dass es nur auf die vertragliche und nicht auf die tatsächliche Qualifikation ankommt gilt daher nur sozialrechtlich und nicht strafrechtlich.
672 Jahn, Abrechnungsbetrug trotz tatsächlicher Leistungserbringung, PflR 2011, S. 223 ff. (224).
673 Informationen zu den Ausbildungsinhalten für den Beruf des Arzthelfers findet man beispielsweise hier: http://berufenet.arbeitsagentur.de/berufe/docroot/r2/blobs/pdf/archiv/8919.pdf (zuletzt abgerufen am 13.12.2014).

Im Vergleich zu den Vertragsärzten scheitert diese Möglichkeit nicht schon an einem hypothetischen Geschehensablauf.[674] Denn die vorzunehmenden Pflegeleistungen werden durch die ärztliche Verordnung festgelegt, so dass die Pflegedienste hier keinen eigenen Handlungsspielraum haben.[675] Zudem kann mit hoher Wahrscheinlichkeit davon ausgegangen werden, dass der Versicherte die Anweisung des Arztes befolgen und einen Pflegedienst mit der Behandlungspflege beauftragen wird.

Aber auch bei der Leistungserbringung durch ambulante Pflegedienste bleibt es dabei, dass die ersparten Aufwendungen nur in einem äußeren Zusammenhang zu dem vermögensmindernden Verhalten stehen und somit kein unmittelbares Äquivalent aus der Verfügung darstellen.[676]

Eine Kompensation durch die Ersparnis von Aufwendungen scheidet also aus.

(2.) Kompensation bei der Pflegekasse

Die Pflegekasse könnte durch die Leistung des ambulanten Pflegedienstes von dem Anspruch des Versicherten auf Pflegesachleistungen gem. §§ 28 I, 36 I S. 1 SGB XI frei geworden sein. Hierfür müsste der Anspruch des Versicherten durch Erfüllung untergegangen sein. Eine Erfüllung liegt vor, soweit der Wert der erbrachten Leistung dem Wert der geschuldeten Leistung entspricht.

Wird für die Pflegesachleistung aufgrund von besonderen Umständen eine Ergänzungsvereinbarung geschlossen, welche eine besondere Qualifikation des Pflegepersonals fordert, so kann sich die Nichteinhaltung dieser Qualifikation – genau wie im Bereich der häuslichen Krankenpflege – aufgrund einer höheren Gefährlichkeit für den Klienten auf die Qualität der Leistung auswirken. Denn der Sinn und Zweck der Ergänzungsvereinbarung liegt darin, eine an die besonderen Umstände angepasste, bestmögliche Versorgung des Klienten zu gewährleisten. Wird wie bei dem vom BGH entschiedenen Fall z.B. eine besondere Zusatzausbildung für die Intensivpflege verlangt, so hat das Vorhandensein dieser Qualifikation einen direkten Einfluss auf die Qualität der Leistung, weil nur hierdurch gewährleistet wird, dass die Pflegekraft in den für Wachkomapatienten üblichen Notfallsituationen angemessen reagieren kann.[677] Liegt die geforderte Zusatzausbildung daher nicht vor, so ist von einer Minderwertigkeit der erbrachten Leistung

---

674 Mehr hierzu unter C. II. 3. a. cc.
675 Wischnewski/Jahn, Pönalisierung ambulanter Pflegedienste, GuP 2011, S. 212 ff. (216).
676 Mehr hierzu unter C. II. 3. a. cc.; ebenso BGH, Beschluss vom 16.06.2014 – 4 StR 21/14 (juris).
677 BGH, Beschluss vom 16.06.2014 – 4 StR 21/14 (juris).

auszugehen. Diese kann die erlittene Vermögensminderung der Pflegekasse somit nicht kompensieren, so dass ein Vermögensschaden vorliegt.

bb. Abrechnung von Pflegekursen durch nicht qualifizierte Dozenten

Werden Pflegekurse abgerechnet, die von vertraglich nicht qualifizierten Dozenten durchgeführt wurden, so könnte eine Kompensation in der Befreiung der Pflegekasse von dem Anspruch des Versicherten nach §§ 28 I Nr. 12, 45 I SGB XI auf die Teilnahme an Pflegekursen gesehen werden.[678]

Hierfür müsste der Anspruch des Versicherten auf die Teilnahme an den Pflegekursen erfüllt worden sein, was nur dann der Fall ist, wenn der Wert der erbrachten Leistung dem Wert der geschuldeten Leistung entspricht. Dagegen könnte auch hier der Umstand sprechen, dass die Kurse von Dozenten abgehalten wurden, die gemäß den vertraglichen Regelungen nicht hinreichend qualifiziert waren. Der Sinn und Zweck der vertraglichen Forderung einer bestimmten Qualifikation der Dozenten liegt darin, dass den Teilnehmern eine bestmögliche Ausbildung für die Pflege von beispielsweise Angehörigen gewährt werden soll. Denn der Kurs soll den Teilnehmern gem. § 45 I S. 2 SGB XI die Fertigkeiten für die eigenständige Durchführung der Pflege vermitteln. Es liegt hierbei auf der Hand, dass die Dozenten vor der Durchführung solcher Kurse selbst eine entsprechende pflegerische Ausbildung erfahren haben sollten. Zudem ist es sinnvoll, von ihnen auch schon eine gewisse pflegerische Erfahrung zu verlangen. Denn nur jemand, der selbst die geforderten Fertigkeiten in einer professionellen Ausbildung erworben und über einen bestimmten Zeitraum durch eine praktische Arbeit in diesem Bereich vertieft hat, kann diese richtig weitergeben. Durch die vertragliche Forderung einer bestimmten Qualifikation des Dozenten wird daher gewährleistet, dass die Teilnehmer im Anschluss an den Kurs durch das vermittelte Wissen dazu in der Lage sein werden, selbst pflegerische Aufgaben wahrzunehmen. Gerade bei der Durchführung von Schulungen ist eine ausreichende Qualifikation von Dozenten daher erforderlich. Zudem wird die Pflegekasse regelmäßig die Höhe der Vergütung aufgrund der erwarteten Qualifikation gewählt haben.

Wird der Pflegekurs von einem Dozenten durchgeführt, der vertraglich nicht qualifiziert ist, scheidet eine Erfüllung des Anspruchs des Versicherten aufgrund der Minderwertigkeit der Leistung aus. Hierbei muss im Vergleich zur vorherigen

---

678 Bezüglich etwaiger anderweitiger Kompensationsmöglichkeiten und des Vorliegens des Unmittelbarkeitszusammenhangs gelten die Ausführungen des vorherigen Abschnitts entsprechend. Dies gilt auch für die Wertbestimmung.

Konstellation auch nicht auf die individuelle Qualifikation der Person geschaut werden, da nur durch den Nachweis einer professionellen Ausbildung und einer langjährigen Erfahrung in einem Pflegeberuf eine qualitativ hochwertige Schulung für die Teilnehmer gewährleistet werden kann. Arzthelfern wird es aber beispielsweise – selbst wenn sie für die Vornahme von einzelnen Pflegemaßnahmen qualifiziert sind – an einer solchen spezifisch pflegerischen Ausbildung fehlen. Eine Kompensation der Vermögensminderung scheidet daher bei einem Einsatz von vertraglich nicht qualifizierten Dozenten aus.[679]

cc. Abrechnung von Leistungen unter Verstoß gegen die Dokumentationspflicht

Bei der Abrechnung von Leistungen unter Verstoß gegen die vertraglichen Dokumentationspflichten kann es zu einer Vermögensminderung bei den Krankenkassen, Pflegekassen, Klienten und Sozialämtern kommen. Dementsprechend ist einzeln zu untersuchen, ob die Vermögensminderungen durch die Leistung des ambulanten Pflegedienstes kompensiert werden können.

(1.) Kompensation bei der Krankenkasse

Bei der Krankenkasse kommt eine Kompensation der Vermögensminderung durch eine Befreiung von dem Anspruch auf häusliche Krankenpflege gem. §§ 2 II, 11 I Nr. 4 II i.V.m. 37 SGB V gegenüber dem Versicherten in Betracht.

Hierfür müsste der Anspruch des Versicherten erfüllt worden sein, was der Fall wäre, wenn der Wert der vom ambulanten Pflegedienst erbrachten Leistung dem Wert der geschuldeten Leistung entspräche.

Davon ausgehend, dass die Pflegeleistungen als solche von geeignetem Personal einwandfrei erbracht wurden, könnte einer Erfüllung des Anspruchs auf häusliche Krankenpflege nur die Verletzung der vertraglichen Dokumentationspflicht entgegenstehen. Sie betrifft allerdings nicht die vertraglich geschuldete Hauptleistung, die in der Erbringung der erforderlichen pflegerischen Maßnahmen gegenüber dem Klienten besteht. Es handelt sich hierbei vielmehr um eine Annexverpflichtung zur Leistungserbringung.[680] Bei einer Nichteinhaltung der Dokumentationspflicht wird der Kernbereich der pflegerischen Leistung daher

---

679 Im Ergebnis so auch OLG Rostock, Beschluss vom 19.12.2013 – Ws 320/13 (PflR 2014, 191–199).
680 Ebenso: Welke, Betrugsstrafbarkeit in Pflegeeinrichtungen, GuP 2011, S. 139 ff. (145).

nicht tangiert.[681] Aufgrund des „ultima-ratio"-Prinzips kann nur die Verletzung des Kernbereichs der Leistung – und nicht schon die Missachtung einer bloßen Annexverpflichtung zur Leistung – eine Strafbarkeit begründen. Dass die Leistung sozialversicherungsrechtlich nicht abrechenbar ist, schmälert den Wert der Leistung somit nicht. Durch die Leistungserbringung ist daher der Anspruch des Versicherten auf häusliche Krankenpflege erfüllt worden. Da die Krankenkasse hierdurch unmittelbar von einer Verbindlichkeit befreit wurde, liegt eine Kompensation der Vermögensminderung vor. Ein Schaden kann daher nicht angenommen werden, so dass eine Strafbarkeit des Inhabers der ambulanten Pflegedienste aufgrund der Abrechnung von mangelhaft dokumentierten Leistungen ausscheidet.[682]

(2.) Kompensation bei der Pflegekasse

Die Pflegekassen könnten durch die Leistung von dem Anspruch ihres Versicherten auf Pflegesachleistungen gem. §§ 28 I, 36 I S. 1 SGB XI frei geworden sein. Hierfür müsste der Anspruch des Versicherten durch die Leistung des ambulanten Pflegedienstes erfüllt worden sein.

Auch im Bereich der SPV stellt die vertragliche Dokumentationspflicht lediglich eine Annexverpflichtung zur Leistungserbringung dar. Da der Kernbereich der Leistung durch eine mangelhafte Dokumentation nicht berührt wird, ist der Anspruch des Versicherten auf Pflegesachleistungen durch die Leistungen des ambulanten Pflegedienstes untergegangen. Die Vermögensminderung wurde somit kompensiert, so dass kein Schaden vorliegt.[683]

(3.) Kompensation bei dem Klienten

Die Vermögensminderung bei dem Klienten des Pflegedienstes könnte durch die erhaltene Leistung kompensiert worden sein, soweit sein Anspruch auf Pflege aus dem abgeschlossenen Pflegevertrag erfüllt worden ist.

---

681 So auch: Welke, Betrugsstrafbarkeit in Pflegeeinrichtungen, GuP 2011, S. 139 ff. (145).
682 Im Ergebnis auch Welke, der zu diesem Ergebnis allerdings über eine Ausnahmeregelung zur streng formalen Betrachtungsweise gelangt: Welke; Betrugsstrafbarkeit in Pflegeeinrichtungen, GuP 2011, S. 139 ff. (145).
683 Im Ergebnis so auch Welke; Betrugsstrafbarkeit in Pflegeeinrichtungen, GuP 2011, S. 139 ff. (146).

Der Pflegevertrag enthält bezüglich der Vergütung des ambulanten Pflegedienstes einen Verweis auf die Vergütungsvereinbarungen gem. § 89 SGB XI.[684] Das vertraglich vorgeschriebene Dokumentationssystem gilt also auch für die Abrechnung gegenüber dem Klienten. Die Dokumentation stellt aber auch hier nur eine Annexverpflichtung zu der erbrachten Leistung dar, so dass der Kernbereich der Leistung nicht betroffen ist. Durch die erbrachte Leistung wurde daher der Behandlungsanspruch des Klienten unmittelbar erfüllt. Eine Kompensation der Vermögensminderung liegt mithin durch die Erfüllung vor, so dass eine Betrugsstrafbarkeit abzulehnen ist.

(4.) Kompensation bei dem Sozialhilfeträger

Auch die Vermögensminderung des Sozialhilfeträgers ist durch eine Gegenleistung kompensiert wurden. Denn durch die Leistung des ambulanten Pflegedienstes ist der Anspruch des Sozialhilfeempfängers (Klient des Pflegedienstes) auf Hilfe zur Pflege gem. §§ 8 Nr. 5, 61 I SGB XII erfüllt worden, so dass der Sozialhilfeträger von einer Verbindlichkeit gegenüber dem Sozialhilfeempfänger befreit worden ist.

dd. Abrechnung mittels rechtswidrigen Zulassungsvertrages

Rechnet der Inhaber des ambulanten Pflegedienstes eine Leistung ab, der ein rechtswidriger Zulassungsvertrag zugrunde liegt, so stellt sich die Frage, ob die Vermögensminderung bei der Pflegekasse, der Krankenkasse, dem Klienten und dem Sozialhilfeträger durch die erbrachte Leistung kompensiert wird.

(1.) Kompensation bei der Pflegekasse

Die Pflegekasse könnte durch die Leistung des ambulanten Pflegedienstes von dem Anspruch ihres Versicherten auf Pflegesachleistungen gem. §§ 28 I, 36 I S. 1 SGB XI befreit worden sein. Dies wäre der Fall, wenn dieser Anspruch durch eine Erfüllung untergegangen wäre. Eine Kompensation läge dann vor.

Eine Erfüllung kommt nur dann in Betracht, wenn der Wert der erbrachten Leistung der geschuldeten Leistung entspricht. Fraglich ist daher, ob die Rechtswidrigkeit des Zulassungsvertrages den Wert der erbrachten Leistung schmälert. Zur Beantwortung der Frage muss zwischen den einzelnen Voraussetzungen nach § 72 III S. 1 SGB XI differenziert werden, deren Nichtvorliegen zur Rechtswidrigkeit des Vertrages führt.

---

684 http://www.aok-gesundheitspartner.de/imperia/md/gpp/bund/pflege/ambulant/pflege_pflegevertr_2013.pdf (zuletzt abgerufen am 13.12.2014).

Nach § 72 III S. 1 Nr. 1 i.V.m. § 71 I SGB XI müssen die ambulanten Pflegedienste für die Zulassung eine selbständig wirtschaftende Einrichtung darstellen, welche unter ständiger Verantwortung einer ausgebildeten Pflegefachkraft die Pflegebedürftigen pflegt. Gem. § 72 III S. 1 Nr. 2 SGB XI ist zudem erforderlich, dass der Pflegedienst die Gewähr für eine leistungsfähige und wirtschaftliche pflegerische Versorgung bietet und den Beschäftigten eine ortsübliche Vergütung zahlt. Außerdem muss er sich nach § 72 III S. 1 Nr. 3 SGB XI dazu verpflichten, nach Maßgabe des § 113 SGB XI ein Qualitätsmanagement einzuführen und weiterzuentwickeln und nach § 72 III S. 1 Nr. 4 SGB XI i.V.m. § 113a SGB XI, alle Expertenstandards anzuwenden.

(a.) Zulassungsvoraussetzungen des § 72 III S. 1 Nr. 1 SGB XI

Der schwerwiegendste und häufigste Mangel wird wohl das Nichtvorliegen einer vertraglich erforderlichen verantwortlichen Pflegefachkraft nach § 72 III S. 1 Nr. 1 i.V.m. 71 I SGB XI sein. Dieses Nichtvorliegen kann z.B. vorkommen, wenn die angegebene verantwortliche Pflegefachkraft die aufgestellten Anforderungen an ihre Qualifikation nicht erfüllt (beispielsweise durch eine Unzuverlässigkeit wegen einer Vorstrafe oder wegen des Fehlens einer entsprechenden Ausbildung oder Weiterbildung), oder wenn eine ursprünglich vorhandene verantwortliche Pflegefachkraft den Pflegedienst verlässt. Sie ist dafür verantwortlich, die Pflege der einzelnen Klienten in den Grundzügen festzulegen und die ordnungsgemäße Durchführung der Pflege zu organisieren und zu kontrollieren.[685] Sie hat daher einen wesentlichen Einfluss auf die Qualität der in dem ambulanten Pflegedienst erbrachten Leistungen. Fehlt es an einer ausreichend qualifizierten verantwortlichen Pflegefachkraft, besteht somit das Risiko, dass durch die insbesondere auch vom sonstigen Pflegepersonal erbrachten Leistungen die Gesundheit des Klienten gefährdet wird, da das Pflegepersonal nicht von einer ausreichend qualifizierten Person angeleitet und überwacht wird. Im Vorfeld der Pflegemaßnahme ist daher die erforderliche Qualität nicht unbedingt gewährleistet. Die erbrachten Leistungen sind daher als minderwertig anzusehen. Eine Kompensation kommt mithin nicht in Betracht, so dass ein Schaden der Pflegekasse vorliegt.

Ein weiterer Mangel nach § 72 III S. 1 Nr. 1 i.V.m. 71 I SGB XI kann das Nichtvorliegen einer selbstständig wirtschaftenden Einrichtung sein. Diese Zulassungsvoraussetzung dient dazu, dass bei einem Betreiben von weiteren Pflegeeinrichtungen

---

685 BSG, Urteil vom 22.04.2009 – B 3 P 14/07 R (BSGE 103, 78–91), Spickhoff/Udsching, SGB XI, § 71, Rn. 6.

(wie z.B. einem Alten- oder stationären Pflegeheim) eine Vermischung der verschiedenen Aufgaben und Finanzierungsverantwortlichen (KV, Pflegekasse usw.) vermieden wird.[686] Eine solche Trennung dient primär einer besseren Transparenz und Übersichtlichkeit für die Pflegekasse. Die Qualität der erbrachten Leistungen wird jedoch bei dem Fehlen einer selbständig wirtschaftenden Einrichtung nicht tangiert. Denn für das Vorliegen dieser Zulassungsvoraussetzung ist lediglich die Erfüllung von wirtschaftlichen Kriterien erforderlich, deren Nichtvorliegen allerdings keine negativen Auswirkungen auf die Pflegequalität hat. Vielmehr kann durch das gemeinsame Betreiben die Qualität der Leistung auch gesteigert werden, da Erfahrungen z.B. vom stationären auf den ambulanten Bereich übertragen werden.[687] Auch wird die Organisation eines gemeinsam betriebenen Pflegedienstes in der Regel besser sein, da beispielsweise – unabhängig von der wirtschaftlichen Selbstständigkeit – bei vorübergehenden krankheits- oder urlaubsbedingten personellen Engpässen das Ausleihen von Personal möglich ist.[688] Da die erbrachten Leistungen somit dem geschuldeten Wert entsprechen, geht bei diesem Zulassungsmangel der Anspruch des Versicherten durch Erfüllung unter. Eine Kompensation der Vermögensminderung liegt daher vor.

(b.) Zulassungsvoraussetzungen des § 72 III S. 1 Nr. 2 SGB XI

Eine rechtswidrige Zulassung kann zudem vorliegen, wenn der ambulante Pflegedienst nicht die nach § 72 III S. 1 Nr. 2 SGB XI erforderliche Gewähr für eine leistungsfähige und wirtschaftliche pflegerische Versorgung bietet. Dieser Zulassungsvoraussetzung kommt neben der Voraussetzung des § 72 III S. 1 Nr. 1 SGB XI i.V.m. § 71 SGB XI allerdings kaum eine eigenständige Bedeutung zu.[689] Die Leistungsfähigkeit und Wirtschaftlichkeit hat aber auch keinen direkten Einfluss auf die Qualität der erbrachten Leistungen. Denn wenn es an einer Leistungsfähigkeit oder Wirtschaftlichkeit scheitern sollte, dann ist eher davon auszugehen, dass gar keine Leistungen mehr erbracht werden. Werden allerdings trotz des Nichtvorliegens dieser Zulassungsvoraussetzung Leistungen erbracht, sind sie bei der Kompensation der Vermögensminderung in vollem Umfang zu berücksichtigen.

---

686 Schütze in Udsching, SGB XI, § 71, Rn. 15; Leitherer, Kasseler Kommentar, SGB XI, § 71, Rn. 7.
687 Schütze in Udsching, SGB XI, § 71, Rn. 15.
688 Schütze in Udsching, SGB XI, § 71, Rn. 16.
689 Spickhoff/Udsching, SGB XI, § 72, Rn. 10; Schütze in Udsching, SGB XI, § 71, Rn. 6.

§ 72 III S. 1 Nr. 2 SGB XI setzt für die Zulassung zudem voraus, dass den Beschäftigten eine ortsübliche Vergütung gezahlt wird. Die Erfüllung dieser Zulassungsvoraussetzung hat jedoch nicht zwingend Einfluss auf die Qualität der Leistung. Zwar könnte man argumentieren, dass besser bezahlte Pflegekräfte motivierter sind, aber dies würde zu weit gehen. Denn die Lebenserfahrung zeigt, dass die Leistungsmotivation von Personen nicht zwingend mit ihrem Gehalt zusammenhängt, sondern mit einer positiven Grundeinstellung zur Arbeit. Werden daher Leistungen erbracht, obwohl der Pflegedienst diese Zulassungsvoraussetzung nicht erfüllt, so sind die Leistungen trotzdem in ihrem vollen Wert bei der Kompensation zu berücksichtigen.

Ein Fehlen der Zulassungsvoraussetzungen des § 72 III S. 1 Nr. 2 SGB XI kann daher aufgrund einer Kompensation der Vermögensminderung keinen Schaden begründen.

(c.) Zulassungsvoraussetzung des § 72 III S. 1 Nr. 3 SGB XI

Die Rechtswidrigkeit der Zulassung kann sich nach § 72 III S. 1 Nr. 3 SGB XI auch daraus ergeben, dass der ambulante Pflegedienst kein Qualitätsmanagement nach der Maßgabe der Vereinbarungen nach § 113 SGB XI eingeführt hat. Maßgeblich für das Qualitätsmanagement sind die gem. § 113 II S. 1 SGB XI aufgestellten Qualitätsvereinbarungen.[690] Es stellt sich daher die Frage, ob die Nichteinhaltung der Qualitätsvereinbarungen zu einer Minderwertigkeit der erbrachten Leistungen führt. Zwar kann die Nichteinhaltung von einzelnen Maßnahmen aus den Qualitätsvereinbarungen, wie z.B. die Nichteinhaltung der ständigen Erreichbarkeit für den Klienten (Punkt 3.1.1 der Vereinbarung), sicherlich die Pflegequalität mindern. Allerdings würde es zu weit gehen, direkt von einer Rechtswidrigkeit der Zulassung auszugehen, nur weil bestimmte Bestimmungen der Qualitätsvereinbarungen (teilweise) nicht eingehalten worden. Für die Zulassung kann daher nur entscheidend sein, dass der Pflegedienst das Qualitätsmanagement generell einführt und weiterentwickelt. Die Rechtswidrigkeit der Zulassung kann sich daher nur aus einer kompletten Verweigerung der Einführung und Weiterentwicklung des Qualitätsmanagements ergeben. In diesem (ziemlich unwahrscheinlichen) Fall der grundsätzlichen Missachtung der Qualitätsvereinbarungen kann sich im Einzelfall durchaus eine Minderung

---

690 Abrufbar im Internet unter: http://www.gkv-spitzenverband.de/media/dokumente/pflegeversicherung/richtlinien__vereinbarungen__formulare/richtlinien_und_grundsaetze_zur_qualitaetssicherung/2011_06_09_MuG_ambulant_Fassung_nach_Schiedsspruch.pdf (zuletzt abgerufen am 13.12.2014).

der Leistungsqualität ergeben. Denn die Qualitätsvereinbarungen sind in ihrer Gesamtheit gerade dafür geschaffen worden, die Qualität der Pflegeleistungen zu sichern. Die Vermögensminderung kann dann aufgrund der Minderwertigkeit der erbrachten Leistungen nicht kompensiert werden, so dass ein Schaden vorliegt. Im Regelfall wird der ambulante Pflegedienst aber lediglich einzelne Punkte der Qualitätsvereinbarungen missachten, so dass die Zulassung als solche nicht betroffen ist.[691]

(d.) Zulassungsvoraussetzungen des § 72 III S. 1 Nr. 4 SGB XI

Der ambulante Pflegedienst muss sich für die Zulassung zur Versorgung nach § 72 III S. 1 Nr. 4 SGB XI dazu verpflichten, alle Expertenstandards nach § 113a SGB XI[692] anzuwenden. Tut er dies nicht, ist seine Zulassung rechtswidrig. Die Expertenstandards leisten gem. § 113a I S. 2 SGB XI für ihren Themenbereich einen Beitrag zur Konkretisierung des allgemein anerkannten Standes der medizinisch-pflegerischen Erkenntnisse. Sie beschreiben bestimmte pflegewissenschaftliche Erkenntnisse und geben somit einen Leitfaden vor, wie sich die ambulanten Pflegedienste in bestimmten Situationen zu verhalten haben.[693] Die Einhaltung der Expertenstandards hat daher einen großen Einfluss auf die Qualität der Leistungen. Hält sich der Pflegedienst nicht an sie, so ist im Vorfeld die Qualität der Pflegemaßnahme nicht unbedingt gewährleistet. Jedoch gilt auch hier, dass die Zulassung nur durch eine generelle Missachtung der Expertenstandards rechtswidrig werden kann. In der Regel wird sich der Pflegedienst aber an die Expertenstandards halten, um sein Haftungsrisiko zu beschränken. Tut er dies nicht und pflegt er die Klienten generell nach seinem eigenen Gutdünken, so sind die erbrachten Leistungen als minderwertig anzusehen. Eine Kompensation der Vermögensminderung der Pflegekasse scheidet dann aus.

---

691 Auch wenn die Zulassung als solche nicht davon betroffen ist, so kann im Einzelfall die Abrechnung unter Verstoß gegen bestimmte Punkte der Qualitätsvereinbarungen selbst einen eigenständigen Betrug begründen. Hierfür ist aber immer zu schauen, ob die betroffenen Punkte einen Leistungsbezug haben. Z.B. wird auch das Vorhandensein von einer verantwortlichen Pflegefachkraft in den Qualitätsvereinbarungen vorausgesetzt. Liegt diese nicht vor, so sind die erbrachten Leistungen wie oben bereits erläutert minderwertig.
692 Die Expertenstandards zu § 113a SGB XI sind momentan noch in der Entwicklung, so dass sich in dieser Arbeit nicht auf sie bezogen werden kann. Vgl. http://www.gkv-spitzenverband.de/pflegeversicherung/qualitaet_in_der_pflege/expertenstandards/expertenstandards.jsp (zuletzt abgerufen am 13.12.2014).
693 Leitherer, Kasseler Kommentar, SGB XI, § 113a, Rn. 4.

(2.) Kompensation bei der Krankenkasse

Bei der Krankenkasse könnte eine Kompensation durch die Befreiung vom Anspruch des Versicherten auf häusliche Krankenpflege gem. §§ 2 II, 11 I Nr. 4 II i.V.m. 37 SGB V eintreten. Hierfür müsste dieser Anspruch durch eine Erfüllung erloschen sein.

Eine Erfüllung kommt nur dann in Betracht, wenn der Wert der erbrachten Leistung dem geschuldeten Wert entspricht. Fraglich ist daher, ob die Rechtswidrigkeit des Zulassungsvertrages den Wert der erbrachten Leistung schmälert.

Die Zulassungsvoraussetzungen für die häusliche Krankenpflege variieren je nach geschlossenem Zulassungsvertrag. Das Vorhandensein einer verantwortlichen Pflegefachkraft wird allerdings – wie die Rahmenempfehlungen zu § 132a I SGB V[694] zeigen – immer vorausgesetzt. Nach § 1 I der Rahmenempfehlungen zu § 132a I SGB V muss die Pflege unter ständiger Verantwortung der verantwortlichen Pflegefachkraft durchgeführt werden. Sie ist gem. § 1 II der Rahmenempfehlungen zu § 132a I SGB V u.a. dafür verantwortlich, dass die Pflege nach den allgemein anerkannten medizinisch-pflegerischen Erkenntnissen erbracht, die Pflegedokumentation fachgerecht geführt und eine ordnungsgemäße Einsatzplanung der Pflegekräfte erstellt wird. Genau wie im Bereich der SPV hat die verantwortliche Pflegefachkraft daher einen wesentlichen Einfluss auf die Qualität der in dem ambulanten Pflegedienst erbrachten Leistungen. Die Begründung hierzu befindet sich im vorherigen Abschnitt unter D. II. 2. c. dd (1). (a). Sie gilt für den Bereich der häuslichen Krankenpflege in einem noch stärkeren Maße, da es hier um die Behandlungspflege bei Erkrankungen geht. Die erbrachten Leistungen sind daher auch hier als minderwertig anzusehen. Ein Schaden der Krankenkasse liegt somit mangels Kompensation vor.

Soweit die einzelnen Zulassungsverträge neben dem Erfordernis einer verantwortlichen Pflegefachkraft weitere Zulassungsvoraussetzungen haben, wird hierzu auf die vorherigen Ausführungen zur SPV verwiesen. Die dort erörterten Zulassungsvoraussetzungen werden den etwaigen weiteren Zulassungsvoraussetzungen der häuslichen Krankenpflege zumindest ähneln.

---

694 Rahmenempfehlungen im Internet abrufbar unter http://www.gkv-spitzenverband. de/media/dokumente/krankenversicherung_1/ambulante_leistungen/haeusliche_ krankenpflege/Bundesrahmenempfehlungen_nach__132a_Abs_1_SGB_V_ Fassung_10122013.pdf (zuletzt abgerufen am 13.12.2014).

(3.) Kompensation bei dem Klienten

Durch die erhaltene Pflegeleistung könnte eine Kompensation der Vermögensminderung bei dem Klienten des Pflegedienstes vorliegen. Hierfür müsste sein Anspruch auf Pflegeleistungen aus dem abgeschlossenen Pflegevertrag erfüllt worden sein.

Leidet die Zulassung des ambulanten Pflegedienstes an Mängeln, so gilt es auch hier zu differenzieren. Weisen diese Mängel einen Leistungs- und Qualitätsbezug auf, so sind die erbrachten Leistungen des Pflegedienstes minderwertig.[695] Eine Kompensation der Vermögensminderung kommt dann nicht in Betracht, so dass ein Schaden vorliegt.

(4.) Kompensation bei dem Sozialhilfeträger

Die Vermögensminderung des Sozialhilfeträgers könnte durch die Befreiung vom Anspruch des Sozialhilfeempfängers auf Hilfe zur Pflege gem. §§ 8 Nr. 5, 61 I SGB XII kompensiert worden sein, wenn der Anspruch des Sozialhilfeempfängers durch Erfüllung untergegangen wäre.

Ob eine Erfüllung vorliegt, richtet sich auch hier nach dem Wert der erbrachten Leistungen. Maßgeblich für den Bereich der Sozialhilfe ist der Zulassungsvertrag der SPV.[696] Ist die Zulassung daher aufgrund des Fehlens von leistungsbezogenen Voraussetzungen rechtswidrig, so sind die erbrachten Leistungen minderwertig.[697] Eine Kompensation scheidet dann auch gegenüber dem Sozialhilfeträger aus, so dass ein Schaden vorliegt.

III. Abrechnungsbetrug durch die verantwortliche Pflegefachkraft des Pflegedienstes

Neben dem Inhaber des ambulanten Pflegedienstes können sich auch die Mitarbeiter des ambulanten Pflegedienstes durch eine Beteiligung am Abrechnungsbetrug strafbar machen.

---

695 Für die Klienten ist die Zulassung zur SPV relevant. Mehr zu den möglichen Fehlern dieser Zulassung und deren Leistungsbezug oben unter D. II. 2. c. dd. Die dortigen Ausführungen gelten hier entsprechend.
696 Mehr hierzu unter B. II. 1. c. cc. (3.).
697 Mehr zu den möglichen Fehlern der Zulassung und deren Leistungsbezug unter D. II. 2. c. dd.

1. Verantwortliche Pflegefachkraft

Oft ist der Inhaber des ambulanten Pflegedienstes selbst die verantwortliche Pflegefachkraft. Bezüglich der Strafbarkeit ergeben sich dann keine Besonderheiten. Soweit der Inhaber des ambulanten Pflegedienstes allerdings nicht gleichzeitig die Funktion der verantwortlichen Pflegefachkraft wahrnimmt, liegt bei einer Strafbarkeit des Inhabers des Pflegedienstes eine Beteiligung der verantwortlichen Pflegefachkraft am Abrechnungsbetrug nahe. Diese ist aufgrund der leitenden Funktion der verantwortlichen Pflegefachkraft wahrscheinlich. Denn die verantwortliche Pflegefachkraft trägt nach § 71 I SGB XI die Verantwortung für die pflegerische Versorgung der Klienten. Sie muss hierzu die Pflegeleistungen zusammenstellen und ihre Durchführung organisieren und kontrollieren.[698]

Rechnet der Inhaber des Pflegedienstes z.B. Luftleistungen ab, so wird die leitende Pflegefachkraft dem Inhaber in der Regel bei der Abrechnungserstellung behilflich sein. Zumindest eine Strafbarkeit wegen Beihilfe zum Abrechnungsbetrug nach §§ 263 I, 27 I StGB wird daher im Regelfall vorliegen.

Oft wird sich die Beteiligung der leitenden Pflegefachkraft jedoch nicht auf ein bloßes Hilfeleisten beschränken. Vor allem in den Betrugskonstellationen, in welchen nicht qualifiziertes Pflegepersonal eingesetzt wird, ist eine Mittäterschaft gem. § 25 II StGB nicht unwahrscheinlich. Schließlich ist die verantwortliche Pflegefachkraft für die Organisation und Überwachung der Pflege zuständig. Sie wird daher oftmals die Tourenpläne erstellen und damit (in Absprache mit dem Pflegedienstinhaber) steuern, welches Pflegepersonal die Behandlungspflege übernimmt. Zudem wird die verantwortliche Pflegefachkraft später an der Abrechnungserstellung wesentlich beteiligt sein und hier möglicherweise Manipulationen an der Abrechnung vornehmen. In Betracht kommt beispielsweise das Eintragen von qualifiziertem Pflegepersonal in die Leistungsnachweise, obwohl die Leistungen rein tatsächlich von nicht qualifiziertem Personal ausgeführt wurden. Natürlich muss aber immer einzelfallabhängig entschieden werden, ob die Tatbeiträge und der Vorsatz tatsächlich für eine Strafbarkeit gem. §§ 263 I, 25 II StGB ausreichen.

In der Regel wird neben dem Inhaber des ambulanten Pflegedienstes also auch die verantwortliche Pflegefachkraft am Abrechnungsbetrug beteiligt sein.

---

698 Zu den Aufgaben einer verantwortlichen Pflegefachkraft eines Heims: BSG, Urteil vom 22.4.2009 – B 3 P 14/07 R (NZS 2010, 334 ff.).

2. Pflegepersonal

Möglich ist auch eine Beteiligung einzelner Pflegekräfte am Abrechnungsbetrug des Inhabers des Pflegedienstes.

Rechnet der Inhaber des Pflegedienstes nicht oder nicht vollständig erbrachte Leistungen ab, so könnte eine Beteiligung der Pflegekraft darin bestehen, dass sie die Leistungsnachweise – auch ohne die Leistung (vollständig) erbracht zu haben – mit ihrem persönlichen Handzeichen unterschreibt. Auch wenn die Pflegekraft dies oft nur aus Loyalität gegenüber dem Inhaber oder aus Furcht um ihren Arbeitsplatz tun wird, so fördert sie durch dieses Verhalten den Abrechnungsbetrug des Inhabers. Beim Vorliegen der übrigen Voraussetzungen kann sie sich daher der Beihilfe zum Abrechnungsbetrug gem. §§ 263 I, 27 StGB strafbar machen.

Zudem ist eine Beihilfe der Pflegekraft insbesondere auch in der Konstellation möglich, in der die Pflegekraft Leistungen zur Behandlungspflege erbringt, für welche sie mangels einer entsprechenden Ausbildung nicht qualifiziert ist. Durch das Unterzeichnen der nicht abrechenbaren Leistungen leistet die Pflegekraft Hilfe zum Abrechnungsbetrug. Oft wird die Beihilfe aber an einem entsprechenden Vorsatz scheitern. Denn im Zweifel ist nicht davon auszugehen, dass die Pflegekraft die Verträge kennt und weiß, dass die von ihr erbrachten Leistungen nicht abrechenbar sind. Kennt sie jedoch ausnahmsweise die Verträge, so kann sie sich gem. §§ 263 I, 27 StGB strafbar machen.

Auch bei den Pflegekräften ist eine Teilnahmestrafbarkeit daher nicht ausgeschlossen.

E. Fazit

Das neue Urteil des BGH zum Abrechnungsbetrug von ambulanten Pflegediensten zeigt, dass die Anwendung der streng formalen Betrachtungsweise des Sozialversicherungsrechts zur strafrechtlichen Schadensbestimmung immer noch der ständigen höchstrichterlichen Rechtsprechung entspricht.

Dies ist insbesondere im Hinblick auf die neuere Rechtsprechung des BVerfG[699] zum Vermögensschaden (§ 263 StGB) bzw. Vermögensnachteil (§ 266 StGB) bedenklich. Dadurch, dass das Betrugsmerkmal des Schadens eine primär normative Auslegung erfährt, wird die gebotene wirtschaftliche Betrachtungsweise überlagert. Eine Vereinbarkeit mit dem verfassungsrechtlichen Bestimmtheitsgrundsatz des Art. 103 II GG ist daher nicht mehr gegeben.[700]

In der Arbeit wird daher die Schadensbestimmung losgelöst von der streng formalen Betrachtungsweise vorgenommen. Hierzu wird mittels der Saldierungslehre untersucht, ob in den von der Rechtsprechung bislang besprochenen Konstellationen bzw. möglichen Konstellationen der streng formalen Betrachtungsweise ein wirtschaftlicher Vermögensschaden vorliegt. Dies ist immer dann der Fall, wenn die Qualität der tatsächlich erbrachten Leistung nicht der geforderten Qualität entspricht und die Leistung daher die Vermögensminderung nicht kompensieren kann. Bei den Vertragsärzten liegt ein Vermögenschaden nach der Saldierungslehre vor, soweit die Leistung unzulässiger Weise von ärztlichem Hilfspersonal[701] oder ohne die erforderliche Approbation[702] erbracht wurde. Bei den ambulanten Pflegediensten liegt ein Schaden sowohl im Bereich der häuslichen Krankenpflege als auch der SPV grundsätzlich vor, wenn die Leistung von vertraglich nicht qualifiziertem Pflegepersonal erbracht wurde.[703] Desweiteren ist hier ein Schaden anzunehmen, wenn Pflegekurse von Dozenten

---

699 BVerfG, Beschluss vom 07.12.2011 – 2 BvR 2500/09, 2 BvR 1857/10 (BVerfGE 130, 1–51); BVerfG, Beschluss vom 23.06.2010 – 2 BvR 2559/08, 2 BvR 105/09, 2 BvR 491/09 (BVerfGE 126, 170–233).

700 Mehr hierzu unter C. II 2. b. bb. und für den ambulanten Pflegedienstbereich zusätzlich unter D. II. 2. b. bb. (2.).

701 Mehr zur Abrechnung der von nichtärztlichem Hilfspersonal erbrachten Leistungen unter C. II. 3. a.

702 Mehr zur Abrechnung von Leistungen ohne Approbation unter C. II. 3. c.

703 Mehr zur Abrechnung der von vertraglich nicht qualifizierten Pflegekräften durchgeführten Leistungen unter D. II. 2. c. aa.

abgehalten wurden, welche nicht über die vereinbarte Qualifikation verfügen.[704] Wird eine Leistung trotz einer rechtswidrigen Zulassung des Pflegepersonals erbracht, so liegt ein Schaden vor, wenn die Rechtswidrigkeit der Zulassung auf einem Fehlen der verantwortlichen Pflegekraft beruht. Ein Schaden liegt außerdem vor, wenn die Rechtswidrigkeit der Zulassung darauf zurückzuführen ist, dass der Pflegedienst sich nicht dazu verpflichtet, ein Qualitätsmanagement einzuführen oder die Expertenstandards einzuhalten.[705]

Wendet man die streng formale Betrachtungsweise an, so wäre ein Schaden zusätzlich anzunehmen, wenn bei den Vertragsärzten ein Verstoß gegen den Grundsatz der Freiberuflichkeit vorliegt, der Vertragsarzt also in einem verdeckten Anstellungsverhältnis arbeitet.[706] Zudem läge ein Schaden vor, wenn die Zulassung aus Gründen, welche nichts mit der ärztlichen Approbation zu tun haben, rechtswidrig ist.[707] Bei den ambulanten Pflegediensten läge zusätzlich ein Schaden in der Konstellation vor, in welcher eine fehlerhafte Dokumentation nach den vertraglichen Vorgaben zu einer mangelnden Erstattungsfähigkeit führt.[708] Zudem müsste ein Schaden in allen Konstellationen der Abrechnung unter einer rechtswidrigen Zulassung bejaht werden, da die erbrachten Leistungen sozialrechtlich nicht erstattungsfähig waren.[709]

Gerade im ambulanten Pflegedienstbereich gibt es also viele Vertragsverstöße, die sozialrechtlich zwar zu einer mangelnden Erstattungsfähigkeit der Leistung führen, strafrechtlich aber zumindest unter der Anwendung der Saldierungslehre keinen wirtschaftlichen Schaden begründen.[710] Es bleibt insbesondere abzuwarten, wie sich der BGH in einer solchen Konstellation entscheiden würde. Würde er hier weiter auf der Anwendung der streng formalen Betrachtungsweise beharren, so würde das BVerfG seine Entscheidung aller Wahrscheinlichkeit nach

---

704 Mehr zur Abrechnung von Pflegekursen, welche von vertraglich nicht qualifiziertem Pflegepersonal durchgeführt wurden unter D. II. 2. c. bb.
705 Mehr zur Abrechnung von Leistungen trotz einer rechtswidrigen Zulassung unter D. II. 2. c. dd.
706 Mehr zur Abrechnung von Leistungen in ein verdeckten Anstellungsverhältnis unter C. II. 3. b.
707 Mehr zur Abrechnung von Leistungen ohne Approbation unter C. II. 3. c.
708 Mehr zur Abrechnung von Leistungen deren fehlerhafte Dokumentation zu einer mangelnden Erstattungsfähigkeit der Leistung führt unter D. II. 2. c. cc.
709 Mehr zur Abrechnung von Leistungen trotz einer rechtswidrigen Zulassung unter D. II. 2. c. dd. Weitere Informationen zur mangelnden Erstattungsfähigkeit bei einer rechtswidrigen Zulassung unter D. II. 2. a. dd. (2.).
710 Hierzu zählt z.B. die Abrechnung unter Verstoß gegen vertragliche Dokumentationsvorgaben. Mehr hierzu unter D. II. 2. c. cc.

aufheben. Dass sich der BGH hierüber durchaus bewusst ist, hat er in seinem Urteil zum Abrechnungsbetrug der ambulanten Pflegedienste durch die zusätzliche Prüfung eines wirtschaftlichen Schadens gezeigt. Voraussichtlich wird er daher entweder die streng formale Betrachtungsweise aufgeben, oder aber – und das ist nach der hier vertretenen Auffassung zwar dogmatisch nicht möglich,[711] aber wahrscheinlicher – Ausnahmen von der streng formalen Betrachtungsweise machen.

Neben einer intensiven Auseinandersetzung mit der streng formalen Betrachtungsweise und einer Schadensermittlung nach der Saldierungslehre liefert die Arbeit auch bezüglich des Abrechnungsbetruges der Vertragsärzte neue Erkenntnisse. Insbesondere bietet die Arbeit einen Lösungsvorschlag zu den geschädigten Personenkreisen nach dem derzeitigen, durch das GKV-VStG Ende 2011 neu eingeführten Vergütungs- und Abrechnungssystem.[712] Bei einer Vergütung außerhalb der MGV sind die Krankenkassen[713] und bei einer Vergütung innerhalb der MGV die übrigen Vertragsärzte[714] die Geschädigten.

Desweiteren werden für die strukturellen Probleme im ambulanten Pflegedienstbereich Lösungsvorschläge, wie die Umstellung auf eine EDV-gestützte Pflegedokumentation oder die Anhebung der Zulassungsvoraussetzungen, unterbreitet.[715]

Zu guter Letzt sei darauf hingewiesen, dass diese Arbeit nur einen Grundstein für die Auseinandersetzung mit dem Abrechnungsbetrug im Pflegedienstbereich bildet. Neben dem hier behandelten Abrechnungsbetrug der ambulanten Pflegedienste wären einige weitere Abhandlungen zum Pflegedienstbereich wünschenswert. Es fehlt insbesondere noch an Literatur zum Abrechnungsbetrug im stationären Pflegedienstbereich. Aber auch eine vertiefende Behandlung der hier festgestellten Ergebnisse mit einer Erweiterung z.B. auf den Betrug der Versicherten bzgl. des Erhalts von Pflegegeld und/oder auf die häufig mit dem Abrechnungsbetrug einhergehenden weiteren Straftaten wie die Urkundenfälschung oder der Körperverletzung (durch Unterlassen) wäre sinnvoll. Denn gerade im Pflegedienstbereich, wo es um die Pflege von alten und/oder schwachen Menschen geht, kann es bei einer Vernachlässigung, welche öfters mit nicht erbrachten Leistungen einhergeht, zu schweren Schäden kommen. Der Abrechnungsbetrug

---

711 Mehr zur Möglichkeit einer nur teilweisen Anwendung der streng formalen Betrachtungsweise unter C. II. 2. b. cc.
712 Mehr zum von der Falschabrechnung betroffenen Personenkreis unter C. I. 3. a.
713 Mehr zur Vermögensminderung bei den Krankenkassen unter C. I. 3. a. bb.
714 Mehr zur Vermögensminderung bei den übrigen Ärzten unter C. I. 3. a. cc.
715 Mehr zu den strukturellen Problemen im ambulanten Pflegedienstbereich unter D. I.

selbst ist im Vergleich zu den etwaigen persönlichen Folgen für die nicht versorgten Personen, daher häufig sogar das geringere Übel. Aufgrund der zunehmenden Aktualität des Themas der Pflege, bleibt es daher zu hoffen, dass dieser wichtige Teilbereich des Medizinstrafrechts zukünftig eine genau so große Aufmerksamkeit erfährt wie der Bereich des Arztstrafrechts.

Die Reihe RECHT UND MEDIZIN wird von den Professoren Deutsch (Göttingen), Kern (Leipzig), Laufs (†) (Heidelberg), Lilie (Halle a.d. Saale), Schreiber (Hannover) und Spickhoff (München) herausgegeben. Ihre Aufgabe ist es, Monographien und Dissertationen auf dem Gebiet des Medizinrechts zu veröffentlichen. Dieses Gebiet, das an Bedeutung noch zunehmen wird, umfasst auf der juristischen Seite sowohl zivilrechtliche als auch straf- und öffentlich-rechtliche Fragestellungen. Die Fragen können von der juristischen oder von der medizinischen Seite aus untersucht werden. Übergreifendes Ziel ist es, den medizinrechtlichen Fragen nicht etwa ein gängiges juristisches Denkschema überzuwerfen, sondern die besonderen Probleme der Regelung medizinischer Sachverhalte eigenständig aufzufassen und darzustellen.

Manuskriptzusendungen an die Herausgeber bitte per Brief- bzw. Paketpost. Die Adressen der Herausgeber sind:

Prof. Dr. Dr. h.c. Erwin Deutsch (Zivilrecht und Rechtsvergleichung)
Höltystraße 8
37085 Göttingen

Prof. Dr. Bernd-Rüdiger Kern (Zivilrecht, Rechtsgeschichte und Arztrecht)
Universität Leipzig
Juristenfakultät / Lehrstuhl für Bürgerliches Recht, Rechtsgeschichte
und Arztrecht
Burgstraße 27
04109 Leipzig

Prof. Dr. Hans Lilie (Strafrecht, Strafprozessrecht und Medizinrecht)
Martin-Luther-Universität Halle-Wittenberg
Juristische Fakultät: Strafrecht
Universitätsplatz 6
06108 Halle a.d. Saale
hans.lilie@jura.uni-halle.de

Prof. Dr. Dr. h.c. Hans-Ludwig Schreiber (Strafrecht und Rechtstheorie)
Grazer Str. 14
30519 Hannover

Prof. Dr. Andreas Spickhoff (Zivil- und Zivilprozessrecht, Internationales und
Vergleichendes Medizinrecht; federführender Reihenherausgeber)
Lehrstuhl für Bürgerliches Recht und Medizinrecht
Forschungsstelle für Medizinrecht
Juristische Fakultät
Ludwigstraße 29/I
80539 München

RECHT UND MEDIZIN

Band 1 Erwin Deutsch: Das Recht der klinischen Forschung am Menschen. Zulässigkeit und Folgen der Versuche am Menschen, dargestellt im Vergleich zu dem amerikanischen Beispiel und den internationalen Regelungen. 1979.

Band 2 Thomas Carstens: Das Recht der Organtransplantation. Stand und Tendenzen des deutschen Rechts im Vergleich zu ausländischen Gesetzen. 1979.

Band 3 Moritz Linzbach: Informed Consent. Die Aufklärungspflicht des Arztes im amerikanischen und im deutschen Recht. 1980.

Band 4 Volker Henschel: Aufgabe und Tätigkeit der Schlichtungs- und Gutachterstellen für Arzthaftpflichtstreitigkeiten. 1980.

Band 5 Hans Lilie: Ärztliche Dokumentation und Informationsrechte des Patienten. Eine arztrechtliche Studie zum deutschen und amerikanischen Recht. 1980.

Band 6 Peter Mengert: Rechtsmedizinische Probleme in der Psychotherapie. 1981.

Band 7 Hazel G.S. Marinero: Arzneimittelhaftung in den USA und Deutschland. 1982.

Band 8 Wolfram Eberbach. Die zivilrechtliche Beurteilung der *Humanforschung*. 1982.

Band 9 Wolfgang Deuchler: Die Haftung des Arztes für die unerwünschte Geburt eines Kindes ("wrongful birth"). Eine rechtsvergleichende Darstellung des amerikanischen und deutschen Rechts. 1984.

Band 10 Hermann Schünemann: Die Rechte am menschlichen Körper. 1985.

Band 11 Joachim Sick: Beweisrecht im Arzthaftpflichtprozeß. 1986.

Band 12 Michael Pap: Extrakorporale Befruchtung und Embryotransfer aus arztrechtlicher Sicht; insbesondere: Der Schutz des werdenden Lebens in vitro. 1987.

Band 13 Sabine Rickmann: Zur Wirksamkeit von Patiententestamenten im Bereich des Strafrechts. 1987.

Band 14 Joachim Czwalinna: Ethik-Kommissionen - Forschungslegitimation durch Verfahren. 1987.

Band 15 Günter Schirmer: Status und Schutz des frühen Embryos bei der *In-vitro*-Fertilisation. Rechtslage und Diskussionsstand in Deutschland im Vergleich zu den Ländern des anglo-amerikanischen Rechtskreises. 1987.

Band 16 Sabine Dönicke: Strafrechtliche Aspekte der Katastrophenmedizin. 1987.

Band 17 Erwin Bernat: Rechtsfragen medizinisch assistierter Zeugung. 1989.

Band 18 Hartmut Schulz: Haftung für Infektionen. 1988.

Band 19 Herbert Harrer: Zivilrechtliche Haftung bei durchkreuzter Familienplanung. 1989.

Band 20 Reiner Füllmich: Der Tod im Krankenhaus und das Selbstbestimmungsrecht des Patienten. Über das Recht des nicht entscheidungsfähigen Patienten, künstlich lebensverlängernde Maßnahmen abzulehnen. 1990.

Band 21 Franziska Knothe: Staatshaftung bei der Zulassung von Arzneimitteln. 1990.

Band 22 Bettina Merz: Die medizinische, ethische und juristische Problematik artifizieller menschlicher Fortpflanzung. Artifizielle Insemination, In-vitro-Fertilisation mit Embryotransfer und die Forschung an frühen menschlichen Embryonen. 1991.

Band 23 Ferdinand van Oosten: The Doctrine of Informed Consent in Medical Law. 1991.

Band 24 Stephan Cramer: Genom- und Genanalyse. Rechtliche Implikationen einer "Prädiktiven Medizin". 1991.

Band 25 Knut Schulte: Das standesrechtliche Werbeverbot für Ärzte unter Berücksichtigung wettbewerbs- und kartellrechtlicher Bestimmungen. 1992.

Band 26 Young-Kyu Park: Das System des Arzthaftungsrechts. Zur dogmatischen Klarstellung und sachgerechten Verteilung des Haftungsrisikos. 1992.

Band 27 Angela Könning-Feil: Das Internationale Arzthaftungsrecht. Eine kollisionsrechtliche Darstellung auf sachrechtsvergleichender Grundlage. 1992.

Band 28 Jutta Krüger: Der Hamburger Barmbek/Bernbeck-Fall. Rechtstatsächliche Abwicklung und haftungsrechtliche Aspekte eines medizinischen Serienschadens. 1993.

Band 29 Alexandra Goeldel: Leihmutterschaft – eine rechtsvergleichende Studie. 1994.

Band 30 Thomas Brandes: Die Haftung für Organisationspflichtverletzung. 1994.

Band 31 Winfried Grabsch: Die Strafbarkeit der Offenbarung höchstpersönlicher Daten des ungeborenen Menschen. 1994.

Band 32 Jochen Markus: Die Einwilligungsfähigkeit im amerikanischen Recht. Mit einem einleitenden Überblick über den deutschen Diskussionsstand. 1995.

Band 33 Meltem Göben: Arzneimittelhaftung und Gentechnikhaftung als Beispiele modernen Risikoausgleichs mit rechtsvergleichenden Ausblicken zum türkischen und schweizerischen Recht. 1995.

Band 34 Regine Kiesecker: Die Schwangerschaft einer Toten. Strafrecht an der Grenze von Leben und Tod – Der Erlanger und der Stuttgarter Baby-Fall. 1996.

Band 35 Doris Voll: Die Einwilligung im Arztrecht. Eine Untersuchung zu den straf-, zivil- und verfassungsrechtlichen Grundlagen, insbesondere bei Sterilisation und Transplantation unter Berücksichtigung des Betreuungsgesetzes. 1996.

Band 36 Jens-M. Kuhlmann: Einwilligung in die Heilbehandlung alter Menschen. 1996.

Band 37 Hans-Jürgen Grambow: Die Haftung bei Gesundheitsschäden infolge medizinischer Betreuung in der DDR. 1997.

Band 38 Julia Röver: Einflußmöglichkeiten des Patienten im Vorfeld einer medizinischen Behandlung. Antezipierte Erklärung und Stellvertretung in Gesundheitsangelegenheiten. 1997.

Band 39 Jens Göben: Das Mitverschulden des Patienten im Arzthaftungsrecht. 1998.

Band 40 Hans-Jürgen Roßner: Begrenzung der Aufklärungspflicht des Arztes bei Kollision mit anderen ärztlichen Pflichten. Eine medizinrechtliche Studie mit vergleichenden Betrachtungen des nordamerikanischen Rechts. 1998.

Band 41 Meike Stock: Der Probandenschutz bei der medizinischen Forschung am Menschen. Unter besonderer Berücksichtigung der gesetzlich nicht geregelten Bereiche. 1998.

Band 42 Susanne Marian: Die Rechtsstellung des Samenspenders bei der Insemination / IVF. 1998.

Band 43 Maria Kasche: Verlust von Heilungschancen. Eine rechtsvergleichende Untersuchung. 1999.

Band 44 Almut Wilkening: Der Hamburger Sonderweg im System der öffentlich-rechtlichen Ethik-Kommissionen Deutschlands. 2000.

Band 45 Jonela Hoxhaj: Quo vadis Medizintechnikhaftung? Arzt-, Krankenhaus- und Herstellerhaftung für den Einsatz von Medizinprodukten. 2000.

Band 46 Birgit Reuter: Die gesetzliche Regelung der aktiven ärztlichen Sterbehilfe des Königreichs der Niederlande – ein Modell für die Bundesrepublik Deutschland? 2001. 2. durchgesehene Auflage 2002.

Band 47 Klaus Vosteen: Rationierung im Gesundheitswesen und Patientenschutz. Zu den rechtlichen Grenzen von Rationierungsmaßnahmen und den rechtlichen Anforderungen an staatliche Vorhaltung und Steuerung im Gesundheitswesen. 2001.

Band 48 Bong-Seok Kang: Haftungsprobleme in der Gentechnologie. Zum sachgerechten Schadensausgleich. 2001.

Band 49 Heike Wachenhausen: Medizinische Versuche und klinische Prüfung an Einwilligungsunfähigen. 2001.

Band 50 Thomas Hasenbein: Einziehung privatärztlicher Honorarforderungen durch Inkassounternehmen. 2002.

Band 51 Oliver Nowak: Leitlinien in der Medizin. Eine haftungsrechtliche Betrachtung. 2002.

Band 52 Christina Herrig: Die Gewebetransplantation nach dem Transplantationsgesetz. Entnahme – Lagerung – Verwendung unter besonderer Berücksichtigung der Hornhauttransplantation. 2002.

Band 53 Matthias Nagel: Passive Euthanasie. Probleme beim Behandlungsabbruch bei Patienten mit apallischem Syndrom. 2002.

Band 54 Miriam Ina Saati: Früheuthanasie. 2002.

Band 55 Susanne Schneider: Rechtliche Aspekte der Präimplantations- und Präfertilisationsdiagnostik. 2002.

Band 56 Uta Oelert: Allokation von Organen in der Transplantationsmedizin. 2002.

Band 57 Jens Muschner: Die haftungsrechtliche Stellung ausländischer Patienten und Medizinalpersonen in Fällen sprachbedingter Mißverständnisse. 2002.

Band 58 Rüdiger Wolfrum / Peter-Tobias Stoll / Stephanie Franck: Die Gewährleistung freier Forschung an und mit Genen und das Interesse an der wirtschaftlichen Nutzung ihrer Ergebnisse. 2002.

Band 59 Frank Hiersche: Die rechtliche Position der Hebamme bei der Geburt. Vertikale oder horizontale Arbeitsteilung. 2003.

Band 60 Hartmut Schädlich: Grenzüberschreitende Telemedizin-Anwendungen: Ärztliche Berufserlaubnis und Internationales Arzthaftungsrecht. Eine vergleichende Darstellung des deutschen und US-amerikanischen Rechts. 2003.

Band 61 Stefanie Diettrich: Organentnahme und Rechtfertigung durch Notstand? Zugleich eine Untersuchung zum Konkurrenzverhältnis von speziellen Rechtfertigungsgründen und rechtfertigendem Notstand gem. § 34 StGB. 2003.

Band 62 Anne Elisabeth Stange: Gibt es psychiatrische Diagnostikansätze, um den Begriff der schweren anderen seelischen Abartigkeit in §§ 20, 21 StGB auszufüllen? 2003.

Band 63 Christiane Schief: Die Zulässigkeit postnataler prädiktiver Gentests. Die Biomedizin-Konvention des Europarats und die deutsche Rechtslage. 2003.

Band 64 Maike C. Erbsen: Praxisnetze und das Berufsrecht der Ärzte. Der Praxisverbund als neue Kooperationsform in der ärztlichen Berufsordnung. 2003.

Band 65 Markus Schreiber: Die gesetzliche Regelung der Lebendspende von Organen in der Bundesrepublik Deutschland. 2004.

Band 66 Thela Wernstedt: Sterbehilfe in Europa. 2002.

Band 67 Axel Thias: Möglichkeiten und Grenzen eines selbstbestimmten Sterbens durch Einschränkung und Abbruch medizinischer Behandlung. Eine Untersuchung aus straf- und betreuungsrechtlicher Perspektive unter besonderer Berücksichtigung der Problematik des apallischen Syndroms. 2004.

Band 68 Jutta Müller: Ärzte und Pflegende, die keine Organe spenden wollen. Transplantatmangel muss nicht sein. 2004.

Band 69 Ihna Link: Schwangerschaftsabbruch bei Minderjährigen. Eine vergleichende Untersuchung des deutschen und englischen Rechts. 2004.

Band 70 Susann Tiebe: Strafrechtlicher Patientenschutz. Die Bedeutung des Strafrechts für die individuellen Patientenrechte. 2005.

Band 71 Jörg Gstöttner: Der Schutz von Patientenrechten durch verfahrensmäßige und institutionelle Vorkehrungen sowie den Erlass einer Charta der Patientenrechte. 2005.

Band 72 Oliver Jürgens: Die Beschränkung der strafrechtlichen Haftung für ärztliche Behandlungsfehler. 2005.

Band 73 Stephanie Gropp: Schutzkonzepte des werdenden Lebens. 2005.

Band 74 Clemens Winter: Robotik in der Medizin. Eine strafrechtliche Untersuchung. 2005.

Band 75 Barbara Eck: Die Zulässigkeit medizinischer Forschung mit einwilligungsunfähigen Personen und ihre verfassungsrechtlichen Grenzen. Eine Untersuchung der Rechtslage in Deutschland und rechtsvergleichenden Elementen. 2005.

Band 76 Anastassios Kantianis: Palliativmedizin als Sterbebegleitung nach deutschem und griechischem Recht. 2005.

Band 77 Ulrike Morr: Zulässigkeit von Biobanken aus verfassungsrechtlicher Sicht. 2005.

Band 78 Nora Markus: Die Zulässigkeit der Sectio auf Wunsch. Eine medizinische, ethische und rechtliche Betrachtung. 2006.

Band 79 Michael Benedikt Nagel: Die ärztliche Behandlung Neugeborener – Früheuthanasie. 2006.

Band 80 Regina Leitner: Sterbehilfe im deutsch-spanischen Rechtsvergleich. 2006.

Band 81 Martin Berger: Embryonenschutz und Klonen beim Menschen – Neuartige Therapiekonzepte zwischen Ethik und Recht. Ansätze zur Entwicklung eines neuen Regelungsmodells für die Bundesrepublik Deutschland. 2007.

Band 82 Amelia Kuschel: Der ärztlich assistierte Suizid. Straftat oder Akt der Nächstenliebe? 2007.

Band 83 Hans-Ludwig Schreiber / Hans Lilie / Henning Rosenau / Makoto Tadaki / Un Jong Pak (Hrsg.): Globalisierung der Biopolitik, des Biorechts und der Bioethik? Das Leben an seinem Anfang und an seinem Ende. 2007.

Band 84 Ralf Clement: Der Rechtsschutz der potentiellen Organempfänger nach dem Transplantationsgesetz. Zur rechtlichen Einordnung der verteilungsrelevanten Regelungen zwischen öffentlichem und privatem Recht. 2007.

Band 85 Sabine Lebert: Humanes Überschußgewebe – Möglichkeit der Verwendung für die Forschung? Analyse der rechtlichen, ethischen und biomedizinischen Voraussetzungen im Ländervergleich. 2007.

Band 86 Dietrich Wagner: Der gentechnische Eingriff in die menschliche Keimbahn. Rechtlich-ethische Bewertung. Nationale und internationale Regelungen im Vergleich. 2007.

Band 87 Britta Vogt: Methoden der künstlichen Befruchtung: „Dreierregel" versus „Single Embryo Transfer". Konflikt zwischen Rechtslage und Fortschritt der Reproduktionsmedizin in Deutschland im Vergleich mit sieben europäischen Ländern. 2008.

Band 88 Sebastian Rosenberg: Die postmortale Organtransplantation. Eine „gemeinschaftliche Aufgabe" nach § 11 Abs. 1 S. 1 Transplantationsgesetz. Kompetenzen und Haftungsrisiken im Rahmen der Organspende. 2008.

Band 89 Julia Susanne Sundmacher: Die unterlassene Befunderhebung des Arztes. Eine Auseinandersetzung mit der Rechtsprechung des BGH. 2008.

Band 90 Martin Schwee: Die zulassungsüberschreitende Verordnung von Fertigarzneimitteln (Off-Label-Use). Eine Untersuchung vorwiegend im Bereich des Rechts der Gesetzlichen Krankenversicherung unter besonderer Berücksichtigung der sozialgerichtlichen Rechtsprechung. 2008.

Band 91 Jorge Guerra González: Xenotransplantation: Prävention des xenogenen Infektionsrisikos. Eine Untersuchung zum deutschen und spanischen Recht. 2008.

Band 92 Ulrike Beitz: Zur Reformbedürftigkeit des Embryonenschutzgesetzes. Eine medizinisch-ethisch-rechtliche Analyse anhand moderner Fortpflanzungstechniken. 2009.

Band 93 Dunja Lautenschläger: Der Status ausländischer Personen im deutschen Transplantationssystem. 2009.

Band 94 Annekatrin Habicht: Sterbehilfe – Wandel in der Terminologie. Eine integrative Betrachtung aus der Sicht von Medizin, Ethik und Recht. 2009.

Band 95 Ann-Kathrin Hirschmüller: Internationales Verbot des Humanklonens. Die Verhandlungen in der UNO. 2009.

Band 96 Henrike John: Die genetische Veränderung des Erbgutes menschlicher Embryonen. Chancen und Grenzen im deutschen und amerikanischen Recht. 2009.

Band 97 Christof Stock: Die Indikation in der Wunschmedizin. Ein medizinrechtlicher Beitrag zur ethischen Diskussion über „Enhancement". 2009.

Band 98 Jochen Böning: Kontrolle im Transplantationsgesetz. Aufgaben und Grenzen der Überwachungs- und der Prüfungskommission nach den §§ 11 und 12 TPG. 2009.

Band 99 Stefanie Schulte: Die Rechtsgüter des strafbewehrten Organhandelsverbotes. Zum Spannungsfeld von Selbstbestimmungsrecht und staatlichem Paternalismus. 2009.

Band 100 Dorothea Maria Tachezy: Mutmaßliche Einwilligung und Notkompetenz in der präklinischen Notfallmedizin. Rechtfertigungsfragen und Haftungsfolgen im Notarzt- und Rettungsdienst. 2009.

Band 101 Annette Hergeth: Rechtliche Anforderungen an das IT-Outsourcing im Gesundheitswesen. 2009.

Band 102 Jussi Raafael Mameghani: Der mutmaßliche Wille als Kriterium für den ärztlichen Behandlungsabbruch bei entscheidungsunfähigen Patienten und sein Verhältnis zum Betreuungsrecht. 2009.

Band 103 Ocka Anna Böhnke: Die Kommerzialisierung der Gewebespende. Eine Erörterung des Resourcenmangels in der Transplantationsmedizin unter besonderer Berücksichtigung der Widerspruchslösung. 2010.

Band 104 Bernd-Rüdiger Kern / Hans Lilie (Hrsg.): Jurisprudenz zwischen Medizin und Kultur. Festschrift zum 70. Geburtstag von Gerfried Fischer. 2010.

Band 105 Ehsan Mohammadi-Kangarani: Die Richtlinien der Organverteilung im Transplantationsgesetz – verfassungsgemäß? 2011.

Band 106 Leonie Hübner: Umfang und Grenzen des strafrechtlichen Schutzes des Arztgeheimnisses nach § 203 StGB. 2011.

Band 107 Dörte Busch: Eigentum und Verfügungsbefugnisse am menschlichen Körper und seinen Teilen. 2012.

Band 108 Kathrin Decker: Der Abbruch intensivmedizinischer Maßnahmen in den Ländern Österreich und Deutschland. 2012.

Band 109 Sung-Ku Yoon: Der Unterhalt für ein Kind als Schaden. Eine rechtsvergleichende Darstellung zur deutschen und südkoreanischen Rechtslage hinsichtlich der Arzthaftung für neugeborenes Leben. 2012.

Band 110 Kerstin Bohne: Delegation ärztlicher Tätigkeiten. 2012.

Band 111 Moritz Ulrich: Durchbrechungen der Allokationskriterien des § 12 Abs. 3 TPG. Das „old for old"-Programm. 2012.

Band 112 Chonghan Oh: Die Strafbarkeit der Erforschung des menschlichen Embryos durch Klontechniken. 2013.

Band 113 Sebastian T. Vogel: Organentnahmen bei hirntoten Schwangeren. Oder: Sterbehilfe am Lebensanfang? 2013.

Band 114 Jung-Ho Lee: Die aktuellen juristischen Entwicklungen in der PID und Stammzellforschung in Deutschland. Eine Analyse der BGH-Entscheidung zur PID, Gesetzesnovellierung des EschG und EuGH-Entscheidung zur Grundrechtsfähigkeit des Embryo in vitro. 2013.

Band 115 Claudia Beetz: Stellvertretung als Instrument der Sicherung und Stärkung der Patientenautonomie. Ein Beitrag zur Komplementarität von Zivil- und Sozialrecht. 2013.

Band 116 Hans-Ludwig Schreiber: Schriften zur Rechtsphilosophie, zum Strafrecht und zum Medizin- und Biorecht. Herausgegeben von Hans Lilie und Henning Rosenau. 2013.

Band 117 Sebastian Müller: Die Aufklärung des Organspendeempfängers über Herkunft und Qualität des zu transplantierenden Organs. Ärztliche Pflichten im Spannungsfeld zwischen Standardbehandlung und Neulandmedizin. 2013.

Band 118 Bernd-Rüdiger Kern (Hrsg.): Das Gendiagnostikgesetz – Rechtsfragen der Humangenetik. 2013.

Band 119 Martina Resch: Die empfängergerichtete Organspende. Im Kontext der bedingten Einwilligung in die Organentnahme. 2014.

Band 120 Anja Houben: Die Rechtsformen des Universitätsklinikums. 2014.

Band 121 Nina Gott: Schnittstellen zwischen Organ- und Gewebespende. 2014.

Band 122 Hyung Sun Kim: Haftung wegen Bruchs der ärztlichen Schweigepflicht in Deutschland und in Korea. Eine vergleichende Untersuchung. 2015.

Band 123 Kerstin Badorff: Abrechnungsbetrug von ambulanten Pflegediensten und Vertragsärzten. Eine Untersuchung unter Berücksichtigung der streng formalen Betrachtungsweise des Sozialversicherungsrechts. 2016.